westermann

Günter Dannoritzer, Jürgen Gratzke, Heiko Käppel, Jens Kullin, Ingo Patett,
Richard Wegers, Dominik Weng

Herausgeber: Jürgen Gratzke

IT-Berufe

Fachstufe
Technische IT-Berufe
Lernfelder 6–9

Arbeitsbuch Lernsituationen

1. Auflage

Bestellnummer 220044

Die in diesem Produkt gemachten Angaben zu Unternehmen (Namen, Internet- und E-Mail-Adressen, Handelsregistereintragungen, Bankverbindungen, Steuer-, Telefon- und Faxnummern und alle weiteren Angaben) sind i. d. R. fiktiv, d. h., sie stehen in keinem Zusammenhang mit einem real existierenden Unternehmen in der dargestellten oder einer ähnlichen Form. Dies gilt auch für alle Kunden, Lieferanten und sonstigen Geschäftspartner der Unternehmen wie z. B. Kreditinstitute, Versicherungsunternehmen und andere Dienstleistungsunternehmen. Ausschließlich zum Zwecke der Authentizität werden die Namen real existierender Unternehmen und z. B. im Fall von Kreditinstituten auch deren IBANs und BICs verwendet.

Für Verweise (Links) auf Internet-Adressen gilt folgender Haftungshinweis: Trotz sorgfältiger inhaltlicher Kontrolle wird die Haftung für die Inhalte der externen Seiten ausgeschlossen. Für den Inhalt dieser externen Seiten sind ausschließlich deren Betreiber verantwortlich. Sollten Sie daher auf kostenpflichtige, illegale oder anstößige Inhalte treffen, so bedauern wir dies ausdrücklich und bitten Sie, uns umgehend per E-Mail davon in Kenntnis zu setzen, damit beim Nachdruck der Verweis gelöscht wird.

Die Seiten dieses Arbeitshefts bestehen zu 100 % aus Altpapier.

Damit tragen wir dazu bei, dass Wald geschützt wird, Ressourcen geschont werden und der Einsatz von Chemikalien reduziert wird. Die Produktion eines Klassensatzes unserer Arbeitshefte aus reinem Altpapier spart durchschnittlich 12 Kilogramm Holz und 178 Liter Wasser, sie vermeidet 7 Kilogramm Abfall und reduziert den Ausstoß von Kohlendioxid im Vergleich zu einem Klassensatz aus Frischfaserpapier. Unser Recyclingpapier ist nach den Richtlinien des Blauen Engels zertifiziert.

Druck und Bindung: Westermann Druck GmbH, Georg-Westermann-Allee 66, 38104 Braunschweig

ISBN 978-3-14-**220044**-6

Vorwort

Die Autoren dieser Buchreihe haben sich zum Ziel gesetzt, auf der Basis der neuen IT-Ausbildungsordnung und des entsprechenden Rahmenlehrplans handlungs- und kompetenzorientierte Unterrichtsmedien zur Verfügung zu stellen. Im vorliegenden Arbeitsbuch wurden auf die Lernfelder und das zugehörige Schülerbuch abgestimmte Lernsituationen konzipiert. Daher werden Hinweise zu passenden Kapiteln im Schülerbuch gegeben und mit Zusatzmaterialien ergänzt. Die Lernsituationen des Arbeitsbuches sind aus der Sicht des Ausbildungsbetriebes, der Ausbilderin bzw. Ausbilders erstellt. Das Arbeitsbuch mit den Lernsituationen im Modellunternehmen soll die Kooperation bzw. Ausbildungskoordination zwischen den Bildungspartnern unterstützen.

Die Autoren haben unter der gegebenen Themenvielfalt eine möglichst breit gefächerte Auswahl an Einstiegssituationen, Zusatzmaterialien, Hinweisen und Aufgabenstellungen vorgenommen. Den Lehrkräften stehen damit für die weitere Ausgestaltung der vier Lernfelder in der Fachstufe 1 27 Lernsituationen mit über einhundert Teilaufgaben zur Verfügung.

Alle Bände der Reihe stellen ihre Inhalte handlungsorientiert im Rahmen des Modellunternehmens JIKU IT-Solutions GmbH dar, eines innovativen Systemhauses der IT-Branche. Damit sollen zugleich ein stärkerer Praxisbezug und ein größerer Handlungsbezug erreicht werden. Informationen zum Modellunternehmen werden gleich zu Anfang sowohl im Schülerbuch als auch im Arbeitsbuch gegeben. Im Downloadbereich zur Buchreihe auf der Verlagswebseite können zahlreiche Dateien zum Modellunternehmen heruntergeladen werden. Wir bitten um Verständnis, dass in der gesamten Reihe genderneutral formuliert bzw. die männliche Form geschlechtsneutral verwendet wurde.

Eine Methodensammlung und Vorlagen im Downloadbereich der Buchreihe sollen die didaktische Jahresplanung und die kompetenzorientierte Lernarbeit unterstützen.

Zur leichteren Orientierung wurden folgende Symbole ergänzt:

S	Situationsbeschreibung
	Aufgaben
	Material (Quellen, auch Auszüge, für handlungsorientiertes Lernen)
	Verweis auf Kapitel im Schülerbuch (Fachstufe 1, BN 220036)
	Check (Schwerpunkt auf Kontrolle und Reflexion)
	Offene, freie Aufgaben
	Verweis auf freien Download
L	Verweis auf Löser-Download
	Verweis auf Aufgaben die in einer Gruppe bearbeitet werden können.
	Verweis auf Aufgaben die als Projekt bearbeitet werden können.

Freie Downloads zum Schülerbuch sind unter https://www.westermann.de/artikel/978-3-14-220036-1/IT-Berufe-Fachstufe-Technische-IT-Berufe-Lernfelder-6-9 zu finden. Für Lehrkräfte ist zusätzlich ein Löser-Download unter https://www.westermann.de/artikel/WEB-14-220040/IT-Berufe-Fachstufe-Technische-IT-Berufe-Lernfelder-6-9 erhältlich. Er enthält Lösungen, Lösungsvorschläge, komplette Lösungsdateien sowie Dateien für die Unterrichtsplanung. Das Arbeitsbuch ist unter https://www.westermann.de/artikel/978-3-14-220044-6/IT-Berufe-Fachstufe-Technische-IT-Berufe-6-9 erhältlich. Auch hierzu werden freie Downloads sowie ein Löser-Download für Lehrkräfte angeboten. Gerne nehmen wir Anregungen oder Kritik unter service@westermann.de entgegen.

Sommer 2022 — Herausgeber und Autoren

Inhaltsverzeichnis

Das Modellunternehmen JIKU IT-Solutions GmbH

Unternehmensbeschreibung

Als IT-Systemhaus sind wir eine Brücke zwischen Endkunden und Hersteller. Kunden unseres Systemhauses sind überwiegend mittelständische Unternehmen (Bereich „Business“), aber auch Behörden und Organisationen (Bereich „Public“) und Privatkunden (Bereich „Consumer“ beziehungsweise „Verbraucher“).

Das Systemhaus berät die Kunden, entwickelt IT-Lösungen, beschafft die erforderlichen Produkte und richtet diese beim Kunden ein. Danach kümmert es sich meist weiterhin um die Wartung der Systeme der Kunden und sorgt dafür, dass deren Funktionalität gesichert ist. Wir arbeiten gerne per Fernwartung sowie vor Ort des Kunden. Die Fernwartung macht es möglich, dass die Techniker sich im Falle einer Fehlermeldung direkt auf die Systeme des Kunden aufschalten und so schnell wie möglich mit der Problemlösung beginnen können. Vor-Ort-Termine sind wichtig für persönliche Beratungsgespräche, wenn sich ein Problem nicht per Fernwartung lösen lässt sowie für die Implementierung neuer Komponenten. Es ist durchaus möglich, dass der Kunde eine eigene IT-Abteilung beschäftigt und nur Teile seiner IT-Aufgaben an das Systemhaus abgibt. Dies ist oft bei großen Unternehmen der Fall. Oder aber, er wünscht eine Auslagerung oder Outsourcing der IT-Infrastruktur und -Dienste, und der IT-Dienstleister kümmert sich um die komplette IT-Infrastruktur. Immer häufiger nimmt das Systemhaus heute auch die Rolle des Beraters zur IT-Neuorganisation, in IT-Ausstattungsfragen und zur IT-Sicherheit ein.

Durch unseren Systemhauszusammenschluss mit zehn Systemhäusern an 16 Standorten können wir dem Kunden gebündelt besten und vielfältigen Service auf neuestem Stand anbieten und können auf gemeinsame personelle und technische Ressourcen zugreifen.

Daten und Fakten

- Verbund von zehn Systemhäusern und 16 Standorten, insgesamt 96 Auszubildende
- Insgesamt 480 Mitarbeiter, am Standort Hamburg 32 Mitarbeiter, davon acht Auszubildende
- Eigene Rechenzentren
- Anspruch: Exzellenz in IT-Solutions

Überblick über das Leistungsportfolio
(siehe auch Jahrgangsband 1, Lernfeld 1, Kapitel 1.3.1 und Lernfeld 2, Kapitel 2.4.14)

<table>
<tr><th>IT-Service</th><th>Server und Storage</th><th>IT-Solutions</th></tr>
<tr><td>1 IT-Service vor Ort
2 IT-Betreuung für Unternehmen
3 IT-Management
4 IT-Outsourcing
5 IT-Vertrieb und IT-Beschaffung
6 Helpdesk und IT-Support</td><td>• Optimierte Serversysteme und IT-Konzepte
• Virtualisierte Server/Storage
• Virtual Desktop Infrastructure
• Hyperkonvergente Server-Systeme, Edge-Systeme</td><td rowspan="5">• Business IT-Solutions
• Public IT-Solutions
• Industrial 4.0 IT-Solutions (Smart Factory)
• Digital Workplace Solution
• DevOps Solutions
• Communication und Collaboration Solutions
• Financial Solutions
• Remarketing Solutions</td></tr>
<tr><th>IT-Infrastrukturen</th><th>Cloud-Hosting</th></tr>
<tr><td>1 Server- und Storage-Systeme
2 Standortvernetzung (VPN)
3 Telefonanlagen und IP-Telefonie
4 Virtualisierung</td><td rowspan="3">• Cloud-Migration als Service
• Business-Hosting/Server-Hosting
• Managed Hosting
• Office-Apps für Unternehmen
• Rechenzentrum Server-Housing
• Cloud-Backup-Speicher für Ihr Unternehmen</td></tr>
<tr><th>IT-Beratung</th></tr>
<tr><td>1 IT-Beratung Mittelstand
2 IT-Security Beratung
3 IT-Innovationsberatung</td></tr>
</table>

Auszüge AGB
(siehe Zusatzmaterialien zum Download)

Organigramm
(siehe auch Jahrgangsband 1, Lernfeld 1, Kapitel 1.3.4)

Geschäftsleitung
Geschäftsführer: Christian Berg MA Informatik, Andrea Anders BA Wirtschaftsinformatik

Ausbilder
Holger Lübberstedt

Auszubildende

Auszubildende JIKU IT-Solutions GmbH — JIKU IT-Solutions

Name	Alter	Jahrgang	Vorbildung	Berufsausbildung
John Steinbach	18	1	Erweiterter Sek 1 (Realschulabschluss), Berufsfachschule Technik	IT-Systemelektroniker
Stefan Köhler	17	1	Erweiterter Sek 1 (Realschulabschluss)	Fachinformatiker Fachrichtung Systemintegration
Patric Bauer	20	1	Hochschulreife	Fachinformatiker Fachrichtung Anwendungsentwicklung
Julian Markus	18	2	Erweiterter Sek 1 (Realschulabschluss)	Kaufleute für IT-Systemmanagement
Laura Meier	17	2	Erweiterter Sek 1 (Realschulabschluss)	Kaufleute für Digitalisierungsmanagement
Jannik Brunke	23	3	Hochschulreife	Fachinformatiker Fachrichtung Anwendungsentwicklung
Jürgen Pollina	20	3	Erweiterter Sek 1 (Realschulabschluss), Berufsfachschule Technik	Fachinformatiker Fachrichtung Systemintegration
Levi Kramer	21	3	Hochschulreife, Studienabbruch Ingenieurwissenschaften	Fachinformatiker Fachrichtung Digitale Vernetzung
Saahil Arora	21	3	Hochschulreife, abgebrochenes Informatikstudium	Fachinformatiker Fachrichtung Daten- und Prozessanalyse

(siehe im Schülerbuch zusätzlich Kapitel 1.3.)

Aufgabe: **Ergänzen Sie sich oben in der Tabelle als zusätzlichen Auszubildenden von JIKU.**

Im Downloadbereich finden Sie eine Exceldatei mit dem Stellenplan der Mitarbeiterinnen und Mitarbeiter von JIKU.

Handlungsorientiert und mit digitalen Tools in Teamarbeit die Lernfelder bearbeiten

Der Rahmenlehrplan fordert einen Unterricht nach Lernfeldern und Lernsituationen bzw. Lernarrangements. Lernsituationen gehen von einer Einstiegssituation aus und fordern Sie als Schülerinnen und Schüler mit Aufgaben oder Arbeitsanweisungen auf, selbstständig durch Handlungsprodukte nachgewiesene Ergebnisvorschläge zu erstellen, zu präsentieren und zu reflektieren. Ein Handlungsprodukt kann auch ein Vortrag oder eine Präsentation sein. Wenn möglich sollte Teamarbeit geplant werden. Da diese Vorgehensweise zeitintensiv ist, muss in der Zeitplanung auch der Arbeitseinsatz außerhalb des Berufsschulunterrichts berücksichtigt und reflektiert werden. Sie sollen als Schülerinnen und Schüler in den Lernsituationen den vollständigen Kreis der Handlung IPERKA (Informieren, Planen, Entscheiden, Realisieren/Durchführen, Kontrollieren, Auswerten/Reflektieren) selbstständig durchlaufen (siehe auch Arbeitsbuch Band 1, S. 108, und Anhang S. 270 hier im Arbeitsbuch, im Downloadbereich die Methodensammlung). Aufgrund der Forderung nach einer spiralcurricularen Vorgehensweise werden Inhalte und Methoden mehrfach in verschiedenen Lernfeldern berücksichtigt und nicht wie klassisch nur an einer Stelle. Lernpsychologisch sollen damit Wissen und Erkenntnisse besser im Gehirn verknüpft werden und nachhaltiger verbleiben. Auch fordert der Rahmenlehrplan, überwiegend ergebnisoffene Aufgaben zu stellen, um den Schülerinnen flexibel Lernergebnisse zu ermöglichen. Die Lehrkraft sollte sich, soweit es der Zeitrahmen zulässt, auf ihre Rolle als Moderator, Unterstützer und Bewerter der Handlungsergebnisse konzentrieren.

Teamarbeit ist in der Praxis der IT-Berufe und damit auch in der Ausbildung wichtig. In der Buchreihe werden in verschiedenen Kapiteln Hinweise zur Team- und Projektarbeit gegeben (vgl. z. B. Jahrgangsband 1, Kapitel 1.5, 2.5.3, 5.3.2, Jahrgangsband 2 in den Kapiteln 2.4.2, 3.1.2, 3.8.3 und 4.1.2). Darüber hinaus werden Hinweise zur richtigen Kommunikation mit dem Kunden gegeben (z. B. 1.4, 4.1.1).

Da bei IT-Berufen von einem möglichst breiten Einsatz an digitalen Apps bzw. Anwendungsprogrammen in allen Phasen der vollständigen Handlung sowie in der Team- bzw. Projektarbeit, der Kollaboration und der Kommunikation auszugehen ist, sollen Arbeitsergebnisse möglichst auch digital erstellt oder präsentiert sein. Es ist daher notwendig, dass die Schülerinnen und Schüler jeweils einen Ordner mit Handlungsergebnissen anlegen. Dieses Arbeitsbuch will dies unterstützen.

Die Kompetenzchecks des Schülerbuches wurden im Arbeitsbuch durch umfangreichere Aufgaben ergänzt, die an die Rahmenbedingungen der Schulen und die gestreckten Prüfungen angepasst sind.

Aufgaben:

1. Prüfen Sie, welche Zusatzmaterialien digital derzeit im Downloadbereich zur Verfügung stehen.

2. Rufen Sie die Methodensammlung auf, recherchieren und präsentieren Sie arbeitsteilig wichtige Methoden und Hilfsmittel für Ihre Teamarbeit in den Lernfeldern.

3. Klären Sie, wie Sie zukünftig Teamarbeit organisieren, kontrollieren und reflektieren wollen, erstellen Sie dazu ein Ergebnisprotokoll (siehe Protokollvorlagen im Downloadbereich).

Lernfeld 6: Serviceanfragen bearbeiten

S **Die Auszubildenden im zweiten und dritten Ausbildungsjahr und die neuen Auszubildenden John Steinbach, Stefan Köhler und Patric Bauer werden vom Ausbildungsleiter Herrn Lübberstedt begrüßt. Sie sollen die IT-Services kennenlernen, im Helpdesk mitarbeiten, Serviceanfragen bearbeiten und managen helfen. Sie sollen die Kompetenz bekommen, Serviceanfragen einzuordnen, Fehlerursachen zu ermitteln und zu beheben.**

Holger Lübberstedt: Wenn Sie sich unser Leistungsportfolio anschauen, stellen Sie fest, dass wir einen weit überwiegenden Teil unserer Umsatzerlöse mit IT-Services oder mit Unterstützung durch unsere Services erzielen. Da Sie im Ausbildungsplan jetzt oder bald in den Helpdesk-Bereich wechseln, wollen wir uns schwerpunktmäßig über Servicebereiche unterhalten.

Julian Markus: Als angehender IT-Systemmanager habe ich bereits ein paar Wochen im Helpdesk-Bereich gearbeitet. Ich musste mich in das Helpdesk-System einarbeiten. Ich war nicht allein, sondern wir hatten ständig mindestens drei Helpdesk-Plätze besetzt, sodass wir uns unterhalten konnten und eingearbeitet wurden.

Levi Kramer: Geht es nur um die Arbeit am Helpdesk?

Holger Lübberstedt: Nein, in diesem Ausbildungsabschnitt müssen Sie sich mit allen Serviceanfragen auseinandersetzen. Neben den direkten Kundenkontakten kommt es auch laufend zu indirekten Kundenanfragen per E-Mail, Fax, Brief oder Social-Media-Kanälen. Dazu erhalten wir Mitteilungen von Ausschreibungsplattformen, wenn dort für uns passende Ausschreibungen eingestellt werden.

Saahil Arora: Wenn wir über den Helpdesk direkt Kundenkontakt haben, müssen wir doch auch zügig Entscheidungen treffen. Was gibt es denn für Unterlagen für die Einarbeitung?

Julian Markus: Es gibt extra für den Helpdesk-Bereich eine Wissens- oder Falldatenbank. Hier sind die meisten Anfragen, die gestellt wurden, standardisiert erfasst. Man sollte sich diese vorher anschauen, damit man zu technischen Problemen Abläufe und Lösungsmöglichkeiten kennt.

Jannik Brunke: Sind denn auch Fragen für Anwendungsentwickler dabei?

Holger Lübberstedt: Grundsätzlich müssen sich alle IT-Berufe mit Servicefragen auseinandersetzen. Im Helpdesk-Bereich geht es häufig um Netzwerkprobleme, aber auch um Probleme an Geräten. Dazu kommen organisatorische Fragen. Dazu müssen viele Geschäftsbedingungen, Preisstaffeln, SLA-Verträge oder Wartungsverträge bekannt sein.

Jürgen Pollina: Den Bereich der Netzwerktechnik haben zwar alle Berufe in ihrem Ausbildungsplan, aber die Fachinformatiker mit der Fachrichtung Systemintegration am meisten.

Julian Markus: Es gibt im Helpdesk drei Levels. Wir arbeiten zunächst im Level 1. Wenn wir zu Fällen im ersten Level nicht fit sind, geben wir es zunächst an jemanden in unserem Level weiter. Die höheren Level sind für schwierigere oder komplexere Fälle gedacht. Wir müssen auch immer darauf achten, welche Reaktionszeiten im Vertrag mit dem Kunden, dem Service Level Agreement (SLA), vereinbart sind. Die müssen wir unbedingt einhalten.

Holger Lübberstedt: Wichtig ist, dass Sie mit Kunden gut und richtig kommunizieren. Auch das werden wir besprechen und üben. Auch müssen Sie im Helpdesk-System alles genau dokumentieren, damit die Vorgänge gut nachvollziehbar sind. Zu prüfen ist, was kostenfrei im Servicevertrag enthalten ist und worüber extra eine Rechnungsstellung erfolgen muss. Das müssen wir mit dem Kunden nachvollziehbar besprechen und dokumentieren. Viel zu tun – lassen Sie uns also direkt in diesen wichtigen Bereich einsteigen.

Lernsituation 1: Wir beschreiben Services im IT-Bereich und Serviceanforderungen

S **Herr Lübberstedt will den Auszubildenden eine Übersicht zu den IT-Services ermöglichen und darstellen, welche verschiedenen Managementaufgaben und -arten für IT-Services zu bewältigen sind. Dazu stellt er ein Übersichtsblatt der JIKU IT-Solutions vor, d. h. die definierten Leistungen, die das Systemhaus für seine Kunden erbringen kann. Außerdem hat er eine Linkliste vorbereitet, die den Auszubildenden zur Recherche dienen soll.**

Managed Server Services

JIKU IT-Solutions

Wir bieten Ihnen ein professionelles und breites Spektrum an IT-Services!
Aus unserer über 20-jährigen Erfahrung als IT-Dienstleister unterstützen wir Sie professionell bei der Planung, Implementierung und dem Betrieb von individuellen Lösungen – ganz nach Ihren Bedürfnissen. Von der Projektleitung bis hin zum Support bieten wir Ihnen alle IT-Services aus einer Hand.

Unser Fokus liegt darin, die Sicherheit, Performance und Stabilität Ihrer IT-Infrastruktur wesentlich zu verbessern, zu überwachen und in Gang zu halten.

Ein breites Spektrum an IT-Services bieten wir Ihnen nach Bedarf oder in Form von individuellen Serviceverträgen zu einem monatlichen Fixbeitrag an. Bei Interesse nehmen Sie unverbindlich Kontakt mit uns auf!

Die Vorteile unseres Services auf einen Blick

- Technologie- und Produktunabhängigkeit
- Services an Ihre Bedürfnisse anpassbar (Serviceverträge, Einzelprojekte)
- Unterstützung Ihrer sämtlichen IT-gestützten Geschäftsprozesse
- Zuverlässige und freundliche Technikerinnen und Techniker mit umfassendem IT-Know-how
- Langjährige Partnerschaften mit führenden Herstellern und Lieferanten
- Alle Services aus einer Hand: Planung, Realisierung, Überwachung und Verbesserung Ihrer IT-Infrastruktur

Monitoring Only

- Ereignisprotokollüberwachung: Überwachung der Windows-Ereignisanzeige
- Systemüberwachung: u. a. Überwachung der Festplatte, Erreichbarkeit des Servers, Hardwareänderungen, CPU- und RAM-Auslastung
- Dienstüberwachung: Überwachung der gestarteten Windows-Dienste
- Netzwerküberwachung: Überwachung der Netzwerkkonnektivität, ob aufgeführte Ports geöffnet werden können und eine Verbindung hergestellt werden kann
- Softwareüberwachung: Inventarisierung der installierten Software, Prüfung auf Funktionalität der geschäftskritischen Anwendungen
- Performance- und Leistungsdaten: Sammlung von Performance-Daten, z. B. RAM-, CPU- und Netzwerkauslastung
- Reports: Berichte über den Zustand (Verfügbarkeit, Störungen, Auslastungen) Ihrer IT-Infrastruktur in festgelegten Intervallen

Servicepläne

Zusätzlich zur Überwachung der Serverinfrastruktur erhalten Sie Automation, proaktives Monitoring und eine präventive IT-Wartung in Form eines Serviceplans.

- Automation: Neben der automatischen Bereinigung der temporären Dateien werden die Festplatten automatisch defragmentiert und kritische Serverdienste bei Störungen automatisch neu gestartet.
- Proaktives Monitoring: Für Ihre Serversysteme verfügen wir über zahlreiche Monitore, mit deren Hilfe ein drohender Systemausfall frühzeitig erkannt werden kann. Im Falle einer gemeldeten Störung greifen wir sofort ein, um drohende Ausfälle zu vermeiden und kurze Entstörungszeiten zu gewährleisten. Wird beispielsweise ein zu geringer Speicherplatz auf einer Serverfestplatte durch unser Monitoring erkannt, leiten wir proaktiv eine Erhöhung der Kapazitäten ein, bevor das gesamte System ausfällt.
- Präventive IT-Wartung: Damit Ausfälle Ihrer Server auf ein Minimum reduziert werden, übernehmen wir regelmäßig wichtige Wartungsaufgaben, z. B. die monatliche Systemprüfung oder die Prüfung auf immer wiederkehrende Ereignisse.

Weitere Dokumente zu Ausbildungszwecken in der JIKU IT-Solutions
Informationsblatt zu Managed Server Services, Linkliste zu Ausbildungszwecken, Rechnungsformular, AGB-Schulungsmuster, Helpdesk-Marketing (Kundenmitteilung zur Einführung des Ticketsystems), Ticket-Schulungsformular, VA-Vereinbarung, Wartungsverträge, Schulungsunterlagen zu Reaktionszeiten, Muster-Preisliste-Wartungspakete, Services-Preisstaffel, Servicebericht-Formular, Netzwerk-Services etc.

Linkliste zu Ausbildungszwecken — JIKU IT-Solutions

Informationen zu Webseiten (Auswahl)	
Webseiten	**Stichworte**
Offizielle Seiten (.org u. Ä.)	
www.fitsm.eu	
https://outsourcin www. mimikama.at www.wikipedia.de www. topdump.org	

Info-, Vergleichsportale, Foren u. Ä.	
http://souroeforge.net https://administrator.de	Open-Source-, Business-Software-Plattform Experten Community, Magazin, Wissensbeiträge
www.bios-info.de	BIOS-Kompendium
www.capterra.com.de	Software-Vergleichsportal
www.heise.de/forum/startseite/	Übersicht der Foren im Heise-Portal
www.helpdesk-software-vergleich.de	Vorteile, Arten (Kategorien, Vergleiche)
www.informatik-forum.net	Community der IT-Technologie
www.it-administrator.de www.its.mf.de www.mcseboard.de www.netscout.com www.security-insider www.service-report- www.softselect.de www.softwareabc24. www.softwarecheck.	Magazin für Netzwerkadministration; Lexikon Community, Forum, Plattform IT Service Windows Server-, IT-Pro-Forum

www.wimsbios.com www.win-tipps-tweaks.de www.wintotal.de	BIOS-Update, Downloads, Forum Forum, Tipps, Tricks, Links Hilfe für Windows-Probleme
Unternehmen mit Service-Kernkompetenzen	
www.microfin.de www.ntop.org www.thomas-krenn.com/de/wiki	Beratungsunternehmen, SLA-Rechner, Glossar Netzwerk-Überwachung-, Traffic-Analyse-Tool Serveranbieter, Servicebeispiele, Wiki
www.userlike.com	Life-Chat-Software

1.1 Servicearten und Serviceanforderungen im IT-Bereich beschreiben

Services im IT-Bereich unterscheiden

S **Die Auszubildenden der JIKU IT-Solutions sollen als Einstieg IT-Services unterscheiden und Managementaufgaben mit Bezug zum IT-Service präsentieren.**

Holger Lübberstedt: Als Einstieg in den Servicebereich wollen wir uns zunächst einmal orientieren und feststellen, welche Services wir anbieten.

Julian Markus: Wir haben als Einstieg ja unsere Webseite, wo unsere Services angegeben sind. Dazu haben Vorgänger von uns für die Ausbildung Informationsblätter und Marketingunterlagen erstellt, die wir uns anschauen können.

Holger Lübberstedt: Sehr schön, Herr Markus, Sie waren ja bereits im Helpdesk-Bereich tätig und kennen sich daher schon aus.

Levi Kramer: Zu Managementaufgaben können wir ja auch im Internet recherchieren.

Jannik Brunke: Wir könnten auch einmal schauen, welche Services andere Systemhäuser anbieten. Ich habe gesehen, dass manche eine Rundum- oder Fullservice anbieten.

Saahil Arora: Wir müssten auch prüfen, welche Services eine IT-Abteilung in einem Betrieb selbständig den anderen Abteilungen anbieten kann und wie wir hierbei unterstützen können.

Holger Lübberstedt: Schauen wir erst einmal die Webseite und die Ausbildungsunterlagen an. Wir haben auch eine Linkliste mit interessanten Webseiten zum IT-Service.

Aufgabe 1: **Erarbeiten Sie entsprechend den Darstellungen passende IT-Services. Recherchieren Sie in der Linkliste und erweitern Sie diese. Verschaffen Sie sich auch einen Überblick über die Schulungsdokumente der JIKU IT-Solutions zu Services im Downloadbereich.**

1.1.1

1. Geben Sie jeweils auf einem Zusatzblatt zu den angezeigten Services an, worum es sich handeln könnte. Geben Sie zu einem ausgewählten Service, siehe auch Grundstufenband, mindestens eine Kurzbeschreibung.

Systemhaus | Ausbildung | Portfolio | Social Responsibility — JIKU

Leistungsportfolio

IT-Service
- IT-Service vor Ort in Unternehmen
- IT-Betreuung für Unternehmen
- IT-Management
- IT-Outsourcing
- IT Vertrieb & IT-Beschaffung
- Help-Desk und IT-Support

Cloud-Hosting
- Cloud-Migration als Service
- Businesshosting/Serverhosting
- Managed-Hosting
- Office für Ihr Unternehmen
- Hosting für Unternehmen
- Hosted-Infrastrukturen
- Rechenzentrum Server Housing & Colocation
- Cloud-Backup-Speicher für Ihr Unternehmen

Server und Storage
- Optimierte Serversysteme und IT-Konzepte
- Virtualisierte Server und Storage
- Virtual Desktop Infrastructure VDI
- Hyperkonvergente Serversysteme

IT-Infrastrukturen
- Server- und Storage-Systeme
- Standortvernetzung (VPN)
- Telefonanlagen & IP-Telefonie
- Virtualisierung

IT-Beratung
- IT-Beratung Mittelstand
- IT-Security Beratung und Management
- IT-Innovationsberatung

IT-Solutions und Expertise in der Systemhausgruppe
- Business-IT-Solutions
- Public-IT-Solutions
- Industrial-4.0-IT-Solution (Smart Factory)
- Digital Workplace-Solution
- DevOps-Solutions
- Communication & Collaboration Solutions
- Financial Solutions
- Remarketing-Solutions

Quelle: Grundstufenband, Kap. 1.3.1 (3), S. 43

Kurzbeschreibung eines ausgewählten Services: ____________________

____

____

____

____

2. Rufen Sie das Informationsblatt zu den Managed Server Services der JIKU IT-Solutions im Downloadbereich auf und tragen Sie dazu vor. Beschreiben Sie kurz einen ausgewählten Service.

Kurzbeschreibung eines ausgewählten Services: ______________________________

____

____

____

____

Überarbeiten Sie das Informationsblatt formal und/oder inhaltlich und stellen Sie Ihre eigene Idee vor. Geben Sie dabei Kriterien bzw. Zielsetzungen an, die Sie bei der Überarbeitung berücksichtigt haben.

3. Ordnen Sie die Services von (1) bis (12) der richtigen Prozesskategorie im Schaubild zu.

(1) System mit neuem Monitor austauschen
(2) Bereitstellung IT
(3) Wiedervermarktung nicht mehr benötigter IT
(4) Umzug IT-System
(5) Entsorgung von IT-Geräten, Abbau und Zwischenlagerung von IT
(6) Updates und Upgrades der Arbeitsplatzsysteme vornehmen
(7) Installation IT-Komponenten
(8) Umzug IT-Komponenten inkl. Datensicherung
(9) Hard-/Softwareerweiterungen am vorhandenen Gerät vornehmen
(10) Löschung von Daten gemäß DSGVO und BSI
(11) Personalisieren der IT nach Kundenwunsch
(12) Funktionstest am neuen Arbeitsplatz

4 Ergänzen Sie zum Schaubild passende Beispiele für IT-Services in Stichworten.

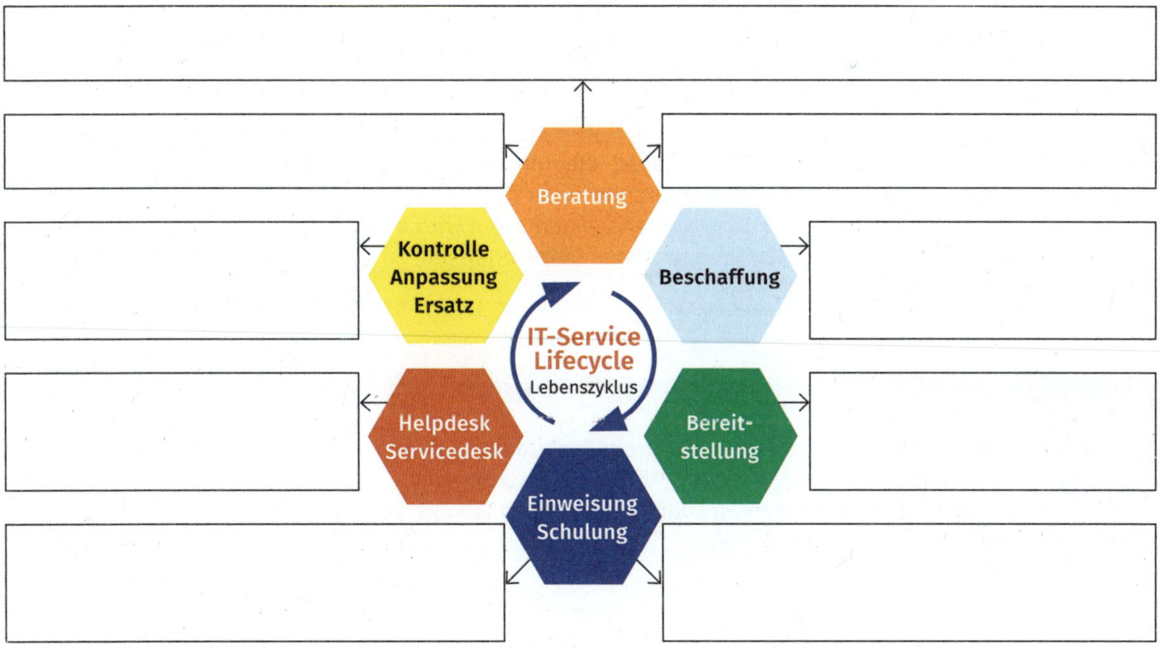

5 Sie sollen im Serviceportfolio folgende Tabelle mit den Support-Leistungsgrößen BASIC, SILBER, GOLD und PLATIN ergänzen und in Einzel- oder Partnerarbeit einen Vorschlag zur letzten Spalte unterbreiten.

Supportleistungen für JIKU CMS und JIKU CRMS				JIKU IT-Solutions
Support				
Geschäftszeiten	24 Std./Tag 7 Tage/Woche 365 Tage/Jahr	12 Std./Tag Montag–Freitag	8 Std./Tag Montag–Freitag	
Service-Gültig-keitsdauer	1, 2 oder 3 Jahre	1, 2 oder 3 Jahre	1, 2 oder 3 Jahre	
Produkt-Updates	ja	ja	ja	
Produkt-Upgrades	Ja	ja	nicht verfügbar	
Unterstützte Produkte	JIKU CMS JIKU CRMS neueste Version	JIKU CMS JIKU CRMS Vorjahresversion	JIKU CMS 3.0 JIKU CRMS 4.0	
Kommunikation	Telefon/Internet	Telefon/Internet	Internet-Login	
Zugriff Know-ledge Base	ja	ja	ja	
Anzahl Support-Anfragen Monat	20	10	3	

Service-Management-Arten unterscheiden

S **In einer weiteren Sitzung der Auszubildenden der JIKU IT-Solutions sollen auch Service-Management-Arten erörtert werden.**

Holger Lübberstedt: Eine Herausforderung für große Unternehmen ist, ein IT-Service-Management-System aufzubauen und damit systematisch Services anzubieten und zu managen.

Laura Meier: Gibt es bei JIKU IT-Solutions ein ISMS, also ein Managementsystem für Informationssicherheit?

Holger Lübberstedt: Wir sind schon seit Jahren dabei, eines aufzubauen. Dazu haben wir systematisch unsere Services beschrieben, die Vertragsunterlagen darauf abgestimmt, ein Wissensmanagementsystem eingerichtet. Aber es gibt viel zu tun und es ist ein laufender Prozess, der nie endet.

Saahil Arora: Gibt es dazu Standards?

Holger Lübberstedt: Es gibt viele Standards, die Hinweise zur Umsetzung von Services geben und Managementarten herausstellen. Wir werden uns in der nächsten Sitzung vertieft mit den Standards auseinandersetzen. Zu den einzelnen Service-Managementarten wird diverse Software angeboten, sodass es interessant ist, sich einmal Beschreibungen davon anzusehen und zu prüfen, was diese leisten.

Aufgabe 2: Äußern Sie sich konkret zu Software für Servicemanagement im Betrieb.

1.1.1
1.1.2

1. Geben Sie an, welche Management-Software in Ausbildungsbetrieben für die Bewältigung der Services eingesetzt wird. Nennen Sie mindestens drei Managementprogramme, die Ihrer Meinung nach im Ausbildungsbetrieb bevorzugt eingesetzt werden sollten. Verwenden Sie ggf. die Linkliste im Downloadbereich für eine Recherche nach dieser Art von Software.

____

____

____

____

____

2. Geben Sie stichwortartig mindestens fünf Vorteile an, die sich durch die Verwendung von Managementprogrammen ergeben.

____

____

____

____

____

____

____

____

____

____

3. Nennen Sie stichwortartig mindestens zwei Nachteile des Bedarfs- bzw. Break/Fix-Service-Modells (siehe auch Jahrgangsband 2, Lernfeld 6, Kapitel 1.1.1, S. 12), vergleichen und diskutieren Sie die Ergebnisse.
Für den Kunden:

____

____

Aus der Sicht des Dienstleisters:

4 Nennen Sie stichwortartig zwei Vorteile des online ermöglichten Managed-Service-Modells (siehe auch Jahrgangsband 2, Lernfeld 6, Kapitel 1.1.1, S. 13), vergleichen und diskutieren Sie die Ergebnisse.
Für den Kunden:

Aus der Sicht des Dienstleisters:

Aufgabe 3: Bereiten Sie einen Workshop zum Thema „Mit den Services von JIKU IT-Solutions gut aufgestellt!" vor.

Verwenden Sie als Einstieg das Informationsblatt „JIKU Managed Server Services" und die „JIKU_Preisliste_Wartungspakete_Muster". Diskutieren Sie diese und machen Sie Vorschläge: 1.1.1 1.1.2

- Änderungsvorschläge inhaltlich, preislich, fachlich,
- Vorschläge zu einer Werbeaktion/Informationsveranstaltung mit (potenziellen) Kunden über Serviceleistungen,
- Art und Rahmenbedingungen der Veranstaltung.

Verwenden Sie eventuell zur Planung auch in mehreren Arbeitsgruppen das IPERKA-Formular im Anhang.

Lernsituation 2: Wir berücksichtigen Standards und Vorgaben für bessere IT-Services

S Die Auszubildenden der JIKU IT-Solutions sollen prüfen, welche Standards im Qualitäts-, Service- und Informationssicherheitsmanagement eingesetzt werden. Sie sollen sich vertieft mit dem Standard „FitSM®“ auseinandersetzen, der kompakt wesentliche Elemente für ein Servicemanagement bereitstellt und dazu im Copyright offen ist. Auch rechtliche Aspekte in IT-Services sind relevant.

Holger Lübberstedt: Nun wollen wir uns einmal mehr mit formalen Aspekten auseinandersetzen. Wir haben in der vorangegangenen Lernsituation schon erfahren, dass eine Abstimmung in den Regelungen wichtig ist. Wir haben ja in der Technik schon viele Standards wie die ISO-Norm kennengelernt. Um ein Service-Management-System aufzubauen, sollte man wichtige Standards kennen und festlegen, welche als wichtig im Unternehmen beachtet werden sollen.

Julian Markus: Meinen Sie Standards wie ITIL® oder FitSM®?

Holger Lübberstedt: ITIL® ist ein wichtiger Standard, hat aber das Problem, das Copyright-Probleme entstehen können. Auch ist er sehr komplex. Er soll uns daher nur zur Orientierung dienen. Wir schauen uns diesen Standard kurz an und werden dann feststellen, dass für unsere Zwecke ein offener Standard wie FitSM® völlig ausreichend ist.

Laura Meier: Wenn wir uns mit rechtlichen Fragestellungen auseinandersetzen, meinen Sie die Allgemeinen Geschäftsbedingungen, die SLA und andere Rechtsgrundlagen?

Holger Lübberstedt: Genau, rechtliche Vereinbarungen werden immer dann wichtig, wenn etwas nicht glatt läuft. Kunden sind dann schnell sauer und wir müssen wissen, was vorab rechtlich vereinbart wurde, damit wir uns nicht zerstreiten. Zu den Services gehört auch, dass wir Kunden in rechtlichen Fragen und bei Lizenzfragen unterstützen. Lassen Sie uns mit den Standards beginnen.

Standards und Rahmenwerke im IT-Service unterscheiden

S Die Auszubildenden der JIKU IT-Solutions sollen wichtige Standards für IT-Services und ein Service-Management vergleichen.

Holger Lübberstedt: Nehmen wir einmal an, es gäbe keine Standards. Wäre das nicht super? Wir müssten uns nicht darüber unterhalten und könnten machen, was wir wollen.

Laura Meier: Ich bin eher dafür, dass es Regeln gibt und Vereinbarungen, nach denen man sich richtet.

Julian Markus: Ich weiß nicht, ob Standards bei einer agilen Vorgehensweise gut sind. Warum sollte es übergreifend für alle Unternehmen Festlegungen geben? Warum sollten wir es so machen, wie andere es wollen?

Saahil Arora: Standards entstehen i. d. R. aus der Praxis, die sich bewährt hat. Was spricht dagegen, Fehler zu vermeiden, die andere gemacht haben?

Holger Lübberstedt: Standards müssen sinnvoll sein. Wir sollten das für unsere Services prüfen.

Aufgabe 1: **Sie sollen das Service-Rahmenwerk FitSM® beschreiben und zu anderen Standards abgrenzen.**

1.1.3

1. Beantworten Sie dazu folgende Fragen:
   a) Wofür steht FitSM®?

____

b) Ist FitSM® frei verwendbar oder geschützt?

c) Welche anderen Standards beeinflussen FitSM®?

d) Wo kann man Informationen im Internet finden?

e) Warum werden Reifegrade wie „Initial“ oder „Managed“ eingeführt?

2 Sie sollen den Serviceprozess „Anschluss eines Arbeitsplatzdruckers“ nach den Anforderungen des Rahmenwerks FitSM® beschreiben. Nach FitSM® werden folgende Forderungen für ein gutes Service-Management-System aufgestellt. Geben Sie Hinweise bezogen auf den angegebenen Serviceprozess, tragen Sie diese gemeinsam zusammen und erarbeiten Sie in Gruppen eine Prozessbeschreibung mit den entsprechenden Angaben, vergleichen und diskutieren Sie diese.

GR2.2 (vgl. FitsM-1_Anforderungen.pdf über FitsSM Standard, Downloads, FitSM-1: Requirements auf www.fitsm.eu)	**Wie sollte dies Ihrer Meinung nach geschehen?**
Dokumentierte Definitionen aller Service-Management-Prozesse (siehe PR1-PR14) müssen erstellt und gepflegt werden. Jede dieser Definitionen muss mindestens folgende Elemente beinhalten:	*Geben Sie ein Beispiel entsprechend dem zu beschreibenden Service! (evtl. Zusatzdokument verwenden)*
Beschreibung der Prozessziele, z. B. als Checkliste	
Beschreibung von Inputs, Aktivitäten und Outputs des Prozesses, z. B. als Ablaufdiagramm	
Beschreibung prozessspezifischer Rollen und Verantwortlichkeiten, z. B. wer macht es, prüft, protokolliert	
Beschreibung der Schnittstellen zu anderen Prozessen, z. B. Prozess „Kartuschenwechsel“	
Prozessspezifische Richtlinien, soweit relevant, z. B. zur Geräuschentwicklung	

Aufgabe 2: **Bereiten Sie sich für eine Mitarbeit in der Service-Entwickler-Arbeitsgruppe vor.**

1.1.3

Sie sollen Kernaussagen zum Standard ITIL® 4 präsentieren und klären, ob diese allgemein auch für den IT-Service und die Nutzung des Standards FitSM® gelten sollen.

❶ Ergänzen Sie zur Vorbereitung folgende Schlagwörter und Aussagen mit Stichworten, die Sie in Ihre Präsentation der Kernaussagen einbeziehen würden, z. B. zur Verdeutlichung oder als Beispiel.

Schlagwörter im Service-Management		
Schlagwort	**Aussagen im Zusammenhang mit dem Schlagwort**	**Stichworte**
Agile (agil, beweglich)	Sammelbergriff für Zusammenarbeit, Priorisierung, Sprints, schrittweises iteratives Vorgehen, Verbesserung, Scrum, Lean, Kanban	
Availability (Verfügbarkeit)	Aufgabe, die sicherstellt, dass vereinbarte Verfügbarkeitsvereinbarungen mit den Anforderungen der Kunden übereinstimmen	
Business Case (Geschäftsvorhaben)	Betrachtung der strategischen und finanziellen Auswirkungen, Wirtschaftlichkeit, Nutzen, Risiken eines Vorhabens für das Geschäft	
Compliance (Regeltreue)	Dafür sorgen, dass Gesetze, Richtlinien, Leitbilder und freiwillige Kodizes eingehalten werden	
Customer Experience (Kundenerfahrung)	Kundenerfahrungen und -erlebnisse, die durch den Anbieter und die Dienste wahrgenommen werden.	
Design and Transition	Projekt zur Verbesserung der Services und zur Erfüllung der Erwartungen von Kunden und Unternehmer	
DevOps (vgl. auch LF 7, 8, 9)	Organisatorische Kultur mit Fokus auf CALMS (Culture, Automation, Lean, Measurement Sharing), um Wertschöpfung zu verbessern	
Engage (Engagement)	Einsatz aus Verbundenheit zu den Kunden und Stakeholdern und großes Verständnis für die Anforderungen der Servicekunden und gute Beziehungen zu ihnen	
Kanban	Methode, um mithilfe von Karten visuell Arbeitsleistungen darzustellen, mögliche Blockaden und Konflikte zu lösen, Projekte im Verlauf gemeinsam zu steuern	
Lean	Schlanke Gestaltung von Vorgängen entlang der Wertschöpfungskette, effizient und möglichst ohne Verzögerungen	
Obtain/Build (erhalten/bauen)	Begriffe für den Einsatz entlang der Wertschöpfungskette, um dafür zu sorgen, dass Service-Komponenten am richtige Ort mit den vereinbarten Anforderungen verfügbar sind	
Partner/Supplier (Subunternehmer und Lieferanten)	Wichtige Beziehungen und Zuständigkeiten in der Wertschöpfungskette, im gesamten Prozess vom Design bis hin zur KVP einzubeziehen	
Quick Win (schneller Erfolg)	Die „niedrig hängenden Früchte", die in der Entwicklung erfolgreicher Services schnell umgesetzt werden können	
Record (Nachweis)	Ein Dokument, eine Aufzeichnung oder ein Datensatz, das Nachweise über die durchgeführten Tätigkeiten und Vorhaben gibt	

Schlagwörter im Service-Management		
Schlagwort	**Aussagen im Zusammenhang mit dem Schlagwort**	**Stichworte**
Retire (ausscheiden, ruhen)	Handlung, laufend ein Produkt oder einen Service entsprechend geänderten Anforderungen zu erneuern oder zu ersetzen	
Risk Assessment (Risikobewertung)	Vorgänge, um Risiken zu identifizieren, zu analysieren und zu bewerten	
Service Consumption (Leistungsverbrauch)	Bedürfnisse, Erwartungen und Voraussetzungen und Mithilfe des Kunden, die sich vor, während und nach der Nutzung von Services zeigen	
Service Offering (Serviceangebot)	Beschreibung eines Services oder Service-Bündels mit Teilen, Servicemitteln und Funktionen, adressiert an eine Zielgruppe	
Service Value System (Service-Modell)	Modell mit Einflussfaktoren und Maßnahmen, um Möglichkeiten der Verbesserung der Wertschöpfung in Services aufzuzeigen	
Specification (Vorgaben)	Vorgaben an Produkte, Services oder Serviceelemente (CI), damit Leistungen möglichst überprüfbar für Vertragspartner sind	
Validation (Bestätigung)	Bestätigung, dass das Produkt, System oder der Service den vereinbarten Spezifikationen entspricht	
Workaround (Behelfslösung)	Notlösung, um bei einer Störung den Betrieb aufrechterhalten zu können oder Übergangslösung, um eine Störung zu vermeiden	
Service Value (Servicewert)	Aus Kundenperspektive generierter Wert oder Nutzen, Serviceleistungen, Benutzerfreundlichkeit u.a., auch im Vergleich zu den Kosten	
Value Chain Activities (Wertschöpfungsaktivitäten)	Einsatz, um wirtschaftlich und mit hoher Wertschöpfung mit Produkten und Services zu erzeugen	

2 Geben Sie die sieben leitenden Prinzipien von ITIL® 4 jeweils mit einer Erläuterung an.

Leitenden Prinzipien von ITIL® 4	Kurzerläuterung
1.	
2.	
3.	
4.	
5.	
6.	
7.	

3 Sie sollen das Service Level Agreement nach dem FitSM®-Standard ausformulieren und zu folgenden zwölf SLA-Anforderungen Teilanforderungen für eine selbst gewählte Servicemaßnahme angeben.

SLA-Servicemaßnahme	
Service Level Agreement laut FitSM®	**Teilanforderungen, z. B. passend zur Maßnahme**
1. Service-Beschreibung	z. B. Anschluss eines neuen Druckers
2. Service-Zeiten und Ausnahmen	z. B. während der Geschäftszeiten.
3. Service-Komponenten und -Abhängigkeiten	
4. Support (Incident Behandlung/ Service-Request)	
5. Service-Level-Ziele	
6. Einschränkungen und Abgrenzungen	
7. Kommunikationswege, Berichte und Eskalierungsmaßnahmen	
8. Informationssicherheit und Datenschutz	
9. Weitere Aufgaben und Verantwortlichkeiten	
10. Mitwirkungspflichten des Kunden	
11. Review	
12. Begriffsglossar	

Aufgabe 3: Bearbeiten Sie allgemeine Geschäftsbedingungen und verschiedene Vertragsarten zu Systemen, Services, Cloud-Diensten und Fragen von Kunden.

Sie sollen allgemeine Geschäftsbedingungen (AGB) und verschiedene Vertragsarten bearbeiten, Fragen von Kunden beantworten und ein E-Mail-Antwortschreiben erstellen. Verschiedene Dokumente dazu finden Sie im Downloadbereich.

1 Geben Sie zu folgenden Kundenfragen jeweils stichwortartig eine Antwort. Formulieren Sie in einem Extradokument einen E-Mail-Entwurf als Antwortschreiben an den Kunden. Formulieren Sie Ihre Erläuterungen positiv und nachvollziehbar aus der Sicht von JIKU IT-Solutions. Fügen Sie die Geschäftsbedingungen aus dem Downloadbereich als Anhang an. Zu ergänzenden Informationen zu AGB und Verträgen siehe auch Jahrgangsband 1, Lernfeld 2, Kapitel 2.5.1, 2.6.2, 2.9.4, 2.10.1).

Allgemeine Geschäftsbedingungen Ausbildungsmuster 1	JIKU IT-Solutions
Frage des Kunden	**Antwort in Stichworten, Ziffer der AGB**
Service-Installation und Schulung in Hardwarekauf mit Software inbegriffen?	z. B. nach 1.3 nein
Kann ich mit Ihnen mündlich Details absprechen?	z. B. ja, aber nach 1.4 muss schriftlich bestätigt werden
Prüfen Sie die Ware auf Kompatibilität mit unserem System oder berechnen Sie dafür zusätzlich?	
Bis wann müssen wir Mängel an der gelieferten Ware melden?	
Wie oft können Sie nachbessern, ohne dass wir ein Recht auf Austausch oder Rücktritt haben?	

Allgemeine Geschäftsbedingungen Ausbildungsmuster 2	JIKU IT-Solutions
Frage des Kunden	**Antwort in Stichworten, Ziffer der AGB**
In welcher Zeit muss ich Ihr schriftliches Angebot annehmen? Gibt es zusätzliche AGB?	
Gibt es Rechnungen online, kostet die Zusendung etwas?	
Wie ist es mit Preiserhöhungen?	
Kann ich als Nichtunternehmer, Kleinunternehmerin oder Verbraucher mit Zugeständnissen rechnen?	
Wer haftet für Schäden?	

Erläuterungen zu den Allgemeinen Geschäftsbedingungen Besondere Vertragsbedingungen für die Erbringung von Dienstleistungen (BVB) Ausbildungsmuster 2	JIKU IT-Solutions
Frage des Kunden	**Antwort in Stichworten, Ziffer der AGB**
Was ist, wenn die Dienstleistung Mängel hat?	
Was ist, wenn Sie Komponenten zur Reparatur benötigen? Können wir diese beschaffen?	
Beschaffen Sie immer die günstigste Software?	
Gibt es für Dienstleistungen einen festen Preis?	
Was ist, wenn mehr Zeitkontingente abgerechnet wurden als verwendet?	
Gehört zum Service auch die Bereitstellung der Anschlüsse?	
Was ist, wenn durch Ihren Service die Daten gelöscht sind?	
Wer zahlt den Schaden, wenn Sie Ihren Service nicht richtig machen?	
Wie sind die Kündigungsfristen?	

Besondere Vertragsbedingungen für die Lieferung von Waren Ausbildungsmuster 2	JIKU IT-Solutions
Frage des Kunden	**Antwort in Stichworten, Ziffer der AGB**
Was ist, wenn Sie nicht pünktlich liefern? Liefern Sie in jede Etage?	
Wenn Sie die Datensicherung übernehmen, wer zahlt die Datenträger?	
Gehört bei Ihnen zur Lieferung auch die Installation?	
Was ist, wenn Sie nicht liefern?	
Wer ist bei Lieferung von Software für die Sicherstellung der Kompatibilität verantwortlich?	
Was gilt genau bei Mängelhaftung?	
Wie ist der Eigentumsvorbehalt geregelt?	

Besondere Vertragsbedingungen für die Vermietung von Rechenzentrumskapazitäten sowie für Cloud-Service-Verträge Ausbildungsmuster 2	JIKU IT-Solutions
Frage des Kunden	**Antwort in Stichworten, Ziffer der AGB**
Wo steht Ihr Rechenzentrum? Ist ein Wechsel ohne Zustimmung möglich?	
Wird die Anbindung an die Cloud extra berechnet?	
Welche Verfügbarkeit garantieren Sie?	
Wann führen Sie Wartungsarbeiten am Server durch?	
Wie viel Datentransfer- und Speichervolumen garantieren Sie grundsätzlich pro Monat?	
Welche Pflichten haben wir?	
Welche Einschränkungen hat der Kunde?	
Welchen Support erhalten wir?	
Welche Laufzeit haben SaaS-Verträge? Kündbarkeit?	

2 In der Anlage zum Standard SLA-Vertrag von JIKU IT-Solutions sollen zukünftig auch Domain- und Web-Hosting-Services angeboten werden. In einer Arbeitsgruppe wird diskutiert, welche Reaktionszeiten (Ziffern 1 bis 12 nach Vorgabe) im Rahmen der unten angegebenen Zeiträume den Kunden zugesichert werden können.

a) Tragen Sie **Ihre** Empfehlung in die farblichen Leerfelder ein, vergleichen und diskutieren Sie die Vorschläge. Recherchieren Sie eventuell auch zu vergleichbaren Angeboten.

Anlage zu dem Service Level Agreement				**JIKU** IT-Solutions
Leistungswerte der Supportpakete				
	Allgemeine Anfrage	**Störung**	**Dringende Störung**	
Supportzeit	montags–freitags 9–17 Uhr, optional 24/7	montags–freitags 9–17 Uhr, optional 24/7	24/7	
	Reaktionszeit	Reaktionszeit	Reaktionszeit	Wiederherstellungszeit
Supportpaket	**Standard**	**Standard**	**Standard**	**Standard**
Domain Basic; Mail; Webhosting	12 Std. – 6 Std. [ ]	12 Std. – 6 Std. [ ]	2 Std. – 1 Std. [ ]	8 Std. – 4 Std. [ ]
Virtual Server; Cloud Server	12 Std. – 6 Std. [ ]	12 Std. – 6 Std. [ ]	2 Std. – 1 Std. [ ]	6 Std. – 3 Std. [ ]
Webserver Premium	12 Std. – 6 Std. [ ]	12 Std. – 6 Std. [ ]	2 Std. – 1 Std. [ ]	4 Std. – 2 Std. [ ]
Backup, Managed Storage	6 Std. – 3 Std. [ ]	6 Std. – 3 Std. [ ]	2 Std. – 1 Std. [ ]	4 Std. – 2 Std. [ ]

Service Level Agreement – produktbezogene Werte	**JIKU** IT-Solutions
Hardwareverfügbarkeit (im Monatsmittel)	
Webserver Dedicated (Basic und Medium); Mail-Server Dedicated Firewall	95,00/99,95 % [ ]
Webserver Dedicated (Premium und Supreme); Mail-Server Dedicated (Premium und Supreme); Dedicated Server mit redundantem Netzteil; DDoS Protection	98,00/99,99 % [ ]
Dienstverfügbarkeit (im Monatsmittel)	
Domain Basic; Mail Basic; Mail Business; Mail; Webhosting	95,00 – 99,9 % [ ]

b) Bearbeiten Sie weitere Verträge im Downloadbereich.

NOTIZEN

c) Erstellen Sie Kurzpräsentationen, in denen Sie eingeschränkt auf Services und den Arbeitsbereich des jeweiligen Ausbildungsberufes (technisch, wirtschaftlich, softwareentwicklungsmäßig) arbeitsteilig wichtige rechtliche Festlegungen heraussuchen.

Rechtliche Anforderungen im Servicebereich unterscheiden

Aufgabe 4: **Erläutern Sie Urheber-, Marken- und Lizenzbestimmungen auf Nachfragen.** ✓1

1.1.4 (5)

❶ Finden Sie zum Urheber- und Markenrecht die richtigen Antworten unter Verwendung des UrhG und des MarkenG. Verwenden Sie dazu die Gesetzesauszüge auf S. 27 ff. Kreuzen Sie an, was zutrifft.

Urheber-, Marken- und Lizenzbestimmungen	
1. Für den Schutz selbst erstellter Computerprogramme, Bilder oder Darstellungen gilt:	
a) Sie sind nur dann nach UrhG geschützt, wenn sie persönliche geistige Schöpfungen sind.	☐
b) Computerprogramme sind im Vergleich zu Bildern nicht nach UrhG geschützt.	☐
c) Alle Bilder sind nur nach KunstUrhG geschützt.	☐
d) Webcasts sind nach UrhG nicht geschützt.	☐
e) Selbst erstellte Computerprogramme und Datenbanken mit geistiger Schöpfung sind nach UrhG geschützt.	☐
f) Wenn das Computerprogramm im Betrieb erstellt wurde, ist der Betrieb Urheber.	☐
g) Wenn ein Bild selbst erstellt wurde und keine anderen Rechte verletzt wurden, kann man es gegen Entgelt anderen anbieten.	☐
h) Man darf ein Bild mit einem Prominenten im beruflichen Wirkungskreis veröffentlichen.	☐
i) Ein Bild darf, auch wenn Menschen nur unwesentliches Beiwerk sind, nicht veröffentlicht werden.	☐
j) Bei Computerprogrammen unterliegen die Entwürfe nicht dem Urheberrecht.	☐
k) Bei einem Computerprogramm hat der Urheber gesetzlich für die Ideen und Grundsätze, die einem Element eines Computerprogramms zugrunde liegen, einschließlich der den Schnittstellen zugrunde liegenden Ideen und Grundsätze, Verwertungsrechte.	☐
l) Die Schutzfähigkeit von Computerprogrammen ist von qualitativen oder ästhetischen Bewertungen abhängig.	☐
2. Wer Urheber eines Bildes, einer Software oder einer Datenbank ist, für den gilt:	
a) Als Urheber darf man die Urheberbezeichnung bestimmen.	☐
b) Als Urheber kann man die Verbreitung nicht exklusiv einem Nutzer geben.	☐
c) Der Betrieb kann vertraglich verlangen, dass er die exklusiven Rechte an einer im dienstlichen Auftrag erstellten Software hat.	☐
d) Als Urheber kann man nicht einzelne, sondern nur alle Nutzungsarten anderen einräumen.	☐
3. Zur Prüfung der Verstöße gegen das UrhG gilt:	
a) Es ist nur mit Abmahnungen zu rechnen, die aber insgesamt beschränkt sind.	☐
b) Es ist auch mit Freiheitsstrafen, für Privatleute bis drei Jahre, gewerblich bis fünf Jahre, zu rechnen.	☐
c) Abmahnkosten sind gesetzlich nur gegenüber Privatleuten gedeckelt.	☐
d) Neben Abmahn-, Gerichts- und Anwaltskosten ist mit Schadensersatz zu rechnen.	☐
e) Unternehmen haften nicht für die Mitarbeiter, Mitarbeiter haften bei grober Fahrlässigkeit.	☐
f) Mitarbeiter dürfen fremde Programme öffentlich, z. B. auf Messen, vorführen.	☐
g) Bücher, die für Unterrichtszwecke erstellt wurden, dürfen nicht kopiert werden; zu nicht kommerziellen Zwecken aber bis zu 15 %.	☐
h) Solange man für fremde Bilder, die man ins Internet eingestellt hat, noch kein Geld erhalten hat, ist auch nicht mit einer Verurteilung zu rechnen.	☐
i) Bei fremden Bildern muss genau geprüft werden, ob und wie die Quellenangabe zu erfolgen hat.	☐

4. Zur Prüfung von Vorfällen im Markenrecht gilt:	
a) Ein einzigartiges Geschäftszeichen ist nur dann eine Marke, wenn es im Markenregister eingetragen ist.	☐
b) Eine Geschäftsmarke ist nur ein Logo, nicht eine Tonfolge oder ein Personenname.	☐
c) Der Markeninhaber hat weitgehende Rechte, sodass geschäftsübliches und nicht geschäftsschädigendes Handeln besonders zu beachten ist.	☐
d) Fremde Marken können im Geschäftsverkehr in engen Grenzen verwendet werden, wenn es um die Bezeichnung der Waren und insbesondere eines passenden Zubehörs geht.	☐
e) Wenn fremde Marken für eigenes werbliches Handeln ohne Zustimmung des Rechteinhabers genutzt werden, kann es zu Markenrechtverletzungen kommen.	☐

UrhG	Auszüge
§ 2	(1) Zu den geschützten Werken der Literatur, Wissenschaft und Kunst gehören insbesondere: 1. Sprachwerke, wie Schriftwerke, Reden und Computerprogramme; [...] 5. Lichtbildwerke einschließlich der Werke, die ähnlich wie Lichtbildwerke geschaffen werden; [...] 7. Darstellungen wissenschaftlicher oder technischer Art wie Zeichnungen, Pläne, Karten, Skizzen, Tabellen und plastische Darstellungen [...]. (2) Werke im Sinne dieses Gesetzes sind nur persönliche geistige Schöpfungen.
§ 4	(1) Sammlungen von Werken, Daten oder anderen unabhängigen Elementen, die aufgrund der Auswahl oder Anordnung der Elemente eine persönliche geistige Schöpfung sind (Sammelwerke) [...]. (2) Datenbankwerk im Sinne dieses Gesetzes ist ein Sammelwerk, dessen Elemente systematisch oder methodisch angeordnet und einzeln mithilfe elektronischer Mittel oder auf andere Weise zugänglich sind. Ein zur Schaffung des Datenbankwerkes oder zur Ermöglichung des Zugangs zu dessen Elementen verwendetes Computerprogramm (§ 69 a) ist nicht Bestandteil des Datenbankwerkes.
§ 13	Der Urheber hat das Recht auf Anerkennung seiner Urheberschaft am Werk. Er kann bestimmen, ob das Werk mit einer Urheberbezeichnung zu versehen und welche Bezeichnung zu verwenden ist.
§ 15	(1) Der Urheber hat das ausschließliche Recht, sein Werk in körperlicher Form zu verwerten; das Recht umfasst insbesondere 1. das Vervielfältigungsrecht (§ 16), 2. das Verbreitungsrecht (§ 17), 3. das Ausstellungsrecht (§ 18) [...].
§ 19	(1) Das Vortragsrecht ist das Recht, ein Sprachwerk durch persönliche Darbietung öffentlich zu Gehör zu bringen [...]. (3) Das Vortrags- und das Aufführungsrecht umfassen das Recht, Vorträge und Aufführungen außerhalb des Raumes, in dem die persönliche Darbietung stattfindet, durch Bildschirm, Lautsprecher oder ähnliche technische Einrichtungen öffentlich wahrnehmbar zu machen.
§ 20	Das Senderecht ist das Recht, das Werk durch Funk, wie Ton- und Fernsehrundfunk, Satellitenrundfunk, Kabelfunk oder ähnliche technische Mittel, der Öffentlichkeit zugänglich zu machen.
§ 24	(1) Ein selbstständiges Werk, das in freier Benutzung des Werkes eines anderen geschaffen worden ist, darf ohne Zustimmung des Urhebers des benutzten Werkes veröffentlicht und verwertet werden.
§ 31	(1) Der Urheber kann einem anderen das Recht einräumen, das Werk auf einzelne oder alle Nutzungsarten zu nutzen (Nutzungsrecht).
§ 43	Die Vorschriften dieses Unterabschnitts sind auch anzuwenden, wenn der Urheber das Werk in Erfüllung seiner Verpflichtungen aus einem Arbeits- oder Dienstverhältnis geschaffen hat, soweit sich aus dem Inhalt oder dem Wesen des Arbeits- oder Dienstverhältnisses nichts anderes ergibt.
§ 57	Zulässig sind die Vervielfältigung, Verbreitung und öffentliche Wiedergabe von Werken, wenn sie als unwesentliches Beiwerk neben dem eigentlichen Gegenstand der Vervielfältigung, Verbreitung oder öffentlichen Wiedergabe anzusehen sind.
§ 56	(1) In Geschäftsbetrieben [...] ist die Übertragung von Werken auf Bild-, Ton- oder Datenträger [...], zulässig, soweit dies notwendig ist, um diese Geräte Kunden vorzuführen oder instand zu setzen.

§ 59	(1) Zulässig ist, Werke, die sich bleibend an öffentlichen Wegen, Straßen oder Plätzen befinden, mit Mitteln der Malerei oder Grafik, durch Lichtbild oder durch Film zu vervielfältigen, zu verbreiten und öffentlich wiederzugeben. Bei Bauwerken erstrecken sich diese Befugnisse nur auf die äußere Ansicht.
§ 60 a	(1) Zur Veranschaulichung des Unterrichts und der Lehre an Bildungseinrichtungen dürfen zu nicht kommerziellen Zwecken bis zu 15 % eines veröffentlichten Werkes vervielfältigt, verbreitet, öffentlich zugänglich gemacht und in sonstiger Weise öffentlich wiedergegeben werden [...]. (3) Nicht nach den Absätzen 1 und 2 erlaubt sind folgende Nutzungen: 1. Vervielfältigung durch Aufnahme auf Bild- oder Tonträger und öffentliche Wiedergabe eines Werkes, während es öffentlich vorgetragen, aufgeführt oder vorgeführt wird, 2. Vervielfältigung, Verbreitung und öffentliche Wiedergabe eines Werkes, das ausschließlich für den Unterricht an Schulen geeignet, bestimmt und entsprechend gekennzeichnet ist [...].
§ 63	(1) Wenn ein Werk oder ein Teil eines Werkes in den Fällen des § 45 Abs. 1, der §§ 45a bis 48, 50, 51, 58, 59 sowie der §§ 60a bis 60d, 61 und 61c vervielfältigt oder verbreitet wird, ist stets die Quelle deutlich anzugeben.
§ 69 a	(1) Computerprogramme im Sinne dieses Gesetzes sind Programme in jeder Gestalt, einschließlich des Entwurfsmaterials. (2) Der gewährte Schutz gilt für alle Ausdrucksformen eines Computerprogramms. Ideen und Grundsätze, die einem Element eines Computerprogramms zugrunde liegen, einschließlich der den Schnittstellen zugrunde liegenden Ideen und Grundsätze, sind nicht geschützt. (3) Computerprogramme werden geschützt, wenn sie individuelle Werke in dem Sinne darstellen, dass sie das Ergebnis der eigenen geistigen Schöpfung ihres Urhebers sind. Zur Bestimmung ihrer Schutzfähigkeit sind keine anderen Kriterien, insbesondere nicht qualitative oder ästhetische, anzuwenden.
§ 69 b	(1) Wird ein Computerprogramm von einem Arbeitnehmer in Wahrnehmung seiner Aufgaben oder nach den Anweisungen seines Arbeitgebers geschaffen, so ist ausschließlich der Arbeitgeber zur Ausübung aller vermögensrechtlichen Befugnisse an dem Computerprogramm berechtigt, sofern nichts anderes vereinbart ist.
§ 69 c	Der Rechtsinhaber hat das ausschließliche Recht, folgende Handlungen vorzunehmen oder zu gestatten: 1. die dauerhafte oder vorübergehende Vervielfältigung, ganz oder teilweise [...]. 2. die Übersetzung, die Bearbeitung, [...]. 3. jede Form der Verbreitung des Originals eines Computerprogramms [...]. 4. die drahtgebundene oder drahtlose öffentliche Wiedergabe [...].
§ 77	(1) Der ausübende Künstler hat das ausschließliche Recht, seine Darbietung auf Bild- oder Tonträger aufzunehmen.
§ 78	(1) Der ausübende Künstler hat das ausschließliche Recht, seine Darbietung 1. öffentlich zugänglich zu machen (§ 19a) [...]. (2) Dem ausübenden Künstler ist eine angemessene Vergütung zu zahlen, wenn 1. die Darbietung nach Absatz 1 Nr. 2 erlaubterweise gesendet, 2. die Darbietung mittels Bild- oder Tonträger öffentlich wahrnehmbar gemacht [...].
§ 87 a	(1) Datenbank im Sinne dieses Gesetzes ist eine Sammlung von Werken, Daten oder anderen unabhängigen Elementen, die systematisch oder methodisch angeordnet und einzeln mithilfe elektronischer Mittel oder auf andere Weise zugänglich sind und deren Beschaffung, Überprüfung oder Darstellung eine nach Art oder Umfang wesentliche Investition erfordert.
§ 87 b	(1) Der Datenbankhersteller hat das ausschließliche Recht, die Datenbank insgesamt oder einen nach Art oder Umfang wesentlichen Teil der Datenbank zu vervielfältigen, zu verbreiten und öffentlich wiederzugeben [...].
§ 97 a	(1) Der Verletzte soll den Verletzer vor Einleitung eines gerichtlichen Verfahrens auf Unterlassung abmahnen und ihm Gelegenheit geben, den Streit durch Abgabe einer mit einer angemessenen Vertragsstrafe bewehrten Unterlassungsverpflichtung beizulegen [...]. (2) Die Abmahnung hat in klarer und verständlicher Weise [...] die Rechtsverletzung genau zu bezeichnen [...]. (3) Soweit die Abmahnung berechtigt ist [...], kann der Ersatz der erforderlichen Aufwendungen verlangt werden. Für die Inanspruchnahme anwaltlicher Dienstleistungen beschränkt sich der Ersatz der erforderlichen Aufwendungen hinsichtlich der gesetzlichen Gebühren auf Gebühren nach einem Gegenstandswert für den Unterlassungs- und Beseitigungsanspruch von 1 000 Euro, wenn der Abgemahnte [...] eine natürliche Person ist [...].

§ 99	Ist in einem Unternehmen von einem Arbeitnehmer oder Beauftragten ein nach diesem Gesetz geschütztes Recht widerrechtlich verletzt worden, hat der Verletzte die Ansprüche aus § 97 Abs. 1 und § 98 auch gegen den Inhaber des Unternehmens.
§ 108	(1) Wer in anderen als den gesetzlich zugelassenen Fällen ohne Einwilligung des Berechtigten [...] ein nachgelassenes Werk oder eine Bearbeitung [...] eines solchen Werkes [...] verwertet, [...] ein Lichtbild (§ 72) oder eine Bearbeitung oder Umgestaltung eines Lichtbildes vervielfältigt, verbreitet oder öffentlich wiedergibt, [...] eine Datenbank entgegen § 87b Abs. 1 verwertet, wird mit Freiheitsstrafe bis zu drei Jahren oder mit Geldstrafe bestraft. (2) Der Versuch ist strafbar.
§ 108 a	(1) Handelt der Täter in den Fällen der §§ 106 bis 108 gewerbsmäßig, so ist die Strafe Freiheitsstrafe bis zu fünf Jahren oder Geldstrafe. (2) Der Versuch ist strafbar.

Gesetz betreffend das Urheberrecht an Werken der bildenden Künste und der Photographie – KunstUrhG (Auszüge)	
§ 22	Bildnisse dürfen nur mit Einwilligung des Abgebildeten verbreitet oder öffentlich zur Schau gestellt werden. Die Einwilligung gilt im Zweifel als erteilt, wenn der Abgebildete dafür, dass er sich abbilden ließ, eine Entlohnung erhielt [...].
§ 23	(1) Ohne die nach § 22 erforderliche Einwilligung dürfen verbreitet und zur Schau gestellt werden: 1. Bildnisse aus dem Bereich der Zeitgeschichte; 2. Bilder, auf denen die Personen nur als Beiwerk neben einer Landschaft oder sonstigen Örtlichkeit erscheinen; 3. Bilder von Versammlungen, Aufzügen und ähnlichen Vorgängen, an denen die dargestellten Personen teilgenommen haben; 4. Bildnisse, die nicht auf Bestellung angefertigt sind, sofern die Verbreitung oder Schaustellung einem höheren Interesse der Kunst dient. (2) Die Befugnis erstreckt sich jedoch nicht auf eine Verbreitung und Schaustellung, durch die ein berechtigtes Interesse des Abgebildeten oder, falls dieser verstorben ist, seiner Angehörigen verletzt wird.

Markengesetz – MarkenG (Auszüge)	
§ 4	Der Markenschutz entsteht 1. durch die Eintragung eines Zeichens als Marke in das vom Deutschen Patent- und Markenamt geführte Register, 2. durch die Benutzung eines Zeichens im geschäftlichen Verkehr [...].
§ 14	(1) Der Erwerb des Markenschutzes nach § 4 gewährt dem Inhaber der Marke ein ausschließliches Recht.
§ 15	(4) Wer eine geschäftliche Bezeichnung oder ein ähnliches Zeichen entgegen Absatz 2 oder Absatz 3 benutzt, kann von dem Inhaber der geschäftlichen Bezeichnung bei Wiederholungsgefahr auf Unterlassung in Anspruch genommen werden [...].
§ 23	(1) Der Inhaber einer Marke oder einer geschäftlichen Bezeichnung darf einem Dritten nicht untersagen, im geschäftlichen Verkehr Folgendes zu benutzen: [...]. 3. die Marke oder die geschäftliche Bezeichnung zu Zwecken der Identifizierung oder zum Verweis auf Waren oder Dienstleistungen als die des Inhabers der Marke, insbesondere wenn die Benutzung der Marke als Hinweis auf die Bestimmung einer Ware insbesondere als Zubehör oder Ersatzteil oder einer Dienstleistung erforderlich ist.
§ 24	(1) Der Inhaber einer Marke oder einer geschäftlichen Bezeichnung hat nicht das Recht, einem Dritten zu untersagen, die Marke oder die geschäftliche Bezeichnung für Waren zu benutzen, die unter dieser Marke [...] in den Verkehr gebracht worden sind. (2) Absatz 1 findet keine Anwendung, wenn sich der Inhaber der Marke oder der geschäftlichen Bezeichnung der Benutzung der Marke oder der geschäftlichen Bezeichnung im Zusammenhang mit dem weiteren Vertrieb der Waren aus berechtigten Gründen widersetzt, insbesondere wenn der Zustand der Waren nach ihrem Inverkehrbringen verändert oder verschlechtert ist.

2 Klären Sie in Teams Lizenzbestimmungen verschiedener Softwareanbieter (Marktführer) und beantworten Sie dazu folgende allgemeine Kundenfragen. Präsentieren und vergleichen Sie Ihre Ergebnisse.

a) Was kostet eine Einzellizenz und kann man die Lizenz auch auf einem Zweitcomputer nutzen?

b) Kann man die Software kostenlos testen und wie lange?

c) Was kostet eine Netzwerklizenz und wie ist diese festgelegt?

d) Was kostet eine Cloud-Lizenz und wie ist diese festgelegt?

e) Gibt es günstigere Lizenzen und für welche Nutzergruppen?

Lernsituation 3: Wir nehmen Serviceanfragen entgegen und bearbeiten sie

S **Herr Lübberstedt zeigt den Auszubildenden den Helpdesk-Bereich von JIKU IT-Solutions.**

Holger Lübberstedt: Heute werden wir uns direkt mit dem Helpdesk-Bereich beschäftigen und diesen Bereich erkunden.

Julian Markus: Ich kann aus meinen Erfahrungen berichten. Man muss genau wissen, wer was kann, damit die Probleme richtig und schnell gelöst werden. Ansonsten muss man eskalieren.

Levi Kramer: Was bedeutet denn „eskalieren" in diesem Zusammenhang?

Holger Lübberstedt: Weiterreichen an einen Spezialisten oder ein Team. Wir werden das noch genau besprechen.

Laura Meier: Man muss auch wissen, welche Verträge es mit den Kunden gibt und wie man sich beim Kunden meldet.

Saahil Arora: Es gibt doch bestimmt auch viele unterschiedliche Servicefälle, nicht nur Störungsfälle?

Holger Lübberstedt: Lassen wir uns das einmal von Fachleuten aus dem Helpdesk erklären.

1.2 IT-Serviceanfragen entgegennehmen und eingangs bearbeiten

Den Prozess der Bearbeitung von Serviceanfragen beschreiben

S **Die Auszubildenden der JIKU IT-Solutions sollen im Unternehmen eingehende Serviceanfragen bearbeiten.**

Holger Lübberstedt: Serviceanfragen können in der Zentrale auflaufen, mündlich oder schriftlich eingehen oder auch im Helpdesk initiiert werden.

Laura Meier: Also geht es darum, wer die Anfrage annimmt und wie es dann weitergeht.

Saahil Arora: Es muss dann bestimmt auch ein Serviceverantwortlicher festgelegt werden, der dann mit dem Kunden alles klärt.

Holger Lübberstedt: Wir sollten uns einmal den Prozess der Servicebearbeitung anschauen, wobei das Helpdesk-System ein wichtiges Koordinierungstool ist. Dazu müssen die Verantwortlichkeiten geklärt werden. Dies will ich mal an einem RACI-Modell verdeutlichen.

Aufgabe 1: Bearbeiten Sie Aufgaben zum Serviceprozess und zu Zuständigkeiten.

1.2.1

1. Erstellen Sie für Ihren Ausbildungsbetrieb ein eigenes Schaubild oder beschreiben Sie den Serviceablauf in Worten. Folgendes Schaubild von JIKU IT-Solutions soll als Grundlage dienen.

Serviceablauf im Ausbildungsbetrieb

2 Erläutern Sie die Bedeutung bzw. Zuständigkeit der Rollen im RACI-Modell. Geben Sie entsprechend den Informationen im Fachbuch und der englischen Erläuterung stichwortartig wieder, was man nach dem RACI-Modell unter der jeweils genannten Zuständigkeit versteht.

RACI	Englische Erläuterung	Erläuterung in Stichworten
R = Responsible	The person(s) or people responsible for correct execution, who does the work, who completes the action or task. In case of a quick and simple task, the person responsible could also be the accountable person. Responsibility can be shared.	
A = Accountable	The person making the decisions, accountable for the quality and the end result. Only one person should be accountable for each task. This person usually has a leadership or management role, reviews the work, takes ownership for the results.	
C = Consulted	The persons who are consulted when their professional opinion is needed. They have more knowledge and information in theory and practice. They are consulted prior to a final decision or action.	
I = Informed	The people, who need to be informed, who are kept up to date on progress. They receive information about process execution and quality. People with this role usually work outside the project, often in other departments.	

3 Ihr Arbeitskreis beschäftigt sich mit Zuständigkeiten im IT-Service. Folgende Rollen sollen eingerichtet werden.

R 1: Service-Chefin
R 2: Service-Annahme
R 3: Service-Level-1
R 4: Service-Level-2
R 5: Kundendienst
Für die Erstellung einer RACI-Matrix wird festgelegt:
Erläuterung: übernimmt: R, genehmigt: A, unterstützt: C, wird informiert: I

Folgende Aktivitäten sollen grundsätzlich (Ausnahmen möglich) die zugeteilten Zuständigkeiten erhalten:

- Annahme Services allgemein: übernimmt: R 2, genehmigt: R 1, unterstützt: R 3, R 4, R 5, wird informiert: –
- Annahme Services Kunden: übernimmt: R 1, R 2, genehmigt: R 1, unterstützt: R 3, R 4, R 5, wird informiert: –
- Monitoring-Aufgaben: übernimmt: R 3, genehmigt: R 3, unterstützt: R 2,R 4, wird informiert: R 1
- System-Vorkonfiguration: übernimmt: R 4, genehmigt: R 1, unterstützt: R 5, wird informiert: R 3
- Vor-Ort-Konfiguration: übernimmt: R 5, genehmigt: R 1, unterstützt: R 4, wird informiert: R 3

a) Vervollständigen Sie die folgende RACI-Matrix mit den vereinbarten Zuständigkeiten.

b) Diskutieren Sie über Vor-/Nachteile der Zuordnung.

RACI-Matrix	Rollen und Zuständigkeiten				
Tätigkeiten	**R1**				
Annahme Services allgemein	A				
Annahme Services Kunden	R/A				
Monitoring-Aufgaben					
System-Vorkonfiguration					
Vor-Ort-Konfiguration					

4 Ergänzen Sie zu typischen Rollen mögliche Aufgaben und Zuständigkeiten im Serviceprozess (z. B. Einrichtung eines Managementsystems im Unternehmen, Lösung eines großen Sicherheitsproblems) und vergleichen Sie die Ergebnisse. Ergänzen Sie gemeinsam mögliche RACI-Zuordnungen (Mehrfachnennungen möglich).

Service-Rollen	Aufgaben, Zuständigkeiten	Zugeordnete RACI-Rollen
CEO		
CIO		
System-Support		
Service-Owner		
Incident-Manager		
Problem-Manager		
Projektmanager		
Change-Manager		
System-Developer		
Service-Level-Manager		
Configuration and Deployment Manager		
IT-Security-Manager		
Business-Relationship-Manager		
Enterprise Architect		
Rollen im Ausbildungsbetrieb:		

5 Sie sollen folgende RACI-Matrix entsprechend dem Protokollauszug aus einer Sitzung vervollständigen.

Besprechungsprotokoll (Auszug):

Für die Projektplanung ist Holger zuständig und Jana unterstützt ihn. Die technische Dokumentation erstellt federführend Jana, sie hält Georg darüber auf dem Laufenden. Kundenverhandlungen führt grundsätzlich Georg, Holger unterstützt ihn. Für Kundenservices ist Holger zuständig, Georg unterstützt ihn, er hält als Vertreterin Jana informiert. Verträge mit Kunden bereitet Jana vor, Verträge unterzeichnet Anna, gibt darüber an die jeweils Zuständigen (Holger, Jana, Georg) eine Kenntnisnahme (CC). Die Protokolle erstellt und unterzeichnet Anna selbst. Jana verwaltet die Protokolle.

Ergänzen Sie eventuell Anmerkungen, welche Alternativen möglich wären.

RACI-Matrix für das Service-Team				JIKU IT-Solutions
	Anna	Holger	Jana	Georg
Projektplanung	A	R	C	
Technische Dokumentation erstellen				
Kundenverhandlungen durchführen				
Kundenservices				
Kundenverträge vorbereiten				
Verträge unterzeichnen				
Protokolle der Meetings erstellen				
Anmerkungen:				

6 Sie assistieren in einem Projekt der Service-Key-Account-Managerin von JIKU IT-Solutions. Sie bittet Sie, die Beantwortung folgender E-Mail des Kunden zu den Festlegungen in der RACI zu entwerfen.

Hinweis: Der Chief Architect ist beim Kunden für die gesamte Unternehmensentwicklung zuständig, der Head of ITO beim Kunden für die IT-Infrastruktur, der Head of Development ist der Entwicklungsleiter.

Bereiten Sie Ihre Antwort in Stichpunkten vor.

E-Mail mit CC an alle

Guten Tag X-Service-Team,

entsprechend unserer Sitzung habe ich folgende RACI erstellt. Ich bitte um Kenntnisnahme und eventuelle Rückmeldung bei Änderungswünschen.

Beste Grüße

Jana Sinner, BPO, HOH AG

RACI-Matrix Happy-Online-Hour AG								
	CEO	CIO	Chief Architect	Business-Process-Owner	Head of Development	Head of ITO	Compliance-Manager	Service-Key-Account-Manager JIKU
Service-Katalog erstellen	I	A	I	C	C	C	I	R
SLA-für X-Services erstellen	I	C	I	C	R	R	C	A/R

NOTIZEN

Prozesse der Störungs- und Serviceanfragen beschreiben

S **Die Auszubildenden der JIKU IT-Solutions sollen genauer den Prozess der Ticketbearbeitung beschreiben.**

Holger Lübberstedt: Wir schauen uns jetzt einmal den Prozess der Servicebearbeitung genauer an.

Laura Meier: Dann müssten wir uns doch auf ein Ticketsystem beziehen.

Holger Lübberstedt: Jeder kann seine Erfahrungen mit einem Ticketsystem einbeziehen. Ich habe für Ausbildungszwecke eine allgemeine Übersicht eines Standard-Ticketsystems erstellt, die ich zu den Aufgaben ergänze.

Saahil Arora: Wir könnten auch typische Helpdesk-Software recherchieren.

Holger Lübberstedt: Auch das ist eine gute Möglichkeit, Zusatzinformationen über den Helpdesk zu erhalten. Ich habe in diesem Zusammenhang die Aufgabe, für Kunden eine Helpdesk-Software anzubieten.

Aufgabe 2: Bearbeiten Sie folgende Teilaufgaben.

1. Sie sollen das Ticketsystem eines Ausbildungsbetriebs präsentieren. Erstellen Sie dazu eine Präsentation. Geben Sie ergänzend in den vier Feldern (s. nächste Seite) stichwortartig jeweils drei Aspekte für den Vortrag als wichtige Schlüsselwörter für einen freien Vortrag an. Verwenden Sie eventuell auch die Dateien im Downloadbereich zum Ticketsystem.

1.2.2

IT-Service-Ticketsystem			JIKU IT-Solutions
Service-Annahme	First-Level-Support	Second-Level-Support	Third-Level-Support

❷ Erläutern Sie zunächst gemeinsam das folgende Service-Ticket für die Ausbildung. Erstellen Sie in einer freien Darstellung mit ausgewählten Ticketelementen ein Musterticket mit einem Anwendungsfall und präsentieren Sie diesen. Im Downloadbereich finden Sie eine Datei mit folgendem Service-Ticketformular.

Service-Ticket (Ausbildung) JIKU IT-Solutions

Felder	Erläuterung
Titel	*Überschrift für das Ticket*
Ticketnummer	*i. d. R. automatisch*
Bearbeiter/-in	
Kontaktdaten Meldende/-r	*Ticketersteller/-in, z. B. Name, E-Mail-Adresse*
Art der Kommunikation	
Datum/Uhrzeit d. Aufnahme	*Datum und Uhrzeit*
Beschreibung der Symptome	
Sonstiges	
Service-Klassifizierung	*Incident, Service-Request, Change-Request u. a.*
Kategorie	*Frei konfigurierbar nach Servicekategorien im Unternehmen, z. B.* ☐ *Hardware* ☐ *Netzwerk* ☐ *Cloud* ☐ *Software* ☐ *Bedienung*
Freigabe/Genehmigung	*Zeichen, Position, Name, Datum u. a.*
Kostenübernahme	*Zeichen, Position, Name, Datum u. a.*
Status im Bearbeitungsablauf	*Ticket neu/öffnen, Bearbeitung durch Mitarbeiter/-in* ☐ *bearbeitet und abgeschlossen* ☐ *zurückgestellt* ☐ *u. a.*
Fälligkeitsdatum	*Datum und Uhrzeit*
Case-Owner	*für den Fall verantwortlicher Mitarbeiter*
Support-Team	*Team für ein Workaround*
Anlagen	*des Kunden oder von Analysen, Berichten etc., als Anhang/Links*
Priorität	*Wichtig-/Dringlichkeit je nach Stufe*
Datum/Zeit zur Lösung	*Termin/Reaktionszeit*
Bearbeitungsdauer	*Nötige Dauer*
Configuration Items (CI)	*betroffen: Konfiguration der Laufzeitumgebung der User*
Ähnliche Probleme	*Know Errors*
Servicekatalog	*Katalog der vorhandenen Serviceeinheiten (Service Items, SI)*
Erledigt am	*Datum und Uhrzeit*
Datum/Uhrzeit d. Beendigung	*Datum und Uhrzeit*

3 JIKU IT-Solutions bietet Services von einem internationalen Provider an. Berücksichtigen Sie die Prioritätsstufen auf Englisch und ergänzen damit die Vertragsbedingungen (Auszüge) für Ihre deutschen Kunden. Geben Sie eine deutsche Übersetzung (inhaltlich) auf einem Extrablatt an und besprechen Sie die Vorgehensweise.

Prioritätsstufen	Englisch	Deutsch
Highest (Customer, critical) – höchste Priorität (kundenkritisch)	JIKU IT-Solutions will assign this level in case of a critical application failure if workarounds are ineffective solving the problem and the issue affects the organization as a whole.	*JIKU IT-Solutions wird diese Ebene zuweisen, wenn ...*
High (Individual User, critical) – Priorität hoch (Einzelbenutzer, kritisch)	JIKU IT-Solutions will assign this level in case of a critical function failure if workarounds are ineffective solving the problem and the issue affects an individual user.	...
Medium (Individual User, non-urgent) – mittlere Priorität (Einzelbenutzer, nicht dringend)	JIKU IT-Solutions will assign this level if problems affect the efficiency of users but can be fixed with a workaround.	*JIKU IT-Solutions wird diese Ebene zuweisen, wenn ...*
Low (User Inquiry) – geringe Priorität (Benutzeranfrage)	JIKU IT-Solutions will assign this level if there are problems with no negative impact on processing.	...
Lowest (Information Only) – niedrigste (nur Informationen)	JIKU IT-Solutions will assign this level if a customer requests information about our applications but there is no problem to solve.	...
Support Hours: During normal office hours Monday through Friday from 8 a.m. to 8 p.m. (excluding public holidays).		*Die Supportzeiten sind ...*
Support Request means the reporting of a defect or an error in JIKU IT-Solutions' products when the products do not function according to the applicable documentation.		*Eine Supportanforderung bezeichnet die Meldung ...*
Response means that someone from JIKU IT-Solutions makes an effort to respond within the time frame of the SLA. The time for a response begins when JIKU IT-Solutions receives a Support Request during Support Hours or immediately in the next Support Hour.		*„Antwort" bedeutet, dass jemand von JIKU IT-Solutions ...*
Resolution means that JIKU IT-Solutions will act in good faith with reasonable effort to resolve the Support Request in the time frame set in the SLA, so that the product functions as described in the documentation or as is appropriate. The time period for resolution begins when JIKU IT-Solutions receives a good documentation of the defect or error and, if requested by JIKU, a listing of information that JIKU IT-Solutions requires in order to reproduce similar working conditions as existed when the defect or error was discovered.		*„Lösung" bedeutet, dass JIKU IT-Solutions nach Treu und Glauben angemessene Anstrengungen unternimmt, um ...*

Hinweise:
assign = zuweisen
level = Ebene
critical application failure = kritischer Anwendungsfehler
workarounds = Problemumgehungen
addressing the issue = Behebung des Problems
issue affects = das Problem betrifft
reasonable efforts = angemessene Anstrengungen
solve = Problemlösung finden
resolve = Problem beheben
according to = gemäß, entsprechend

1.2.2

Aufgabe 3: Die JIKU IT-Solutions möchte ihren Kunden Helpdesk-Software anbieten. Eine Mitarbeiterin stellt folgenden Vorschlag für einen Werbetext (Auszug) vor. Diskutieren Sie den Vorschlag und geben Sie in Stichworten an, was Sie für gut oder ausbaufähig halten. Überlegen Sie außerdem, welche mögliche Nachfragen Kunden stellen könnten.

Werbetextentwurf für eine Helpdesk-Software

Ablauf einer Kundenabfrage

Eine Helpdesk-Software kann grundsätzlich als technische Unterstützung bei der Verarbeitung von Kundenanfragen verstanden werden. Hierbei wird den Mitarbeitern des Unternehmens eine zentrale Plattform zur Verfügung gestellt, mit welcher die Kundenanfragen verwaltet und bearbeitet werden können. Die Bearbeitungsschritte einer Kundenanfrage können durch den Einsatz einer Softwarelösung vollständig digitalisiert ablaufen, wodurch weniger Zeit für die Bearbeitung benötigt wird.

Im Folgenden ist als Beispiel der vereinfachte Ablauf einer Kundenanfrage dargestellt.

1. Ein Kunde schickt an ein Unternehmen eine Supportanfrage als E-Mail und beschreibt in dieser die Problematik.
2. Von der Helpdesk-Software wird die Kundenanfrage in ein Ticket umgewandelt. Anschließend wird das Ticket an einen Mitarbeiter im Unternehmen übermittelt, welcher über die Fähigkeiten zur Lösung des Problems verfügt und ausreichende Kapazitäten zur Bearbeitung hat. Der entsprechende Mitarbeiter wird nach der Zuordnung der Kundenanfrage automatisch darüber informiert, dass ein neues Ticket zur Bearbeitung eingegangen ist.
3. Der ausgewählte Mitarbeiter erhält das Ticket und kann mit der Bearbeitung beginnen. Mithilfe der Helpdesk-Software kann der Mitarbeiter mit dem Kunden kommunizieren und diesem beispielsweise benötigte Dokumente zukommen lassen. Der Fortschritt des Tickets wird vom System automatisch dokumentiert, sodass der Mitarbeiter jederzeit den Überblick über den aktuellen Stand der Kundenanfrage hat.
4. Nach dem erfolgreichen Abschluss des Tickets kann das jeweilige Ticket geschlossen werden. Das Ticket kann hierbei in der eigenen Wissensdatenbank des Unternehmens automatisch abgespeichert werden. Hierdurch können andere Mitarbeiter auf die Erkenntnisse in der Zukunft zurückgreifen.

Mithilfe einer Helpdesk-Software kann ein Unternehmen also zusammenfassend den gesamten Prozess der Beantwortung von Kundenanfragen effizient abwickeln. Durch die Automatisierung der Arbeitsschritte haben Mitarbeiter die Möglichkeit, eine deutlich höhere Anzahl an Kundenanfragen zu beantworten.

NOTIZEN

Kundenzufriedene Fallbearbeitung unterstützen

S **Herr Lübberstedt begrüßt die Servicemanagerin in der Sitzung. Sie bringt eine Statistik zur Ticketanalyse in die Sitzung ein. Es soll besprochen werden, wie die Qualität der Serviceleistungen möglichst hoch, die Zahl der Kundenbeschwerden möglichst niedrig ausfallen kann.**

Holger Lübberstedt: Ich begrüße heute Frau Sander in unserer Ausbildungssitzung. Als Servicemanagerin hat sie uns eine Statistik aus dem Helpdesk-Bereich mitgebracht, die sie für Ausbildungszwecke aufbereitet hat.

Lisa Sander: Vielen Dank für die Einladung. Im Helpdesk-Bereich haben wir die meisten Kundenkontakte. Eine kleine Statistik soll die Diskussion einleiten, wie wir höchste Kundenzufriedenheit bei den Kunden im Servicebereich erreichen und sichern können.

Julian Markus: Über die Bearbeitung der Tickets kann man viel zur Verbesserung der Services erfahren.

Saahil Arora: Auch Umfragen bei Kunden bringen viel Aufschluss.

Lisa Sander: Wir sollten ganzheitlich über ein 360-Grad-Feedback sprechen. Die meisten Unternehmen legen großen Wert auf guten Service.

Laura Meier: Ich stelle immer wieder fest, dass Onlineunternehmen die Kundenzufriedenheit als sehr wichtig ansehen.

Levi Kramer: Es gibt auch KPI, also Leistungskennzahlen, die entsprechend dem Service Level Agreement zu beachten sind.

Holger Lübberstedt: Wir sollten mit der Auswertung der Helpdesk-Statistik beginnen.

Aufgabe 4: **Bearbeiten Sie folgende Teilaufgaben.**

1. Vervollständigen Sie die Tabelle, indem Sie Auswertungen ausrechnen und eintragen. Nutzen Sie bei Bedarf ein Tabellenkalkulationsprogramm (siehe Vorlage im Downloadbereich). Geben Sie eine Stellungnahme ab.

1.2.3

Ticketanalyse	Service Level 1			Service Level 2			Service Level 3		
	Vorjahr	Jahr	Veränderung	Vorjahr	Jahr	Veränderung	Vorjahr	Jahr	Veränderung
Ticketanzahl	600	660	10 %	200	240		100	90	
Tickets geschlossen	500	600		180	228	27 %	95	89	−6 %
Anteil % nicht geschlossener Tickets	−17 %	-9 %	-45 %		−5 %				−78 %
Tickets max. 10 Tagen offen	400	460	15 %	180	200		90	88	
Tickets max. 30 Tagen offen	160	160		10	30	200 %	8	2	−75 %
Tickets max. 100 Tagen offen	40	40		10	10		2	0	
Anteil % 100-Tage-Tickets	7 %		−9 %		4 %	−17 %	2 %		–
Tickets erneut geöffnet	50	70		25	12	−52 %	8	5	−38 %
Anteil % neu geöffneter Tickets	8 %		27 %	13 %	5 %	−60 %	8 %	6 %	−31 %
Note Umfragen Kundenzufriedenheit	3	2,5	−17 %	2,8	2,4	−14 %	2,5	2	

2. Führen Sie eine KPI-Auswertung durch und ergänzen Sie die freien Felder. Geben Sie eine Stellungnahme ab.

KPI-Auswertung	Statistik 1	Statistik 2	Statistik 3	Statistik 4	gesamt
KPI	Bereich A	Bereich B	Bereich C	Bereich D	bzw. Ø
Servicezeit Std. gesamt	2 000	1 000	800	600	
Ausfallzeit/TTR Std. gesamt	30	20	10	6	
Verfügbarkeit in %					
Systemzuverlässigkeit (MTBF)	6	8	5	2	

3. Führen Sie eine SLA-Statistik-Analyse (evtl. mit Tabellenkalkulation) mit Kurzstellungnahme durch.

SLA-Statistik-Analyse (Vorlage)		Anteile %	Veränderung %
Anzahl Serviceaufträge gesamt:	2 000		
davon Anzahl Serviceaufträge mit Servicekatalognummer:	1 200		
davon Anzahl Serviceaufträge mit SLA:	600		
davon Sonstige Serviceaufträge:	200		
Anzahl SLA dieses Jahr:	20		
Anzahl SLA dieses Jahr überarbeitet:	4		
Anzahl SLA letztes Jahr überarbeitet:	6		
Anzahl SLA dieses Jahr nicht überarbeitet:	16		

4 Prüfen Sie in einer Selbstreflexion folgende Fragen zu einem ausgewählten Betrieb (IT-Abteilung intern oder Servicedienstleister extern) als IT-Services an und präsentieren Sie die Ergebnisse.

	Noten 1–6
Erreichbarkeit: Wie können die Kunden (intern Mitarbeiter) den Servicebereich erreichen?	
Schnelligkeit: Wie lang ist die durchschnittliche Antwortzeit bei Serviceanfragen?	
Beratung: Welchen Mehrwert bietet der IT-Kundenservice?	
Einfachheit: Wie kundenfreundlich sind die Service-Prozesse?	
Information: Was bietet der Service den Kunden (intern Mitarbeitern, extern Betrieben) an?	
Was sollte verbessert werden (Stichworte):	

5 Ordnen Sie die folgenden Begriffe den Aussagen richtig zu

(1) Latenz
(2) Reaktionszeit
(3) Servicelevel
(4) Servicezeit
(5) Störung
(6) Supportzeit
(7) Verfügbarkeit

Aussagen zum Cloud-Hosting/RZ-Leistungen	Begriff
a) Betroffener Service ist noch erreichbar, aber eingeschränkt	
b) Zeitintervall vom Ende eines Ereignisses bis zum Beginn der Reaktion auf dieses Ereignis	
c) Möglichkeit zur tatsächlichen Nutzung der zugrunde liegenden Services	
d) Festgelegte und messbare Kriterien für die Erbringung eines bestimmten Services durch die JIKU IT-Solutions	
e) Zeit, in der der gebuchte Service zur Verfügung steht	
f) Zeitraum seit Eingang der Meldung, in der der Kunde auf seine Anfrage/Meldung eine qualifizierte Aussage von einem Mitarbeiter der JIKU IT-Solutions erhält, vorausgesetzt, die Meldung ist im richtigen Kommunikationskanal eingetroffen	
g) Zeitraum, in dem der für das jeweilige Produkt zuständige technische Kundenservice auf dem zugehörigen Kommunikationskanal erreichbar ist	

Lernsituation 4: Wir analysieren komplexe Serviceanfragen genauer

S **Die Auszubildenden der JIKU IT-Solutions sollen Möglichkeiten kennenlernen und erarbeiten, den Servicefällen genauer auf den Grund zu gehen, die Ursachen von Störungen schnell und richtig zu ermitteln.**

Holger Lübberstedt: Die meisten Serviceanfragen im Helpdesk können wir aufgrund von Erfahrungen und häufig vorkommenden Fällen schnell und gut bearbeiten. Was machen wir, wenn wir eine Störung oder einen Servicefall bisher noch nicht hatten?

Julian Markus: Wir eskalieren ihn und geben ihn an den nächsten Level-Support weiter, insbesondere wenn es dringlich ist.

Holger Lübberstedt: Und wenn kein Level-Support diesen Fall bisher hatte? Was machen wir dann?

Julian Markus: Wir initiieren ein Workaround und gehen der Sache auf den Grund. Wir fragen den Kunden aus, wann die Störung eingesetzt hat, was genau passiert ist.

Saahil Arora: Wir können über das Monitoring häufig schon erkennen, wo der Engpass ist. Oder wir schalten uns remote auf das System und prüfen die Log-Dateien und was los ist.

Laura Meier: In unserer Wissensdatenbank haben wir bestimmt die meisten Fälle erfasst und auch für Einsteiger Lösungen parat, sodass man nicht gleich ein Workaround initiieren muss.

Holger Lübberstedt: Sie wissen ja, nach Pareto kommen 20% der Fälle immer wieder in 80% der Fälle vor. Wir müssen auf jeden Fall diese 20 % ermitteln und gut ausarbeiten. Und was ist mit Servicefällen, die neu sind und keine Störungen?

Levi Kramer: Wenn ein Kunde von uns einen neuen Service erwartet, dann müssen wir diesen ebenfalls von Grund auf erarbeiten und dann in den SLA genau angeben, was wir zu leisten haben und welche KPI gelten.

Holger Lübberstedt: Ich habe als Einstieg ein paar Aufgaben dazu vorbereitet und zum Schluss schlage ich vor, dass wir uns in Gruppen oder Partnerarbeit noch einmal vertiefend an Schwerpunktaufgaben heranmachen.

1.3 Serviceanfragen vertiefend analysieren und Lösungen erarbeiten

Anforderungen und Methoden zur IT-Problem-Analyse präsentieren

S **Die Auszubildenden der JIKU IT-Solutions sollen feststellen, welche persönliche Anforderungen an Helpdesk-Mitarbeiter gestellt werden und wie man einfachen und komplexen Problemen systematischer auf den Grund geht.**

Holger Lübberstedt: Müssen Mitarbeiterinnen und Mitarbeiter am Helpdesk besondere persönliche Fähigkeiten mitbringen?

Laura Meier: Sie müssen freundlich in der Kommunikation sein, dem Kunden zugewandt, alles genau protokollieren, damit andere sich schnell einarbeiten können, sich natürlich technisch gut auskennen.

Holger Lübberstedt: Wir können ja mal in zwei Gruppen persönliche und technische Anforderungen herausarbeiten lassen, die am Helpdesk notwendig sind. Was machen wir, wenn wir remote oder über das Monitoring die Ursache nicht genau ermitteln können.

Julian Markus: Dann fragen wir den Kunden, wie es passiert ist und was gerade der Status ist.

Holger Lübberstedt: Und wenn es sich um sehr komplexe Probleme oder Serviceaufgaben handelt?

Saahil Arora: Dann müssen wir dem Fall wohl im Team strukturiert auf den Grund gehen.

Holger Lübberstedt: Das sollte wir jetzt mal tun und zunächst mit einem Test das Vorwissen abfragen.

Aufgabe 1: **Bearbeiten Sie die Aufgaben und präsentieren Sie IT-Problem-Analysen.**

1.2/1.3

Überprüfen Sie mit folgendem Test, ob Sie für das Gespräch mit dem Kunden gut vorbereitet sind.

1 Geben Sie an, welcher der genannten Ausdrücke am besten zu der Aussage passt (max. 13 Punkte).

(1) Bandbreite
(2) DMAIC
(3) FIN-Fehler
(4) Methode der 5 Warum
(5) Ishikawa-Diagramm
(6) Latenz
(7) Log-Datei
(8) Monitoring
(9) Ping
(10) Predictive Maintenance
(11) RTT
(12) SYN-Fehler
(13) TCP-Verlust

Aussagen	Nr.
a) Problemlösungszyklus für komplexe Probleme	
b) Analysemethode im Management kleiner Probleme	
c) Ursachen-Wirkungsdiagramm für komplexe Probleme	
d) Überwachung als Begriff	
e) Störungsvermeidung als Begriff	
f) Paketumlaufzeit von und zu einer IP-Adresse = Latenz*2	
g) Zeitliche Paketverzögerung Quelle-Ziel auf einer Strecke	
h) RTT lässt sich mit diesem Test messen	
i) Datendurchsatz, der technisch unterstützt wird	
j) Anzahl von nicht angekommenen Datenpaketen	
k) Fehler beim Verbindungsaufbau des Clients zum Server	
l) Fehler beim Verbindungsabbau zwischen Client und Server	
m) Hier werden Systemereignisse eingetragen	

Erreichte Punktzahl	

2 Gehen Sie dem Problem mit Methode der 5 Warum auf den Grund (max. 5 Punkte).

Problem: Ein Kunde teilt fernmündlich mit, dass sein Internet nicht funktioniert.	
1. Warum	
2. Warum	
3. Warum	
4. Warum	
5. Warum	

Erreichte Punktzahl	

3 Erläutern Sie folgende sieben Begriffe (max. 7 · 1 Punkt).

Begriffe	Erläuterung oder zwei Beispiele
Patch-Management	
Mean Time to Repair	
Workaround	
SLA	
KPI	
System-Monitoring	
RACI	

Erreichte Punktzahl	

Notenschlüssel						
Note	sehr gut	gut	befriedigend	ausreichend	mangelhaft	ungenügend
Punkte	ab 23 P.	ab 20 P.	ab 17 P.	ab 13 P.	ab 8 P.	darunter
					Eigene Punktzahl	

Zusatzaufgabe: Teilen Sie sich in Vierergruppen auf und bearbeiten Sie verschiedene IT-Probleme.

4 Stellen Sie die Lösungsbeschreibungen kurz vor und notieren Sie sich diese. Besprechen Sie, wie eine kleine Problemlösungsdatenbank aufgebaut werden könnte.

Gruppe und Problem	Lösungsbeschreibung in Stichworten

NOTIZEN

Monitoring und Einsatz von Analyse und Entstörungstools erläutern

S **Die Auszubildenden der JIKU IT-Solutions sollen die Bedeutung des Monitorings im Helpdesk erläutern.**

Holger Lübberstedt: Wir hatten bereits über die Möglichkeit gesprochen, über Monitoring, Service-Dashboards, Fernzugriff oder Entstörungstools Problemen auf den Grund zu gehen. Jetzt wollen wir einen ersten Einstieg vornehmen und weiter vertiefen.

Laura Meier: Über Monitoringsysteme können wir die Devices des Kunden aufrufen und feststellen, was los ist. Auch teilen uns die Systeme mit, wenn eine Störung vorliegt.

Julian Markus: Bei den Monitoringsystemen kann man Systemmonitoring und Anwendungsmonitoring unterscheiden. Kunden melden sich, wenn der Server nicht erreichbar ist. Dann müssen die Lastspitzen kontrolliert werden. Vielleicht läuft gerade ein Update oder ein Backup und alle Kerne laufen auf 100 %. Dann muss man das Update oder das Backup in ein anderes Zeitfenster schieben, wo die Last geringer ist. Um das System abzusichern, sperrt man einen Kunden beispielsweise für eine Stunde, wenn er ein Passwort dreimal falsch eingegeben hat. Er muss sich dann melden, weil das System gesperrt ist, aber anders geht es nicht, sonst könnten ja Angriffsroboter alle Passwörter durchprobieren. Wir haben beispielsweise einen Überwachungsserver eingerichtet, der alle möglichen Aktionen ausführt und das System überprüft, z. B. regelmäßig Pings, um die Erreichbarkeit von Servern zu prüfen. Im negativen Fall gibt es eine Meldung im Monitoring oder eine E-Mail. Auch sollte die Festplattenkapazität immer mindestens bei 80 % sein, ansonsten muss man sie erhöhen.

Aufgabe 2: **Bearbeiten Sie folgende Teilaufgaben.**

1.3.2

1. Erstellen Sie auf einem oder mehreren Plakaten ein Puzzle von IT Monitoring-Systemen sowie ggf. von passenden Entstörungstools. Ergänzen Sie Kurztexte bezogen auf angezeigte Alarme und Messwerte, die auf Störungen (Incidents) hinweisen.
   Hinweis: Sie können Ihre Arbeit und Präsentation im Schülerbuch, Kapitel 1.5.1, S. 72, mit den Aufgaben 2 und 3, fortsetzen.

2. Erstellen Sie in einem Extra-Dokument eine Liste mit Problem-/Störungsfällen und wie man diese behebt.

Analysen und Lösungsbearbeitungen in Teams durchführen

S **Die Auszubildenden der JIKU IT-Solutions sollen in Teams unterschiedliche Anforderungen bei der Analyse und Lösungsfindung von IT-Services bearbeiten.**

Holger Lübberstedt: Um die Teamarbeit zu fördern, sollen Sie sechs Themen in Teams bearbeiten, je nach Absprache auch mit Parallelteams. So könnte man die Ergebnisse vergleichen und diskutieren. Das Schaubild gibt die Themen und die Vorgehensweise an.

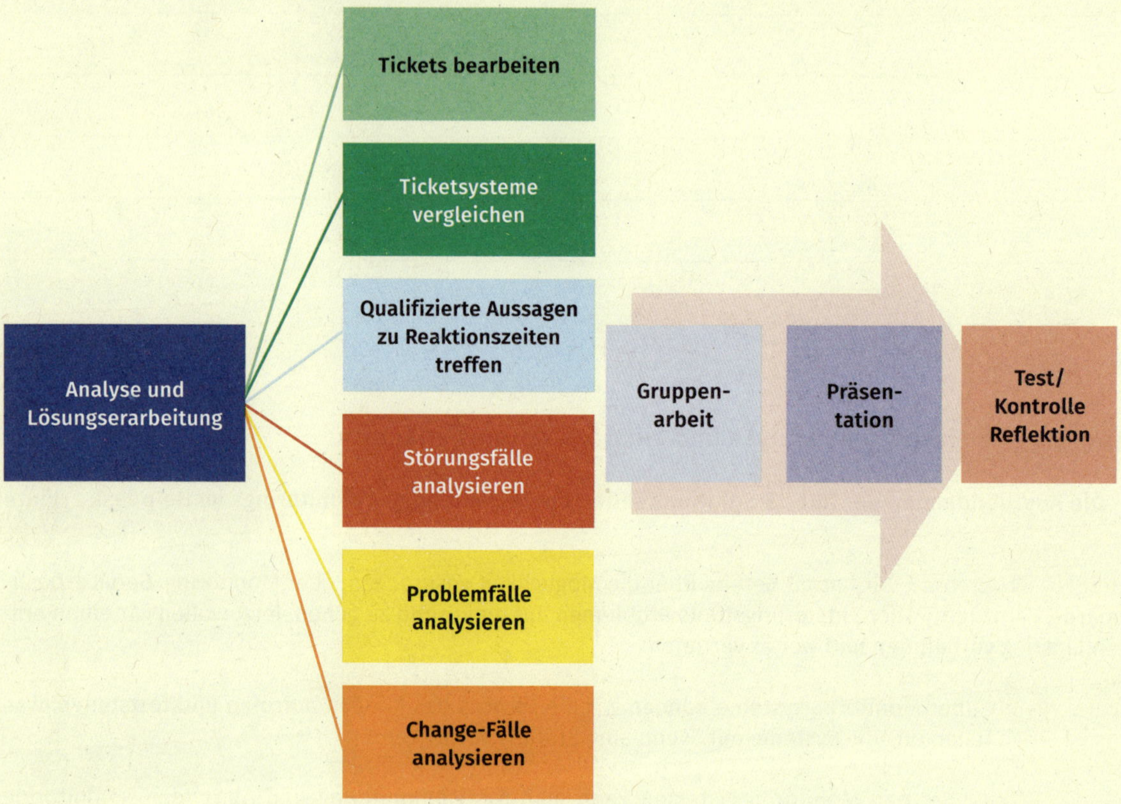

Laura Meier: Was ist denn mit Test/Kontrolle oder Reflexion gemeint?

Holger Lübberstedt: Sie können selbst entscheiden, ob Sie mit einer Reflexion der Gruppenarbeit abschließen oder eine Gruppe andere Kontrollmöglichkeiten, z. B. einen Test, erstellt und erprobt.

Aufgabe 3: Bearbeiten Sie Vertiefungsaufgaben gemeinsam oder in Teams.

1.3.3

Verwenden Sie ggf. das IPERKA-Formular im Anhang zur Organisation der Projektarbeit. Beachten Sie die Informationen und Hinweise im Schülerbuch S. 55 ff. zu den sechs einzelnen Aufgaben.

1 Tickets bearbeiten

Beachten Sie die Informationen und Hinweise im Schülerbuch. Rufen Sie folgende Dateien im Downloadbereich dazu auf:

- JIKU Ticketfomular_Schulung.docx
- JIKU Servicebericht_Formular_Online.docx
- JIKU Helpdesk_Marketing.docx

Verwenden Sie die Linkliste im Downloadbereich und recherchieren Sie in Vergleichsportalen zu den Anbietern.

2 Ticketsysteme vergleichen

Beachten Sie die Informationen und Hinweise im Schülerbuch. Verwenden Sie die Linkliste und recherchieren Sie in Vergleichsportalen zu den Anbietern.

3 Qualifizierte Aussagen zur Reaktionszeit treffen

Beachten Sie die Informationen und Hinweise im Schülerbuch. Rufen Sie folgende Dateien im Downloadbereich dazu auf:

- JIKU Reaktionszeiten_Diverse_Regelungen
- JIKU Wartungsvertrag_Muster2
- JIKU Reaktionszeiten_Cloudservice

4 Störungsfälle analysieren

a) Zusätzliche Hinweise: Beachten Sie die Informationen und Hinweise im Schülerbuch. Rufen Sie folgende Dateien im DLB dazu auf: JIKU_Netzwerk-IT-Services.docx, JIKU_Reaktionszeiten_Diverse_Regelungen.docx, JIKU_Managed_Server_Services_Flyer

b) Beachten Sie die Informationen und Hinweise im Schülerbuch. Rufen Sie folgende Dateien im Downloadbereich dazu auf:

- JIKU Netzwerk-IT-Services
- JIKU Reaktionszeiten_Diverse_Regelungen
- JIKU Managed Server Services

c) Rufen Sie das Ereignisprotokoll in Windows auf und prüfen Sie auf Fehler- und Warnhinweise: Der Zugriff auf das Ereignisprotokoll erfolgt über die Ereignisanzeige: Tastenkombination *[Windows]+ [R]* drücken, um den *Ausführen-Dialog* mit dem Befehl *eventvwr* zu öffnen. Prüfen Sie auf Fehler- und Warnhinweise. Geben Sie einen Kurzvermerk an:

Windows-Ereignisanzeige: Fehler- und Warnhinweise

d) Suchen Sie nach Fehlercodes zum Betriebssystem (z. B. Windows) und präsentieren Sie diese mit Lösungsvorschlägen.

Fehlercode	**Lösungsvorschlag**
0xC1900200	Da „Setup.exe“ feststellt, dass der Computer die Mindestsystemanforderungen nicht erfüllt, diese herstellen.

5 Problemfälle analysieren

a) Beachten Sie die Informationen und Hinweise im Schülerbuch. Rufen Sie folgende Dateien im Downloadbereich dazu auf:

- JIKU Netzwerk-IT-Services
- JIKU Reaktionszeiten_Diverse_Regelungen
- JIKU Managed_Server_Services

b) Lassen Sie sich über Windows-Taste + X ein Systemmenü (Ereignisanzeige, System, Gerätemanager, etc.) anzeigen. Informieren Sie sich. Prüfen Sie z. B. Log-Dateien von Windows zu Updateproblemen:
Windows-Taste + X (Auswahl Powershell/Windows-Terminal), Eingabe: get-windowsupdatelog <Enter>
Gespeicherte Log-Datei WindowsUpdate.log aufrufen.

c) Rufen Sie in Windows die Fehlermeldungen in CBS.log über C:\Windows\Logs\CBS auf.

CBS.log: Fehler- und Warnhinweise (Auswahl)

d) Suchen Sie nach (weiteren) Fehlercodes und präsentieren Sie diese mit Lösungsvorschlägen, wenn Sie in parallelen Arbeitsgruppen vorgehen.

Fehlercode	**Lösungsvorschlag**
0xC1900101 -- 0x20004 Windows Upgrade Error	Treiber-Konflikt lösen, z. B. Antivirenprogramme deinstallieren, alle nicht verwendeten SATA-Geräte entfernen, alle nicht verwendeten Geräte und Treiber entfernen, Treiber und BIOS aktualisieren
0x8007007f Windows 11 Upgrade	

6 Change-Fälle analysieren

a) Entwerfen Sie einen Fragebogen, um nach Veränderungen (Change-Fällen, was muss geändert werden?) der Helpdesk-Systeme innerhalb der Klasse zu fragen. Werten Sie die Befragungen aus.

b) Verwenden Sie die Linkliste und recherchieren Sie in Vergleichsportalen zu den Anbietern und leiten Sie daraus Change-Fälle ab.

c) Beachten Sie die Informationen und Hinweise im Schülerbuch. Rufen Sie folgende Dateien im Downloadbereich dazu auf:
- JIKU Ticketformular_Schulung
- JIKU Helpdesk_Marketing

Lernsituation 5: Wir kommunizieren mit Prozessbeteiligten situationsgerecht

S **Es soll eine Veranstaltung organisiert werden, die auch digital stattfinden kann. Inhaltlich sollen die Auszubildenden der JIKU IT-Solutions das Kommunikationsverhalten und die Kommunikation am Helpdesk- oder Servicedesk reflektieren und verbessern.**

Holger Lübberstedt: Wir wollen für die Kommunikation mit Prozessbeteiligten, insbesondere Kunden, methodisch das sogenannte Barcamp einsetzen. Es ist eine offene Kreativmethode, die Ihnen viel Freude bereiten wird. Wir müssen uns über die Rahmenbedingungen verständigen und sollten zum Schluss reflektieren, wie Ihnen diese Methode zugesagt hat.

Laura Meier: Einige haben schon Erfahrungen mit einem Barcamp, andere nicht, wie gehen wir damit um?

Holger Lübberstedt: Ich würde vorschlagen, wir sprechen erst einmal grundsätzlich über die Barcamp-Methode und einigen uns auf Rahmenbedingungen. Ich habe dazu ein Informationsblatt vorbereitet.

Jannik Brunke: Hat JIKU IT-Solutions eigentlich einen Verhaltenskodex oder eine Firmen-Netiquette festgelegt?

Holger Lübberstedt: Bisher nicht, wir können aber gerne etwas entwerfen, wenn Sie wollen.

Julian Markus: Es gibt klassische Kommunikationsmodelle, die wir einbeziehen könnten, z.B. das Vier-Seiten-Modell oder in welchen Phasen man mit dem Kunden oder einem Prozessbeteiligten kommuniziert.

Laura Meier: Wir könnten auch eine Liste mit Erfolgsfaktoren im Gespräch, Zauberworten oder Antiworten erstellen.

Jürgen Pollina: In der Arbeit mit Prozessbeteiligten ist auch immer wichtig, dass man effizient und gut zusammenarbeitet und sich nicht nur anschmeichelt. Wie können wir Zusammenarbeit optimieren, wäre für mich eine wichtige Frage.

Laura Meier: Es kann schon passieren, dass man mit Kunden oder Prozessbeteiligten nicht harmoniert. Dann muss man professionell vorgehen. Wie gehe ich auf unterschiedliche Gesprächstypen ein oder was mache ich, wenn das Gespräch negativ eskaliert?

Holger Lübberstedt: Man sieht, es gibt viele Möglichkeiten, das Thema anzugehen. Wir sollten uns grundsätzlich über ein Barcamp verständigen, dies ganz frei angehen und zur Vorbereitung einige Aufgaben bearbeiten.

1.4 Situationsgerecht kommunizieren und dies reflektieren

Aufgabe 1: **Bereiten Sie eine Tagung oder ein Barcamp „Besser kommunizieren am Servicedesk" vor.**

Sie sollen die Veranstaltung möglichst effizient, gut organisiert und inhaltlich erfolgreich organisieren. Entscheiden Sie, ob ein Barcamp, eine Tagung, eine Vortragsreihe oder eine Konferenz besser geeignet ist.

1.4.1

Barcamp oder Unkonferenz

Ein Barcamp, auch Unkonferenz oder Ad-hoc-Nicht-Konferenz genannt, ist als Kreativveranstaltung eine im Tagesablauf und inhaltlich offene Tagung mit Workshops, deren Beiträge oder Themen (Sessions) und Ablauf am Anfang der Tagung von den Teilnehmern selbst initiiert und im weiteren Verlauf gestaltet werden. Barcamps dienen dem inhaltlichen Austausch und der Diskussion, einem kreativen Entwicklungs- und Findungsprozess, um Wissen zu teilen, Ideen zu diskutieren und gemeinsam Lösungen zu finden. Austausch, Interaktion und Präsentation erfolgen auf Augenhöhe.

Ursächlich hat den Barcamp-Ansatz die Feststellung gestützt, dass in fest organisierten Veranstaltungen besonders in den Pausen und spontanen Zusammenkünften etwas Neues und Innovatives entsteht. „Foobar" wird in der Programmierung als Ausdruck für einen Platzhalter verwendet. Übersetzt steht „bar" auch für „irgendwas". Der Begriff „Camp" soll auf eine Camp- oder Lageratmosphäre hinweisen, die zur Vernetzung und zum informellen Austausch auf Augenhöhe beiträgt.
Barcamps haben keine Tagesordnung, keine vorbereiteten Vorträge oder Vortragende, keine vorbereitete Zielsetzung, sondern eher erfahrene Moderatoren. Keine Session oder kein Inhalt ist geplant. Häufig gibt es einen Veranstalter, der die Rahmenbedingungen stellt, eventuell ist eine kurze „Key-Note", also eine kleine Präsentation zur Einstimmung hilfreich.

Fünf grundlegende Regeln

- Jeder ist willkommen, das Event ist für alle Interessierten offen.
- Alle Teilnehmer sind gleichberechtigte Individuen in einer offenen Gemeinschaft ohne Hierarchien.
- Führung ist nicht gegeben, sie kann von überall aus entstehen.
- Es gibt keine Zuschauer, jeder ist aktiver Teilnehmer.
- Jeder beachtet eine Session-Etikette, z. B. Pünktlichkeit, Handy in Sessions auf Flugmodus schalten, andere ausreden lassen, andere möglichst nicht stören, kommunikativ, freundlich und konstruktiv sein.

„Gesetz der zwei Füße"

Im Zusammenhang mit Barcamps wird das „Gesetz der zwei Füße" zitiert. Teilnehmer bleiben so lange in einer Session, wie das Thema interessant und wichtig erscheint bzw. sie etwas dazu beitragen können. Das Wechseln zwischen Sessions oder das Einlegen individueller Pausen ist ausdrücklich erlaubt. Daraus ergeben sich typische Teilnehmertypen entsprechend in der Natur wie Hummeln und Schmetterlinge. Hummeln fliegen umgangssprachlich von Blüte zu Blüte, um Pollen zu sammeln, somit „fliegen" Teilnehmer von Session zu Session, tragen dabei neue Erkenntnissen, Ideen und Anregungen weiter. Schmetterlinge lassen sich wie in der Natur entspannt irgendwo länger nieder und erfreuen Teilnehmer mit ihren Reizen.

Voraussetzungen für ein Barcamp

- Veranstalter, der zu einem Barcamp in einem definierten maximalem Umfang nach entsprechenden Regeln einlädt, die Rahmenbedingungen zur Verfügung stellt, dafür sorgt, dass die Techniken funktionieren, eventuell durch Sponsoren Kosten deckt
- Barcamp-Thema, zu dem eingeladen wird
- Vorher geklärter Tagungsort (stationär, online, hybrid) für eine kreative, entspannte Veranstaltung mit Plenumsraum und der entsprechenden Zahl kleinerer Räumen je nach Anzahl parallellaufender Sessions
- Einrichtungen, Moderatoren, Technologien, die die Selbstorganisation des Barcamps unterstützen
- Je Session werden i. d. R. in etwa 45 Minuten eingeplant
- Für kreative Diskussionen und Arbeit notwendige Hilfsmittel (offline, online), z. B. Präsentationsmöglichkeiten wie Tafeln, Pinnwände, Flip-Charts, Stifte, Beamer-Präsentation, Social-Media-Hashtags (Twitter, Instagram etc.), Collaboration-Tools, Videokonferenzsysteme etc.
- Entsprechend dem Aufenthalt und für kreative Arbeit notwendiges Catering
- Grundsätze werden bekannt gemacht und Rahmenbedingungen kommuniziert

Ablauf

- Typische Vorgehensweise unter Moderation einer oder mehrerer Personen (Team):
- Begrüßung mit Vorstellungsrunde und Kennenlernen (z. B. gemeinsames Frühstücken)
- Gemeinsame Planung der Workshops mit Moderation, wobei jeder Teilnehmer die Möglichkeit bekommt, eine Session (z. B. Vortrag, kleine Präsentation, Fragerunde, Diskussionsrunde, Workshop) anzubieten
- Präsentation der Angebote von Anbietenden mit jeweils einem Pitch (Kurzpräsentation)
- Anmeldung der Teilnehmenden zu den Sessions und Bekanntgabe, welche Sessions aufgrund ausreichender Teilnehmer stattfinden
- Dauer: Viele Barcamps dauern auch mehrere Zeitabschnitte bzw. Tage, um sich im nächsten Termin wieder abzustimmen und weitergehend Sessions zu planen

Beispiel eines Ablaufs:

Tagesveranstaltung

09:00–09:30:	Check-In und Begrüßungskaffee
09:30–11:00:	Vorstellungsrunde und Session-Planung
11:00–12:45:	Erste und zweite Session-Runde
13:00–14:00:	Gemeinsame Mittagspause
14:00–16:45:	Dritte, vierte und fünfte Session-Runde
16:50–18:30:	Feedbackrunde und Ausklang
18:30:	Ende der Veranstaltung

Folgende Kreativmethoden aus der Methodensammlung im Downloadbereich können berücksichtigt werden: Meinungslinie, Schreibgitter (Placemat), Thesentafel, Brainstorming, Brainwalking, 6-3-5-Methode, Umfragen, Interviews, Debatte, Mindmap, Kartenabfrage, Blitzlicht, Punktabfrage, Fischernetz und Teich, Pro-/Kontra-Diskussion, Offene-Fragen-Liste, Entscheidungsmatrix, Stärken-Schwächen-Analyse, Lern-Partner-Resümee, Lessons-Learned.
Hinweis: Digitale Unterstützung bietet Konferenzsoftware wie Zoom, SaySom, wonder.me u. Ä.

1 Nehmen Sie Stellung zur Barcamp-Methode.

Was gefällt Ihnen persönlich besonders (+)?

Was gefällt Ihnen persönlich eher nicht (–)?

2 Vergleichen Sie die verschiedenen Veranstaltungsarten und fügen Sie die in Klammern angegebenen Bewertungskriterien ein. Ergänzen Sie eventuell in Absprache weitere Kriterien.

Vergleichsübersicht verschiedener Veranstaltungsarten				
Kriterien	**Konferenz**	**Tagung**	**Vortragsreihe**	**Barcamp**
Tagesordnung/Agenda (ja/nein)				
Zielsetzung eng bis weit (ee-ww)				
Leitung (L) oder Moderation (M)				
Referenten (ja/nein)				
Kosten eher gering (g), hoch (h)				

3 Geben Sie an, welche Unterstützung die Anwendung folgender Methoden auf eine gute Veranstaltung haben kann.

Methode	Unterstützung der Veranstaltung bei
Einhaltung von Regeln und Netiquette	
Eisenhower-Methode	
Pareto-Methode	

4 Bereiten Sie eine den Zielen und Rahmenbedingungen angemessene Veranstaltung vor. Verwenden Sie dazu eventuell das IPERKA-Formular im Anhang.

Aufgabe 2: Klären Sie in drei Arbeitsgruppen mit Parallelgruppen, welche Unterstützung Kommunikationsmodelle für eine gute Kommunikation geben können.

1.4.2

Geben Sie stichwortartig an, wie die genannten Methoden gute Kommunikation am Servicedesk unterstützen können, vergleichen und diskutieren Sie die Ergebnisse. Entscheiden Sie, ob Sie diese Modelle in der Veranstaltung berücksichtigen.

Methode	Unterstützung der Kommunikation am Servicedesk
Vier-Seiten-Modell nach Schulz von Thun	
Sieben-Phasen-Modell nach Streich	
Drei-Phasen-Modell nach Lewin	

Aufgabe 3: Erstellen Sie in der Veranstaltung ein selbst gewähltes Handlungsprodukt (z. B. Präsentation, Handreichung für gute Kommunikation am Servicedesk etc.).

1.4.3

Erstellen Sie dies abgestimmt in der Veranstaltung, präsentieren Sie Ihr Produkt und führen Sie eine Selbstreflexion durch. Verwenden und erweitern Sie die folgenden Infoboxen.

Hinweise für ein Service-Management
• Grundeinstellung: Lächeln! Seien Sie erreichbar! • Beachten Sie bei Gesprächsbeginn: Machen Sie sich Notizen! Begrüßen Sie den Anrufer! Nennen Sie seinen Namen! Behandeln Sie Hinweise des Gesprächsteilnehmers positiv! Lassen Sie „Dampfablassen“ zu! Prüfen Sie die Kontaktdaten. • Im Gesprächsverlauf: bei der Sache bleiben, das Gesagte verifizieren, getroffene Vereinbarungen zum Schluss wiederholen und eventuell per E-Mail bestätigen. • Nach dem Gespräch: nachbereiten, Vereinbarungen einlösen, Vorsorgen durch Ausbau des Wissenskatalogs, Vorsorgemaßnahmen eventuell bei anderen Kunden.
Sonstiges: ________________________________ ________________________________ ________________________________ ________________________________ ________________________________ ________________________________

English-Hilfe am Servicedesk

Fragen (Requests, enquiries)
Could you please tell me whether ...?
Could you give me some information about ...
Sorry, could you repeat your question?
Could you please check ...?

Antworten (Responding)
So what you're saying is ...
I'll do everything I can.
Just a minute.
Could you just give me a moment?
I'll just check that for you.
Unfortunately I don't have an immediate solution for you. Can I get back to you tomorrow/in one hour with an answer?
I'll take care of this problem immediately.
Sorry, but can I ask one of my colleagues to ring you back, because I am not sure if I can solve your problem myself.
I'll do it first thing tomorrow.

Verständnisüberprüfung (Checking)
Have I expressed myself clearly?
Did you understand that?
Can you please just check ...?
Would you mind telling me that again?
Do you agree with this?
Sorry, I still don't see what you mean.
Have I got everything?
Is there anything more I can do for you?
Have you understood that so far?

Entschuldigung (Apologizing)
I'm really sorry.
Sorry to have troubled you.

Einverständnis (Confirming)
Yes, that sounds fine.
I've got that.
Exactly.
Yes, of course.
My pleasure.
You're welcome.

Problembeschreibung (Describing the problem)
So what you're saying is ...
Is this the first time this has happened?
There seems to be a problem with ...
Do you know if you changed anything yesterday?
I just wanted to check ...
Let me just check that ...
It looks as if it might be the ... which is causing the problem.
We've tried to solve this issue ourselves by ...
We need this problem solving ... immediately.
Right, I think the first thing to do is to ...

Sich bedanken (Saying Thank you)
Thank you very much.
That would be great.
Brilliant.
Thank you for your time and effort.
Feel free to call me if you have any further problems.
Thank you for your call.

Eigene Sammlung:

____

Aufgabe 4: **Erstellen Sie in der Veranstaltung Handlungsprodukte, um Konfliktsituationen am Servicedesk besser zu meistern.**

1.4.4

Verwenden Sie zur Organisation eventuell das IPERKA-Formular im Anhang. Beziehen Sie diese Aufgabe ggf. thematisch in das Barcamp ein.

Lernsituation 6: Wir unterstützen Maßnahmen zur präventiven Wartung und Störungsvermeidung

S **Die Auszubildenden der JIKU IT-Solutions sollen Verbesserungsmöglichkeiten im Bereich vorbeugender Wartung oder Maintenance ermitteln.**

Holger Lübberstedt: In nicht wenigen Fällen bearbeiten wir Störungs- oder Verbesserungsfälle, die wir hätten vermeiden können. Wie können wir vorsorgen?

Jannik Brunke: Kunden müssen eben eine Wartung bei uns buchen. Manche sparen sich das und melden sich erst, wenn es zum Störungsfall kommt. Das kann teuer werden.

Holger Lübberstedt: Also ein Wartungsvertrag, bei dem wir regelmäßig, z. B. einmal im Monat zum Kunden fahren und eine Wartung durchführen?

Julian Markus: Besser wäre, wir würden über Monitoring das IT-System des Kunden ständig im Auge haben und eventuell gleich *remote* eingreifen können.

Jürgen Pollina: Es gibt mittlerweile auch Systeme, die durch künstliche Intelligenz rechtzeitig Alarm schlagen, d. h. Probleme prognostizieren und automatisiert die meisten Systemschwankungen steuern können.

Holger Lübberstedt: Wir sollten uns die Zeit nehmen und arbeitsteilig nach Möglichkeiten recherchieren, vorbeugend und vorhersagbar Störungen und Probleme zu vermeiden. Wir sollten uns absprechen, wer welche Systeme genauer untersuchen möchte und welche Art der Präsentation und Besprechung wir wählen wollen.

1.5 Maßnahmen zur präventiven Instandhaltung, Wartung und zur Störungsvermeidung einleiten und durchführen

Aufgabe 1: **Erstellen Sie einen Vortrag zum Thema „Besser präventiv und prädiktiv als reaktiv".**

Verwenden Sie als Vorbereitung die Informationen im Schülerbuch. Klären und vereinbaren Sie die Punktevergabe im gemeinsamen Gespräch nach der Testbearbeitung.

1.5

Präventive Maßnahmen zur Störungsvermeidung unterscheiden

Abschlusstest: **Bearbeiten Sie die folgenden Aufgaben zu Lernfeld 6.**

1.1 1.2 1.3 1.4 1.5

1 Ordnen Sie den Aussagen die richtige Serviceart zu (10 x 1 Punkt, max. 10 Punkte).

(1) Cloud-Service
(2) DIY-Service
(3) Field-Service
(4) Fix Support 1
(5) Help-Desk-Service
(6) IT-Sourcing
(7) Kulanz
(8) Live-Chat
(9) On-Side-Management
(10) Swap-Service

Aussagen	Nr.
a) Dienstleistungen nach Bedarf und Anforderung	
b) Dienstleistung vor Ort beim Kunden	
c) Übernahme von Dienstleistungen in den Räumen des Kunden	
d) Gestellung eines gleichartigen Ersatzgerätes	
e) Services der Online-Provider	

f) Möglichkeit online direkt mit den Kunden zu sprechen	
g) Erlaubnis, Service an den eigenen Geräte selbst durchzuführen	
h) Freiwilliger unentgeltlicher Service	
i) Hilfe- und Unterstützungs-Service	
j) Externe Übernahme von IT-Beschaffungsservices	

Erreichte Punktzahl	

2 Ordnen Sie den Tätigkeiten die Ziffern des Bereiches/IT-Lebenszyklus durch Angabe der Ziffern 1 bis 6 richtig zu (max. 2 · 6 Punkte).

(1) Beratung
(2) Beschaffung
(3) Bereitstellung
(4) Einweisung/Schulung
(5) Helpdesk/Servicedesk
(6) Kontrolle/Anpassung/Ersatz

Services/Tätigkeiten Lebenszyklus A			
Einweisung vor Ort		Istanalyse	
Roll-Out in der Schlussphase		Administration	
Vertrag erstellen/unterschreiben		Roll-On durchführen	

Services/Tätigkeiten Lebenszyklus B			
Schulung in Green-IT-Nutzung		Installation	
Angebotsauswahl		Refurbishing/Entsorgung	
Gewichtung von Green-IT festlegen		Monitoring und Wartung	

3 Ordnen Sie den Aussagen die passenden Fachbegriffe im Service-Management zu (max. 10 Punkte).

(1) Service-Verfügbarkeit
(2) KPI
(3) Ticket
(4) SaaS
(5) IMAC/R/D
(6) Service-Level-Management
(7) Incident-Management
(8) FitSM®

Aussagen	Nr.
a) Wichtiger Leistungsindikator	
b) Online-Dienste auf Abruf (on demand)	
c) Häufig mit 24/7 oder 12/5 beschrieben	
d) Abkürzung für Phasen des IT-Service-Lebenszyklus	
e) Dokumentation eines Serviceauftrags und der Bearbeitung	
f) Systematische Serviceorganisation in 3 Stufen	
g) Freier Service-Management-Standard	
h) Verwaltung von Störungen	

Erreichte Punktzahl	

4 Ordnen Sie den einzelnen Phasen des FitSM®-Prozesses die folgenden Anforderungen passend zu (max. 7 Punkte).

(1) Beschreibung In-/Outputs, Aktivitäten
(2) Geltungsbereich des Service-Management-Systems festlegen
(3) Person Verantwortung für Service-Management-System zuweisen
(4) Praktische Anwendungen sicherstellen
(5) Überwachung und Überprüfung der KPI
(6) Verbesserungen laufend durchführen
(7) Zeitplan der Implementierung planen

FitSM® Processes-Phasen	Passende Anforderung
GR 1: Top Management Commitment & Responsibility	
GR 2: Documentation	
GR 3: Defining The Scope of Service Management	
GR 4: Planning Service Management in time	
GR 5: Implementing Service Management on site	
GR 6: Monitoring and Reviewing Service Management	
GR 7: Continually Improving Service Management	

Erreichte Punktzahl	

5 Ermitteln Sie die Downtime bzw. Mean Time to Repair (Ist) und stellen Sie diese der Vorgabe (Soll in SLA) gegenüber. Ermitteln Sie dazu auch eine ggf. prozentuale Zeit über die MTTR-Vorgabe. Geben Sie eine Stellungnahme zum Soll-Ist-Vergleich der drei Vorgänge ab (max. 3 · 3 Punkte).

Vorgang	SLA-Vorgabe	Protokollvermerk des Servicemitarbeiters	% über MTTR
Störung Druck-Server	MTTR: 30 Min.	Diagnose: 10 Min., Reparatur/Implementierung: Festplattentausch 20 Min., Test: 5 Min.	
Störung Druck-Server	MTTR: 60 Min.	Detection Time: 30 Min., Response Time: 40 Min., Repair Time: 20 Min. Recovery Time 10 Min.	
Störung Website	MTTR: 10 Min.	Detection Time: 5 Min., Response Time: 10 Min., Repair Time: 20 Min., Recovery Time: 5 Min.	
Stellungnahme Störung A			
Stellungnahme Störung B			
Stellungnahme Störung Website			

Erreichte Punktzahl	

6 Geben Sie fünf fachliche Anforderungen an Mitarbeiter im Help-/Servicedesk an (max. 5 Punkte).

Fachliche Anforderungen an IT-Helpdesk- bzw. Servicedesk-Mitarbeiter	
1. Anforderung	
2. Anforderung	
3. Anforderung	
4. Anforderung	
5. Anforderung	

Erreichte Punktzahl	

7 Geben Sie fünf passende Maßnahmen bzw. Hilfsmittel im Help-/Servicedesk an (max. 5 Punkte).

Passende Maßnahmen/Hilfsmittel der IT-Helpdesk- bzw. Servicedesk-Mitarbeiter im Zyklus	
Define	
Measure	
Analyse	
Improve	
Control	

Erreichte Punktzahl	

8 Erläutern Sie folgende Begriffe (max. 15 · 1 Punkt).

Begriffe	**Erläuterung oder zwei Beispiele**
Swap-service	
ITSM	
Workaround	
KPI	
FitSM, ITIL	
Ticketsystem	
RACI	
MTTR	
SLA	
OLA	
AV-Vertrag	
Eskalation	
RFC	
Systemmonitoring	
Netiquette	

Erreichte Punktzahl	

Notenschlüssel (max. 73 Punkte)						
Note	sehr gut	gut	befriedigend	ausreichend	mangelhaft	ungenügend
Punkte	ab 67 P.	ab 59 P.	ab 49 P.	ab 37 P.	ab 22 P.	darunter
					Eigene Punktzahl	

Lernfeld 7: Cyber-physische Systeme ergänzen

S **Die Auszubildenden bei JIKU IT-Solutions sollen die wachsende Bedeutung des Internet of Things (IoT) in den unterschiedlichsten Bereichen des täglichen Lebens kennenlernen. Sie sollen selbstständig ein cyber-physisches System analysieren und weiterentwickeln. Sie werden dabei die Planung, Umsetzung und Optimierung eines cyber-physischen Systems im Team bearbeiten.**

Estelle Wamony: Ich möchte Sie recht herzlich in unserer Entwicklungsabteilung begrüßen. Wir haben momentan ein großes Team in der Entwicklungsabteilung, das am Schwerpunktthema „Industrial Internet of Things" und „Digital Workspace Solutions" arbeitet. Wir möchten, dass Sie die Arbeit des Teams kennenlernen und es tatkräftig unterstützen.

Stefan Köhler: Mir ist das Internet der Dinge bekannt, aber Sie erwähnten Industrial Internet of Things. Wir sind doch kein Industrieunternehmen. Inwiefern werden wir industrielle Einsatzgebiete kennenlernen?

Estelle Wamony: Das ist eine sehr gute Frage. Unsere Kunden setzen vermehrt intelligente Sensorik in ihren Produktionsanlagen ein. Diese kommunizieren direkt mit Produktionsleitständen, schicken Daten in das ERP-System oder übermitteln Maschinenzustände direkt an die Maschinenhersteller. Der Einsatz von sogenannten cyber-physischen Systemen soll ganze Produktions- und Instandhaltungsabläufe optimieren und somit eine intelligente, sich selbst optimierende Fabrik ermöglichen.

Levi Kramer: Daher kommt auch der Ausdruck „Smart Factory".

Estelle Wamony: Korrekt. Sie haben sicher alle schon die vielfältigen Begriffe wie Smart Home, Smart City, Smart Health oder Ähnliches gehört. In all diesen Bereichen kommen physische Geräte mit integrierten Sensoren und Aktoren zum Einsatz, die direkt untereinander oder über das Internet miteinander kommunizieren können.

Saahil Arora: Dann kann man sagen, dass unsere Smartphones oder meine Smartwatch ebenfalls cyber-physische Systeme sind? Denn beides beinhaltet viele Sensoren und die Geräte sind mit dem Internet verbunden.

Estelle Wamony: Ja sicher. Wir alle sind schon heute von vielen cyber-physischen Systemen umgeben. Hat jemand von Ihnen einen Lautsprecher mit Spracherkennung?

Jürgen Pollina: Ja, ich besitze so ein Gerät und über diese Box kann ich sogar das Licht in meinem Zimmer steuern. Dann kennen wir in der Tat schon viele Einsatzgebiete von cyber-physischen Systemen. Was sind aber die Services, die wir unseren Kunden anbieten?

Estelle Wamony: Viele Kunden müssen im ersten Schritt verstehen, wie ihre bestehende Infrastruktur im Produktionsbereich oder in deren Büros aussieht. Erst dann können die Potenziale aus technologischer, ökonomischer und auch ökologischer Sicht aufgezeigt werden. Auf der Istanalyse aufbauend, erarbeiten wir passende Lösungen für unsere Kunden. Danach geht es an die Installation und Vernetzung der cyber-physischen Systeme. Im nächsten Schritt geht es um die Daten, die in Echtzeit erfasst werden können. Auch hier bieten wir Lösungen zur Datenanalyse und zum Reporting. Dieser Schwerpunkt ist sehr innovativ und dynamisch, denn Big Data Analytics mittels Künstlicher Intelligenz ermöglicht komplett neue Geschäftsprozesse für unsere Kunden.

Levi Kramer: Wow, das klingt spannend. Werden wir selbst ein CPS entwerfen und programmieren?

Estelle Wamony: Aber sicher. Ich habe mit Herrn Lübberstedt abgestimmt, dass Sie alle CPS Prototypen aufbauen und weiterentwickeln sollen. Ich wünsche Ihnen dazu viel Neugierde, Kreativität und Spaß.

Holger Lübberstedt: Sie haben es gehört. Wir haben spannende Wochen vor uns. Sie können und Sie sollen Ihrer Kreativität freien Lauf lassen. Wir sind auf Ihre Ergebnisse gespannt.

Lernsituation 1: Wir erarbeiten uns einen Überblick über die Grundlagen und Einsatzgebiete von cyber-physischen Systemen

S **Nach der Begrüßung durch Estelle Wamony bespricht Herr Lübberstedt mit den Auszubildenden das weitere Vorgehen, um die Grundlagen und die Einsatzgebiete von cyber-physischen Systemen zu erarbeiten.**

Holger Lübberstedt: Auch in diesem Ausbildungsabschnitt werden Sie in Teams arbeiten. Jedoch gibt es vor allem im Bereich der Grundlagen interessante Themen, die wir vorab in der gesamten Gruppe besprechen werden.

Patric Bauer: Das heißt, wir starten nicht sofort mit dem Prototypenbau?

Holger Lübberstedt: Nein, aber keine Sorge, schon sehr bald wird es losgehen. Sie werden sehen, dass die heutigen und zukünftigen Einsatzgebiete von cyber-physischen Systemen sehr spannend sind. Jeder von Ihnen kann sein Know-how einbringen und von den Beiträgen der anderen lernen. Wir haben schon im Gespräch mit Frau Wamony gehört, dass wir alle täglich mit intelligenten Devices in Berührung kommen und sie aktiv nutzen.

Saahil Arora: Behandeln wir auch die Grundlagen zur Daten- und Prozessanalyse?

Holger Lübberstedt: Wir legen in den nächsten Wochen die wesentlichen Grundlagen. Erst im dritten Ausbildungsjahr geht es speziell in der Fachrichtung Daten- und Prozessanalyse richtig in die Details. Aber auch für alle anderen technischen Berufe sind die Datenerfassung und -analyse essenziell. Denn Sie haben alle sicher schon gehört: „Daten sind das Gold des 21. Jahrhunderts".

2.1 Grundlagen von cyber-physischen Systemen erarbeiten

S **Die Auszubildenden der JIKU IT-Solutions sollen in unterschiedlichen Teams eine Einführung zu den Grundlagen von cyber-physischen Systemen entwickeln.**

Holger Lübberstedt: Schon im ersten Ausbildungsjahr haben wir gemeinsam die vierte industrielle Revolution thematisiert. Jeder Generationswechsel wurde durch neue Technologien wie die Dampfmaschine oder die Elektrisierung eingeläutet.

Jannik Brunke: Ich erinnere mich. Diese beiden Technologien haben doch die erste und die zweite industrielle Revolution ausgelöst. Die dritte Phase wurde durch IT-Systeme und die Automatisierungstechnik in den Fabriken ermöglicht.

Holger Lübberstedt: Korrekt, speicherprogrammierbare Steuerungen, CNC-Maschinen und Roboter sind schon seit den 1970er-Jahren Bestandteil unserer Produktionsstätten. Lassen Sie uns bei der Betrachtung von Industrie 4.0 auf die Kommunikation und den Datenaustausch fokussieren.

Aufgabe 1: **Lösen Sie die folgenden Aufgaben.**

2.1.1

Durch die technologischen IoT-Entwicklungen wird sich der Datenaustausch innerhalb und zwischen den Unternehmen verändern. Die heutigen Datenflüsse lassen sich anschaulich mittels der Automatisierungspyramide darstellen. Zukunftsszenarien zeigen jedoch, dass sich durch den zunehmenden Einsatz von cyber-physischen Systemen die klassisch hierarchische Struktur verändern wird.

1 Worin unterscheidet sich die dritte von der vierten industriellen Revolution? Beantworten Sie diese Frage aus technologischer und gesellschaftlicher Sichtweise.

2 Ordnen Sie folgende Begriffe an die richtige Stelle der Automatisierungspyramide ein.

(1) Feldebene
(2) Horizontale Integration
(3) Prozessleitebene (SCADA, HMI)
(4) ERP
(5) Vertikale Integration
(6) Steuerungsebene (SPS, CNC, IPC, Antriebe)
(7) Betriebsleitebene MES

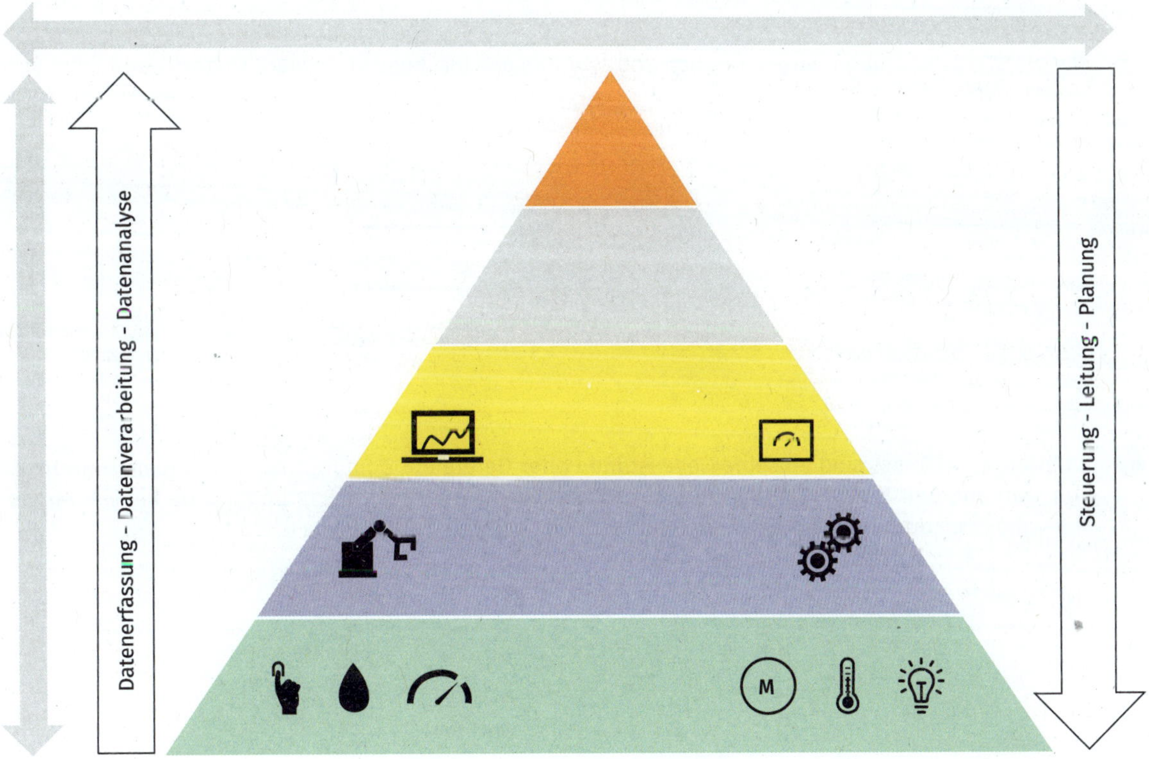

3 Erläutern Sie den Unterschied zwischen horizontaler und vertikaler Integration.

4 Was versteht man unter der Feldebene?

5 Wann spricht man von einem smarten Produkt?

5 Was versteht man unter Smart Factory und wie hängen die Begriffe „Smart Factory“ und „Industrie 4.0“ zusammen?

7 Im Internet of Things sind einzelne Gegenstände oder Geräte mit dem Internet verbunden. Hinterfragen Sie den Sinn und den Zweck dieser Vernetzung. Diskutieren Sie im Team (Gruppe mit drei bis vier Mitgliedern) sinnvolle Einsatzgebiete und notieren Sie Ihre Erkenntnisse.

NOTIZEN

8 Skizzieren Sie ein Zukunftsszenario durch den zunehmenden Einsatz von cyber-physischen Systemen.

9 Lösen Sie das folgende Kreuzworträtsel.

1. Sammelbegriff für die unterschiedlichsten Technologien einer global vernetzten Infrastruktur, die sowohl physische als auch virtuelle Objekte über das Internet verbindet
2. Oberbegriff für den Einsatz von cyber-physischen Systemen in Wohn- und Bürogebäuden zur Erhöhung der Wohn- und Lebensqualität und zum intelligenten Energiemanagement
3. Eine sich selbst organisierende und optimierende Produktionsumgebung, in der mittels cyber-physischen Systemen Maschinen und Anlagen miteinander vernetzt sind
4. Ausdruck für die vierte industrielle Revolution
5. Wesentliche IoT-Anforderung, damit Geräte mit den zahlreichen Funktechnologien und Industrie-Standardprotokollen zurechtkommen
6. Komplette Bezeichnung der Abkürzung API
7. Fachbegriff für die Untersuchung von Daten auf Muster und Abweichungen

Aufgabe 2: **Die flächendeckende Netzabdeckung in Deutschland wird immer wieder kontrovers diskutiert. Bearbeiten Sie die folgenden Aufgaben zu dieser Thematik.**

2.1.2

1. Übersetzen Sie den folgenden englischen Text sinngemäß ins Deutsche. Es handelt sich um einen Auszug aus der 5G-Strategie des Bundesministeriums für Verkehr und digitale Infrastruktur aus dem Jahr 2017.

> One of the most important components of the digital transformation is the so-called Internet of Things (IoT), resulting in an ever growing number of connected devices in the economy and everyday life alike. It is estimated that by the year 2020 roughly 770 Million devices will be connected in Germany alone.
> Not only end-user devices such as smartphones and tablets, but also vehicles, household appliances or industrial machinery will be connected to the internet and will thus be able to exchange data.
> This development will lead to billions of objects, sensors and machines communicating with one another. New challenges concerning connectivity, safety, and service quality will occur based on this interconnection.
> One area which is particularly affected by this transformation is mobile communications, as it requires a radio-based mobile gigabit connection.
> 5G is at the centre of public attention because it offers the key technology to implement this digital transformation. It will play a key role in future gigabit networks and will require completely new ICT architectures.

2 Sigfox gehört zur Kategorie der Low Power Wide Area Networks (LPWAN). Recherchieren Sie Einsatzgebiete, Netzabdeckung, Vor- und Nachteile dieser Funktechnologie.

Sigfox	
Einsatzfelder	
Netzabdeckung in Deutschland	
Vorteile	
Nachteile	

3 Erläutern Sie die beiden wesentlichen Unterschiede zwischen Mobilfunk und LPWAN. Nutzen Sie dazu die folgende Tabelle zur Gegenüberstellung Ihrer Punkte.

Unterschiede	
Mobilfunk (3G, 4G, 5G)	**LPWAN (LoRaWAN, Sigfox, NB-IoT)**

Aufgabe 3: Bearbeiten Sie im Team (Gruppe mit drei bis vier Mitgliedern) die folgenden Aufgaben.

2.1.3

Die rasante Entwicklung von immer leistungsfähigeren und kostengünstigeren Sensoren ermöglicht die Nachrüstung von bestehenden Maschinen und Anlagen mit intelligenter Sensorik.

1. Erläutern Sie die Bedeutung des Begriffs „Retrofitting“.

____

____

____

____

____

2. Recherchieren Sie nach Möglichkeiten für das Retrofitting in den Bereichen Industrie, Handwerk, Handel und Landwirtschaft, um bestehende Maschinen, Anlagen und Geräte mit IoT-Technologie nachzurüsten.

Möglichkeiten für Retrofitting	
Industrie	
Handwerk	
Handel	
Landwirtschaft	

Erstellen Sie aus Ihren Erkenntnissen aus den Fragen 1 und 2 eine kurze Präsentation und stellen diese im Plenum vor (Rahmenbedingungen: maximal drei Folien, Zeit: zehn Minuten).

Aufgabe 4: Einplatinencomputer (Single-Board-Computer, SBC) und Mikrocontrollerboards (Microcontroller Unit, MCU) sind für den einfachen Aufbau von cyber-physischen Systemen sehr gut geeignet. Erstellen Sie eine Übersicht und eine Gegenüberstellung beider Varianten durch die Bearbeitung der folgenden Aufgaben.

2.1.4

1. Recherchieren Sie, welche unterschiedlichen Single-Board-Computer neben dem Raspberry Pi momentan sehr populär sind. Wählen Sie drei Modelle aus, die Sie in der folgenden Tabelle näher beschreiben und vergleichen.

	SBC 1	SBC 2	SBC 3
Name/Hersteller			
Preis			
CPU/Speicher			
Schnittstellen/ Konnektivität			

2 Führen Sie eine weitere Recherche zu gängigen Mikrocontrollerboards durch. Suchen Sie gezielt nach den folgenden drei Modellen und vergleichen Sie deren Spezifikationen und Einsatzgebiete.

	Arduino Mega	Micro:Bit	Teensy
Hersteller			
Preis			
Prozessor/ Taktfrequenz			
RAM			
Schnittstellen/ Konnektivität			
Integrierte Sensoren			
Besonderheiten/ typische Einsatzbereiche			

3 Stellen Sie Einplatinencomputer und Mikrocontrollerboard gegenüber. Welches sind die wesentlichen Unterschiede in Aufbau und Funktionsweise?

Unterschiede in Aufbau und Funktionsweise	
Einplatinencomputer – SBC	Mikrocontrollerboard – MCU

Lernsituation 2: Wir unterscheiden die wesentlichen Kommunikationsmodelle und -protokolle des Internet of Things (IoT)

S **Nachdem sich die Auszubildenden einen umfassenden Überblick über die unterschiedlichen Einsatzgebiete gemacht haben, stellt sich die Frage, wie diese Vielfalt an cyber-physischen Systemen miteinander kommuniziert. Herr Lübberstedt lädt zu einer Präsentation die Entwicklerin Maria Sanchez ein, um mit den Auszubildenden über die unterschiedlichen Kommunikationsmodelle und IoT-Protokolle zu sprechen.**

Holger Lübberstedt: Hallo zusammen. Ich möchte euch Maria Sanchez vorstellen. Sie ist Systems Engineer in der Entwicklungsabteilung und möchte mit uns über das Thema „Kommunikation und IoT-Protokolle" sprechen.

Maria Sanchez: Danke Holger. Ich freue mich, mit Ihnen die große Vielfalt der Kommunikationsmodelle zu thematisieren. Jeder von Ihnen hat ein Smartphone. Welches Mobilfunknetz nutzen Sie denn?

John Steinbach: Ich habe seit ein paar Wochen einen neuen Vertrag mit 5G.

Maria Sanchez: Ah, nicht schlecht. Wissen Sie, wofür die Abkürzung 5G steht?

John Steinbach: Ja klar. 5G steht für die fünfte Generation von Mobilfunknetzen.

Patric Bauer: Davon kann ich nur träumen. Bei mir zu Hause bin ich froh, wenn ich LTE verfügbar habe. Ich fahre auf meinem Weg zur Arbeit durch Bereiche, in denen ich bestenfalls EDGE habe.

Maria Sanchez: Ich sehe, dass natürlich im Mobilfunkbereich schon Know-how vorhanden ist und Sie auch Ihre ersten Erfahrungen mit Empfang und Datenübertragungsrate gemacht haben. Sicherlich kennen Sie auch Bluetooth, NFC und vielleicht auch RFID. Tatsächlich gibt es noch viel mehr Protokolle und einige davon wollen wir kennenlernen. Legen wir los.

2.2 Kommunikation zwischen cyber-physischen Systemen präsentieren

S **Holger Lübberstedt erläutert die übergeordnete Aufgabe. Alle Auszubildenden sollen in unterschiedlichen Teams die gesamte Kommunikation zwischen cyber-physischen Systemen untersuchen, erläutern und am Ende der Entwicklungsabteilung präsentieren.**

Holger Lübberstedt: Nachdem wir uns einen Gesamtüberblick verschafft haben, fokussieren wir uns auf die drei folgenden Schwerpunkte: Vergleich von IoT und IIoT-Protokollen, das MQTT-Protokoll und die Machine-to-Machine-Kommunikation mit dem Standard OPS UA. Alle drei Themen werden am Ende auf einer digitalen Pinnwand zusammengefasst.

Aufgabe 1: **Informieren Sie sich in Ihrem Unternehmen, ob bereits IoT-Protokolle zum Einsatz kommen. Tauschen Sie sich danach im Team (Gruppe mit drei bis vier Mitgliedern) aus und teilen Sie Ihre Erkenntnisse.**

2.2.1

1. Erstellen Sie eine kollaborative digitale Pinwand mit Ihren Ergebnissen aus den Unternehmen.
   Hinweis: Als digitale Pinnwand eignen sich u. a. folgende Tools:
   - TaskCard: (www.taskcards.de),
   - Padlet (https://de.padlet.com/).

❷ Platzieren Sie die folgenden Protokolle in einen der vier Quadranten:

NFC	Wi-Fi	LoRaWAN	LTE

		Reichweite	
		gering	sehr groß
Datenübertragungsrate	hoch		
	gering		

Aufgabe 2: **In der Anwendungsschicht des OSI-Modells spielt das MQTT-Protokoll eine wichtige Rolle im Internet der Dinge. Beantworten Sie die folgenden Fragen zu MQTT.**

2.2.2

❶ Beschreiben Sie das prinzipielle Funktionsprinzip von MQTT.

____

____

____

____

____

❷ Der sogenannte Quality of Service (QoS) steht für den Grad der Zuverlässigkeit, mit der eine Nachricht zugestellt wird. Erläutern Sie die Unterscheidung zwischen QoS 0, QoS 1 und QoS 2.

____

____

____

____

____

❸ Überlegen Sie sich einen MQTT-Anwendungsfall in Ihrer Arbeitsumgebung. Stellen Sie Ihre Idee als Schaubild dar.

Aufgabe 3: Viele speicherprogrammierbaren Steuerungen (SPS) haben bereits integrierte OPC-UA-Server. Bearbeiten Sie im Team (Gruppe mit drei bis vier Mitgliedern) die folgenden Aufgaben.

2.2.3

Wenn möglich sollte in jedem Team ein Mitglied sein, bei dem speicherprogrammierbare Steuerungen oder Kleinsteuerungen im Unternehmen im Einsatz sind.

1. Was ist eine SPS? Erstellen Sie eine Definition mit eigenen Worten.

2. Erläutern Sie den Begriff „OPC UA". Welche Besonderheiten und Merkmale werden OPC UA zugeschrieben?

3. Welches Gefahrenpotenzial sehen Sie bei speicherprogrammierbaren Steuerungen, die in kritischer Infrastruktur (Energie, Verkehr, Banken etc.) zum Einsatz kommen, wenn bereits OPC-UA-Server in der Hardware integriert sind?

Aufgabe 4: Erweitern Sie die kollaborative digitale Pinwand mit Ihren Ergebnissen aus den Aufgaben 2 und 3.

2.2.3

Die gesamte digitale Pinwand soll als Link, QR-Code oder als PDF-Datei mit der Klasse geteilt werden.

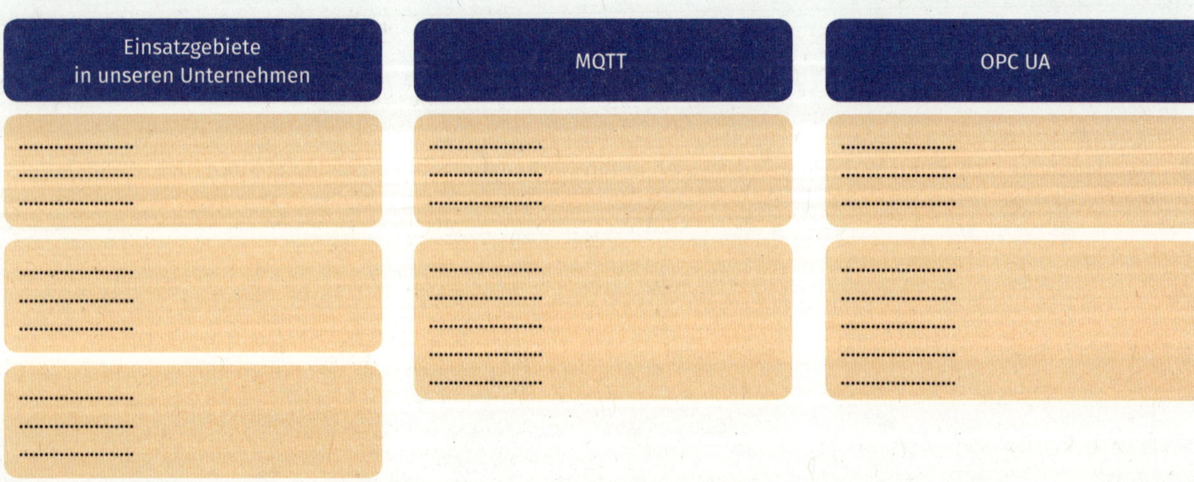

Exemplarische Darstellung

Lernsituation 3: Wir analysieren bestehende cyber-physische Systeme in unserem Ausbildungsbetrieb

S **Nach der Vorstellung und Diskussion der Arbeitsergebnisse zu den unterschiedlichen Kommunikationsmodellen und IoT-Protokollen führt Holger Lübberstedt die Auszubildenden durch die Gebäude von JIKU IT-Solutions, um die zahlreichen cyber-physischen Systeme vorzustellen, die sich hier im Einsatz befinden.**

Holger Lübberstedt: Wir waren ja schon häufiger im Serverraum. Heute legen wir ein besonderes Augenmerk auf alle verbauten Sensoren und Überwachungsfunktionen. Achten Sie bitte darauf, welche Elemente auch bei Ihnen zu Hause zum Einsatz kommen.

2.3 Ein bestehendes cyber-physisches System im Unternehmen analysieren

S **Am Ende der Führung durch den Serverraum, den Empfang, das Großraumbüro und die Besprechungszimmer möchte Holger Lübberstedt von den Auszubildenden wissen, welche Sensorik bzw. Überwachungsfunktionen auch in privaten Haushalten zu finden sind.**

Jürgen Pollina: Wir haben zu Hause ebenfalls eine Temperatureinstellung für alle Räume und auch Rauchmelder in vielen Zimmern. Einzelne Fenster werden automatisch gekippt, um durchzulüften. Ich bin mir aber nicht sicher, wie die einzelnen Elemente miteinander vernetzt sind. Ein Zugriff über das Internet ist meines Wissens nicht möglich.

Saahil Arora: Ich habe jüngere Geschwister. Meine kleinste Schwester ist erst acht Monate alt und meine Eltern haben eine Überwachungskamera für das Kinderzimmer. Damit können sie über ihr Smartphone sehen, ob alles in Ordnung ist.

Holger Lübberstedt: Interessant. Sie sehen also, dass Daten und Informationen von Sensoren und Überwachungseinheiten über das Internet zugänglich gemacht werden können. Das Beispiel von Jürgen zeigt allerdings auch, dass es ausreichend sein kann, Daten im Haus zu erfassen, zu verarbeiten und gegebenenfalls Aktionen auszulösen. Schauen wir uns die Funktionen von einzelnen cyber-physischen Systemen und deren Vernetzung mit anderen CPS-Devices einmal genauer an.

Aufgabe 1: **Um CPS-Devices zu vernetzen und dezentral erste Datenanalysen durchzuführen, kommen IoT-Gateways in der Edge zum Einsatz. Beantworten Sie folgende Fragen zu dieser Thematik.**

2.3.1

1. Erläutern Sie den Begriff „Edge Computing“.

2 Was versteht man unter Edge Analytics? Und wann ist es sinnvoll, Daten direkt in der Edge zu verarbeiten?

Aufgabe 2: **Sie sollen ein Konzept zur Überwachung der CO_2-Konzentration in einem Raum erstellen. Dabei soll durch eine Ampel visualisiert werden, ob sich die CO_2-Konzentration im Raum im grünen, gelben oder roten Bereich befindet.**

2.3.2

1 Definieren Sie die Schwellenwerte (in ppm) für Folgendes:

- rot (niedrige Raumluftqualität) ____________________
- gelb (mittlere bis mäßige Raumluftqualität) ____________________
- grün (hohe Raumluftqualität) ____________________

2 Erstellen Sie ein Ablaufdiagramm, welches die Logik der Überwachung darstellt.

3 Skizzieren Sie ein Blockschaltbild nach dem EVA-Prinzip.

4 Die Visualisierung der CO_2-Konzentration kann auf unterschiedliche Art und Weise realisiert werden. Des Weiteren ist es möglich, die Anzeige nur im Raum zu platzieren oder die Daten online bereit zu stellen. Erarbeiten Sie sich mindestens drei Möglichkeiten, wie die Daten dem Endbenutzer angezeigt werden können.

Lernsituation 4: Wir führen eine Anforderungsanalyse zur Erweiterung eines cyber-physischen Systems in unserem Unternehmen durch und planen die Umsetzung

S **Die Auszubildenden der JIKU IT-Solutions sollen nun in einem Projekt ein cyber-physisches System für das Unternehmen planen und umsetzen. Um jedoch alle Anforderungen zu erfassen, muss zu Beginn die Zielsetzung mit den internen Kunden abgestimmt werden. Im Anschluss wird definiert, wie das Projekt agil koordiniert und verwaltet werden kann.**

Holger Lübberstedt: Nun ist es soweit. Sie werden nun Ihr theoretisches Wissen in die Praxis umsetzen. Wir möchten für unterschiedliche Räume eine erweiterte Raumklimaerfassung ausarbeiten. Ich möchte, dass sie vorab mit der Geschäftsführung und den Mitarbeitern im Großraumbüro alle Anforderungen abstimmen.

Jannik Brunke: Wie müssen wir uns die Hardware vorstellen? Arbeiten wir mit Mikrocontrollern wie dem Arduino und bauen auf dieser Basis einen Prototypen auf?

Holger Lübberstedt: Ganz genau. Allerdings setzen wir keinen Arduino ein, sondern einen ESP 32. Wir starten mit der Planung und dem schrittweisen Aufbau des Prototyps. Erst wenn dieser die Akzeptanzkriterien der internen Stakeholder erfüllt, können die nächsten Schritte geplant werden.

Levi Kramer: Super, da freue ich mich darauf!

Holger Lübberstedt: Na dann, legen Sie los und haben Sie viel Spaß dabei.

2.4 Erweiterungen für ein cyber-physisches System planen

S **Im Rahmen der Planung wird eine Anforderungsanalyse mit Akzeptanzkriterien gefordert.**

Holger Lübberstedt: Sie hatten in der Zwischenzeit Interviewtermine mit Mitarbeitern und der Geschäftsführung. In unserer gemeinsamen Besprechung haben wir viele Anforderungen unstrukturiert gesammelt. Sie müssen nun diese Anforderungen strukturieren, damit wir eindeutige und objektive Akzeptanzkriterien definieren können.

Unstrukturierte Anforderungen und beschriebene Anwendungsfälle aus den Interviews

- Neben der CO_2-Konzentration sollen auch die aktuelle Temperatur und Luftfeuchtigkeit im Raum erfasst werden.
- Es soll ein ESP32-Mikrocontrollerboard zum Einsatz kommen.
- Am CPS muss ein Display die Werte anzeigen.
- Die Werte sollen auch auf einer Webseite abrufbar sein.
- Das Raumklima soll grafisch in einem Dashboard dargestellt werden.
- Das Programm und die aufgebaute Schaltung des Prototypen sollen vollständig dokumentiert werden, damit auch alle Versionen während der Entwicklung erhalten und nachvollziehbar bleiben.
- Bei einer niedrigen Raumluftqualität soll eine Alarm-Nachricht versendet werden.
- Müdigkeit und Konzentrationsschwäche soll bei unseren Mitarbeitern vermieden werden.

Aufgabe 1: **Strukturieren Sie alle gegebenen Anforderungen für Ihr CPS zur Überwachung der Temperatur, Luftfeuchtigkeit und der CO_2-Konzentration in Büro- und Besprechungsräumen.**

2.4.1

Beschreiben Sie konkrete Anwendungsfälle (Use Cases) und Akzeptanzkriterien in den folgenden Teilaufgaben. Arbeiten Sie im Team (Gruppe mit drei bis vier Mitgliedern).

1 Kategorisieren Sie die gegebenen Anforderungen und ergänzen Sie die Tabelle mit weiteren Anforderungen, die Sie an eine CO_2-Überwachung haben.

Anforderungen	
Business Requirements	
Stakeholder Requirements	
Solution Requirements	

2 In der unstrukturierten Anforderungsliste stecken konkrete Anwendungsfälle (Use Cases), welche die Erwartungen der Anwender anschaulich und einfach beschreiben. Listen Sie die gefundenen Use Cases auf:

____

____

____

____

____

____

Aufgabe 2: Die Programme, Schaltungs- und Projektdokumentationen sollen mit der Versionsverwaltung „Git“ realisiert werden.

2.4.2

1 Laden Sie Git auf Ihren PC und installieren Sie die Versionsverwaltung.
https://github.com/git-guides/install-git

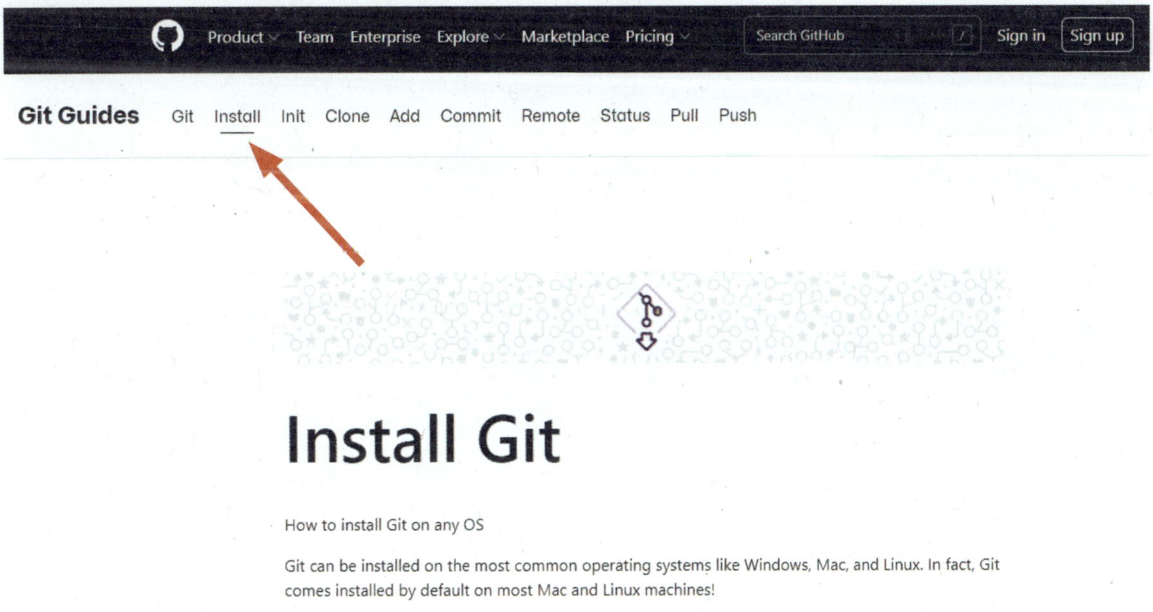

2. Testen Sie mit dem Befehl **git version**, ob Git korrekt installiert wurde.

Eingabeaufforderung

```
Microsoft Windows [Version 10.0.19043.1645]
(c) Microsoft Corporation. Alle Rechte vorbehalten.

C:\Users\PC>git version
git version 2.34.1.windows.1
```

3. Recherchieren Sie mithilfe eines Git-Tutorials die ersten Schritte zum Konfigurieren der eigenen Identität und zum Initialisieren eines ersten Git Repository für Ihr Projekt.

4. Testen Sie die Befehle **git status, git add** und **git commit** mit einer einfachen Textdatei (z. B. git-test.txt).

Lernsituation 5: Wir nehmen das erweiterte cyber-physische System in unserem Unternehmen in Betrieb

S **Die Auszubildenden sollen nun ihre Planung umsetzen, den Prototyp aufbauen, die Anwendung programmieren und das cyber-physische System in Betrieb nehmen.**

Holger Lübberstedt: Sie erhalten von uns das gesamte notwendige Equipment zum Aufbau des Prototyps. Für die Programmierung werden wir die Arduino IDE verwenden.

Stefan Köhler: Der Arduino Code basiert auf C++, ist das korrekt?

Holger Lübberstedt: Das ist korrekt. Ich denke, Sie werden sehr schnell mit der Programmierumgebung zurechtkommen.

2.5 Ein cyber-physisches System in Betrieb nehmen

S **Für die bevorstehende Inbetriebnahme muss strukturiert vorgegangen werden. Vor der eigentlichen Inbetriebnahme des cyber-physischen Systems zur Raumdatenerfassung wird mit einem Testprogramm die Gesamtfunktionalität sichergestellt.**

Holger Lübberstedt: Wir werden in drei Schritten vorgehen. Wir starten mit dem Aufbau der Schaltung auf dem Experimentierboard. Im Anschluss programmieren wir schrittweise die einzelnen Elemente in der IDE und nach erfolgreichem Testen werden wir die Ergebnisse dokumentieren.

Aufgabe 1: **Bauen Sie gemeinsam im Team Ihren ersten CPS-Versuchsprototypen auf.**

2.5.1

Im ersten Schritt soll nur ein Sensor an einen Eingang am ESP32-Mikrocontroller angeschlossen werden.

1. Legen Sie sich den ESP32, den DHT22-Temperatursensor, einen 10 Kiloohm Widerstand, ein Experimentierboard und drei Verbindungskabel zurecht.

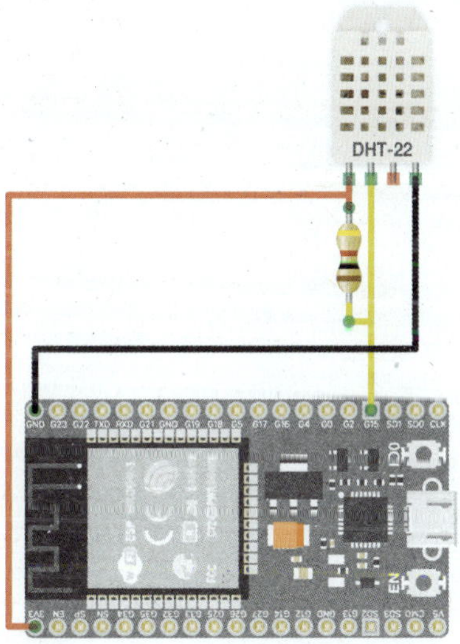

2. Stecken Sie die Schaltung auf dem Experimentierboard. Schließen Sie die gelbe Leitung vom DHT22-Sensor an den GPIO Pin 15 des ESP32-Mikrocontrollerboards an. Die rote Leitung geht zur Versorgungsspannung (+3,3 V) und die schwarze Leitung wird mit Ground (GND) verbunden.
Achtung! Es gibt unterschiedliche Bauformen und folglich unterschiedliche Belegungen bei den ESP32-Mikrocontrollerboards. Bitte prüfen Sie die korrekte Belegung vorab.

Aufgabe 2: **Programmieren Sie mit der Arduino IDE das erste Testprogramm (Überwachung der Temperatur und Luftfeuchtigkeit).**

2.5.2 Laden Sie das Testprogramm auf den Mikrocontroller und überprüfen Sie die Funktion. Die gemessene Temperatur und Luftfeuchtigkeit sollen im seriellen Monitor der Arduino IDE angezeigt werden.

1. Installieren Sie die Arduino IDE.
   www.arduino.cc/en/software

2. Binden Sie über die Bibliotheksverwaltung die notwendige DHT-Bibliothek ein.
   >>Werkzeuge>>Bibliothek verwalten ...

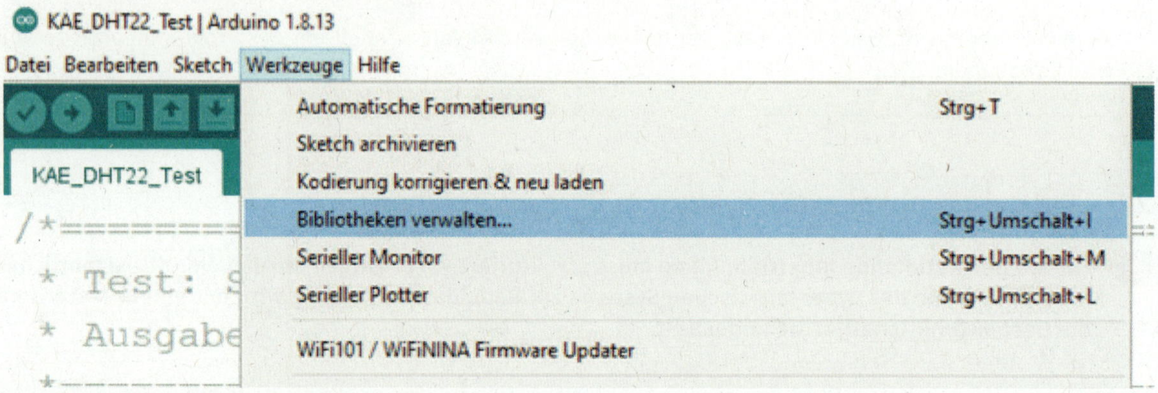

DHT sensor library im Suchfeld eingeben und entsprechend auf **Installieren** klicken.

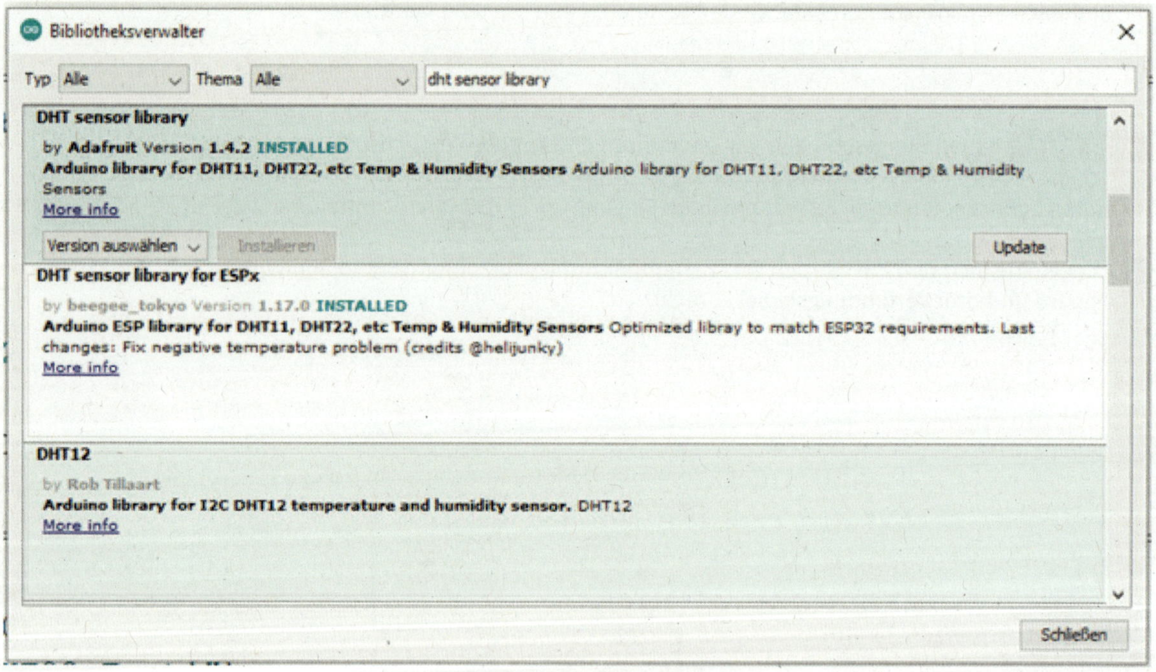

3 Geben Sie das folgende Programm zum Testen des ersten Versuchsaufbaus ein.

KAE_DHT22_Test | Arduino 1.8.13

Datei Bearbeiten Sketch Werkzeuge Hilfe

KAE_DHT22_Test

```
/*===========================================================================================
 * Test: Sensor DHT22
 * Ausgabe: Serieller Monitor
 *==========================================================================================
*/

//==========================================================================================
// Bibliotheken einbinden | Variablen deklarieren | Konstanten definieren | Initiatlisierung

#include "DHT.h"            // DHT Bibliothek einbinden

#define DHTPIN 15           // DHT22 Sensor Signal auf ESP32 Eingang 15
#define DHTTYPE DHT22       // Definition des Sensortyps: DHT 22

DHT dht(DHTPIN, DHTTYPE);   // DHT22 Sensor initialisieren

//=================================== S E T U P ============================================
void setup() {
  Serial.begin(115200);           // Baudrate, für ESP32 115200
  Serial.println("DHT22 Test!");
  dht.begin();
}

//==================================== L O O P =============================================
void loop() {

  delay(2000);

  float h = dht.readHumidity();
  float t = dht.readTemperature();

  if (isnan(h) || isnan(t)) {     // isnan Funktion --> variable IS Not A Number
    Serial.println("DHT Sensor konnte nicht kerrekt gelesen werden!");
  }

  Serial.print("Luftfeuchtigkeit: ");
  Serial.print(h);
  Serial.println(" %");
  Serial.print("Temperatur:       ");
  Serial.print(t);
  Serial.println(" °C");
  Serial.println();
}
//==========================================================================================
```

4 Übertragen Sie das Programm auf das ESP32-Board. Beachten Sie, dass Sie den EN-Button (1) gedrückt halten müssen, bevor Sie in der Arduino IDE das Hochladen (2) starten.

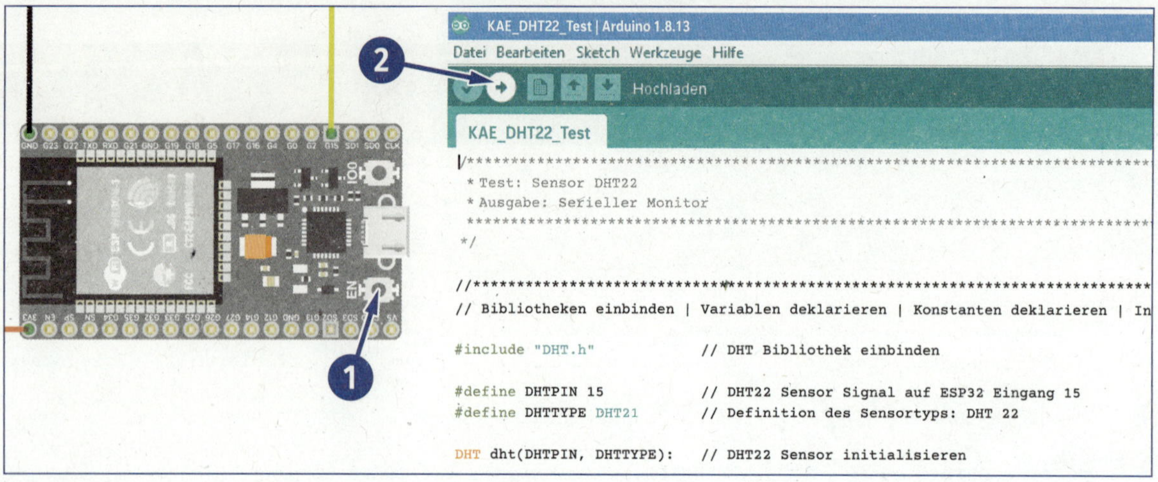

Aufgabe 3: **Ergänzen Sie den ersten Prototypen und das Programm um ein Display vom Typ SSD1306, auf dem die Temperatur und die Luftfeuchtigkeit angezeigt werden soll.**

2.5.2

1 Stecken Sie die Schaltung entsprechend der folgenden Abbildung. Die grüne SDA-Leitung kommt an GPIO Pin 21 und die blaue SCL-Leitung wird mit GPIO Pin 22 verbunden.
Achtung! Es gibt unterschiedliche Bauformen und folglich unterschiedliche Belegungen bei den ESP32-Mikrocontrollerboards. Bitte prüfen Sie die korrekte Belegung vorab.

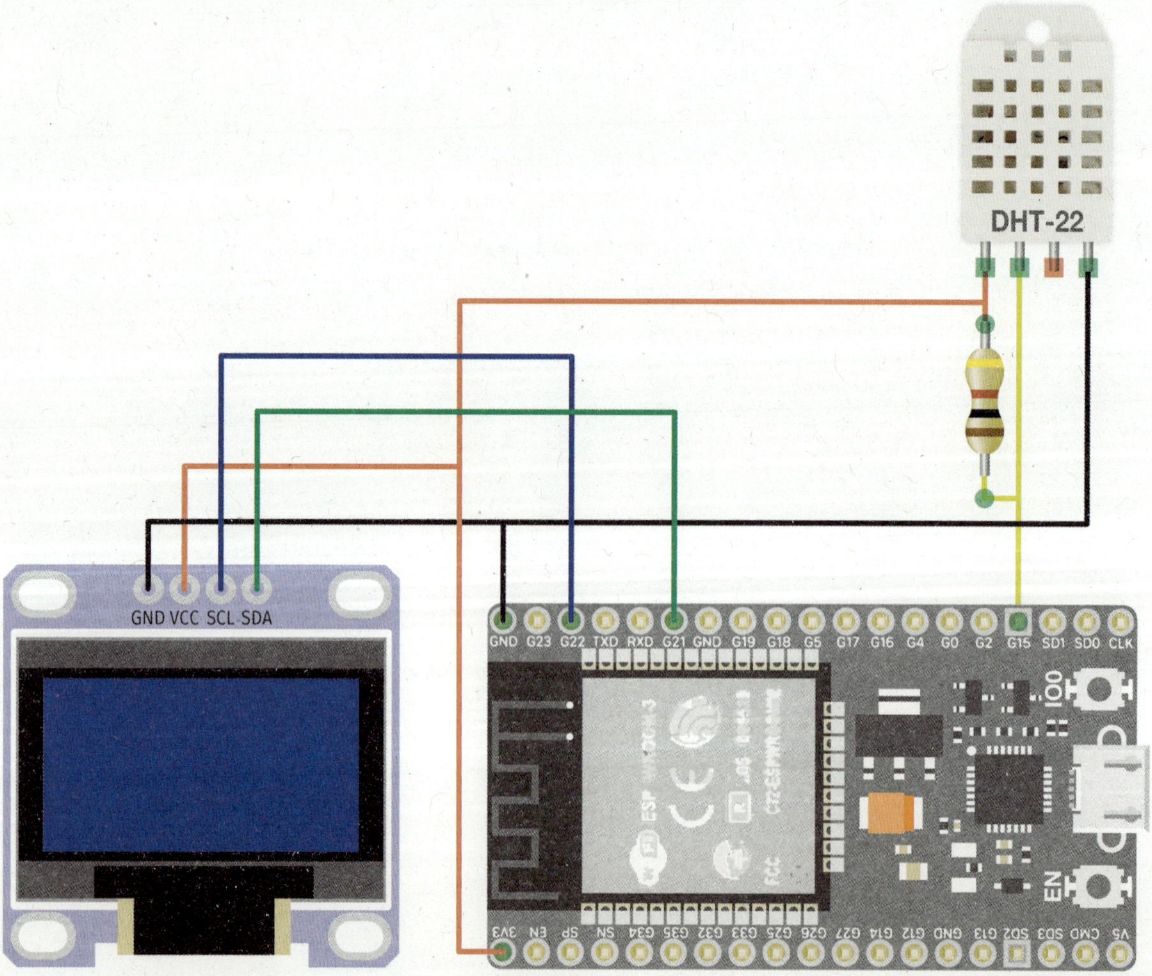

2 Installieren Sie nun selbstständig weitere notwendige Bibliotheken in der Arduino IDE. Der folgende Screenshot zeigt die notwendigen Bibliotheken.

```
#include "DHT.h"                // DHT Bibliothek einbinden
#include <Wire.h>
#include <Adafruit_Sensor.h>
#include <Adafruit_GFX.h>
#include <Adafruit_SSD1306.h>
#include <SoftwareSerial.h>
#include <MHZ.h>
```

3 Ergänzen Sie das Programm mit der Display-Funktionalität.
Eine Musterlösung finden Sie im Downloadbereich.

Aufgabe 4: **Entwickeln Sie das erweiterte cyber-physische System und ergänzen Sie Ihren zweiten Prototypen mit einem CO_2-Sensor vom Typ MH-Z19.**

2.5.2

1 Stecken Sie die Schaltung entsprechend der folgenden Abbildung. Verbinden Sie die graue Leitung von TX am Sensor mit RX (GPIO Pin 16) am ESP32 und die lilafarbene Leitung von RX am Sensor mit TX (GPIO Pin 17) am ESP32. Die orangefarbene Leitung wird mit dem GPIO Pin 4 am ESP32 verbunden.
Achtung! Es gibt unterschiedliche Bauformen und folglich unterschiedliche Belegungen bei den ESP32-Mikrocontrollerboards. Bitte die korrekte Belegung vorab prüfen.

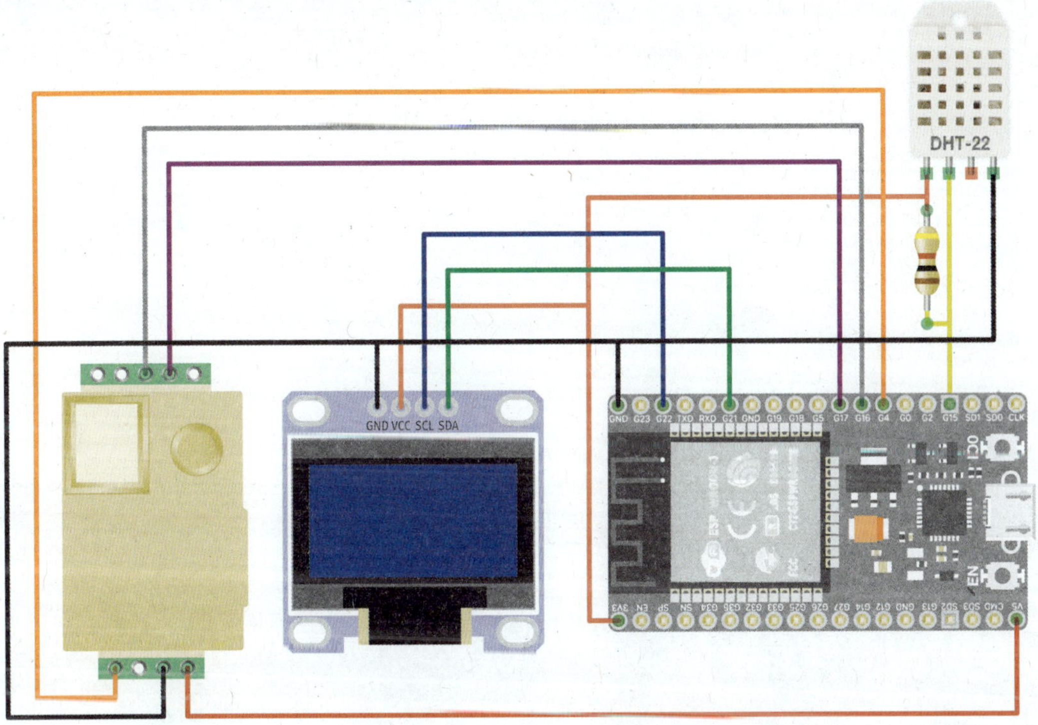

2 Installieren Sie nun selbstständig weitere notwendige Bibliotheken in der Arduino IDE. Der folgende Screenshot zeigt die notwendigen Bibliotheken.

```
#include "DHT.h"                // DHT Bibliothek einbinden
#include <Wire.h>
#include <Adafruit_Sensor.h>
#include <Adafruit_GFX.h>
#include <Adafruit_SSD1306.h>
#include <SoftwareSerial.h>
#include <MHZ.h>
```

3 Ergänzen Sie das Programm mit der CO_2-Sensor-Funktionalität.
Eine Musterlösung finden Sie im Downloadbereich.

Aufgabe 5: **Nehmen Sie im Team einen Mosquitto MQTT Broker in Betrieb und stellen Sie mittels Node-RED die Messwerte Ihres CPS im Netz für andere MQTT-Clients zur Verfügung.**

2.5.3

1. Installieren Sie den Mosquitto MQTT Broker.
   https://mosquitto.org/download/

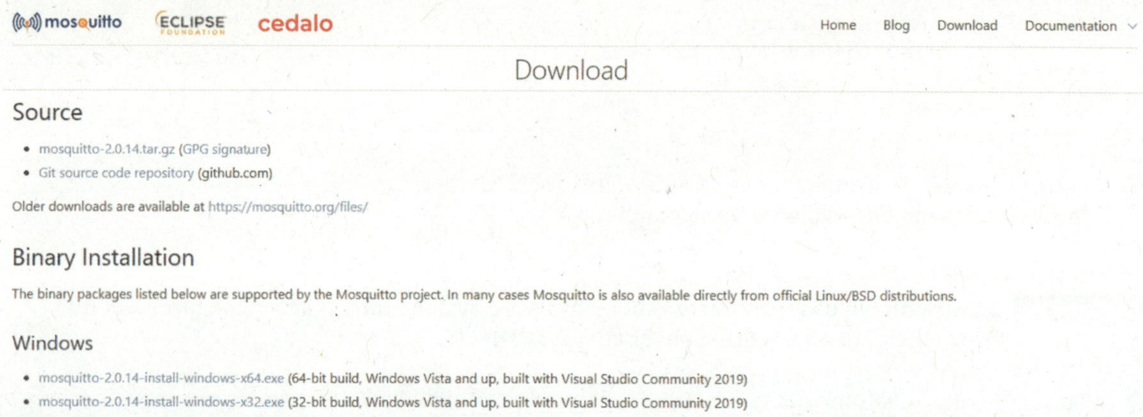

2. Installieren Sie Node-RED.
   https://nodered.org/docs/getting-started/local

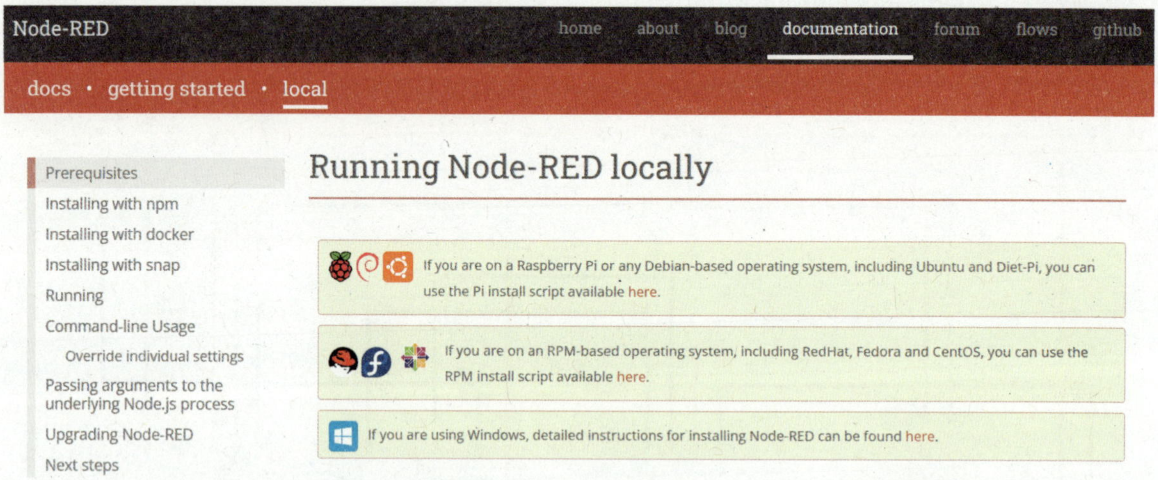

3. Recherchieren Sie im Team das Setup für den Mosquitto MQTT Broker und die Erstellung eines Node-RED Flows zur Veröffentlichung der Messwerte auf einem Dashboard.
   Eine Musterlösung finden Sie im Downloadbereich.

Aufgabe 6: **Führen Sie einen Funktionstest durch und überprüfen Sie die erfassten Daten mit einem Referenzmessgerät, um die Messwerte zu validieren. Dokumentieren Sie die Ergebnisse in einem Inbetriebnahmeprotokoll.**

2.5.6

Aufgabe 7: **Führen Sie eine Lessons-Learned-Besprechung durch und dokumentieren Sie Ihre Ergebnisse.**

2.5.7

1. Erfassen Sie alle aufgetretenen Probleme.

2. Beschreiben Sie die verwendeten Lösungen für Ihre aufgetretenen Probleme.

3. Notieren Sie alle gefundenen Verbesserungsvorschläge.

Lernsituation 6: Wir identifizieren mögliche Optimierungsmöglichkeiten in Bezug auf Betriebssicherheit, Datensicherheit und Energieverbrauch

S **Der erarbeitete CPS-Prototyp enthält alle geforderten Funktionen. Die Auszubildenden sollen nun weitere Verbesserungen identifizieren.**

Holger Lübberstedt: Ich bin sehr zufrieden mit Ihrer Arbeit. Haben Sie sich während der Entwicklung auch schon Gedanken zur Sicherheit und dem Energieverbrauch gemacht?

Levi Kramer: Ja, wir haben festgestellt, dass unser System im Prinzip ungeschützt ist. Den Energieverbrauch haben wir ebenfalls gemessen und festgestellt, dass wir unser CPS nicht mit einer Batterie betreiben können. Die Kapazität würde nur für wenige Tage ausreichen.

Holger Lübberstedt: Da haben Sie schon zwei wesentliche Erkenntnisse gewonnen.

2.6 Ein cyber-physisches System optimieren

S **Die Auszubildenden sollen Optimierungsmöglichkeiten systematisch erarbeiten und dem Auftraggeber vorstellen.**

Holger Lübberstedt: Sie werden mit der FMEA-Methode Verbesserungspotenziale identifizieren und im Anschluss mithilfe des AIDA-Prinzips vorstellen. Danach können Sie mit Stolz sagen, dass Sie sich viele neue Kompetenzen und die Grundlagen zu cyber-physischen Systemen erarbeitet haben.

2.6.1

Aufgabe 1: **Was macht IoT-Sicherheitslücken so gefährlich?**

Beschreiben Sie im Team die Gefahrenpotenziale Ihres cyber-physischen Systems und erstellen Sie ein Sicherheitskonzept.

1. Sammeln Sie in einem Brainstorming unterschiedliche Gefahrenpotenziale. Beachten Sie dabei die Vorgehensweise zur Betriebs- und Datensicherheit von Informationstechnologie und Operation Technology.

2 Skizzieren Sie mithilfe einer Mindmap Ihr Sicherheitskonzept.

Aufgabe 2: **Überprüfen Sie Ihre identifizierten Probleme und Gefahrenpotenziale. Erstellen Sie für mindestens zwei Punkte eine FMEA.**

2.6.2

1 Ergänzen Sie falls notwendig die folgende Strukturanalyse oder passen Sie sie entsprechend Ihrer Problemstellung an.

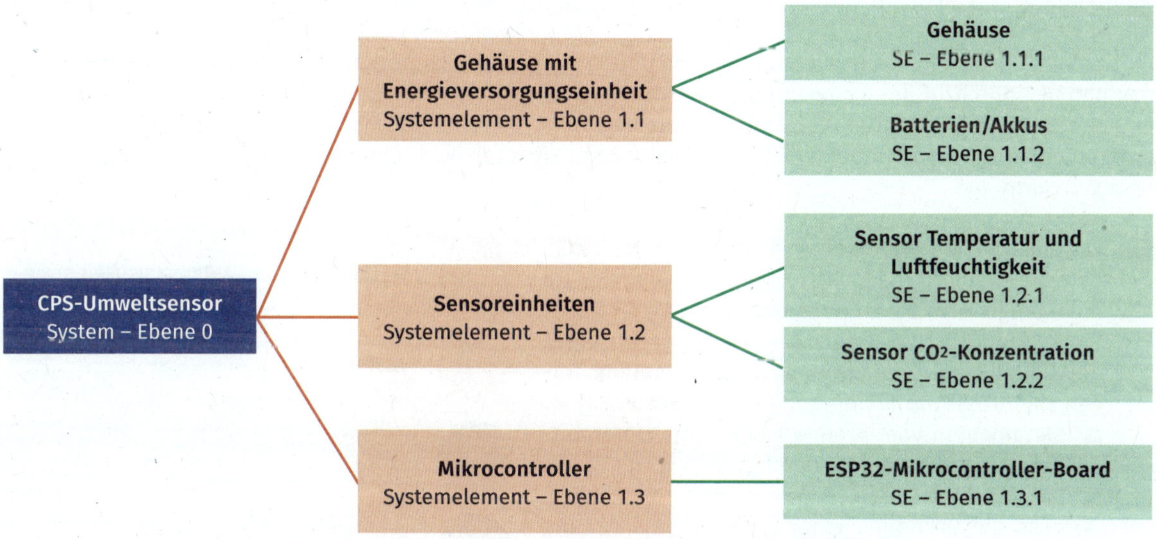

2 Führen Sie auf Basis der Strukturanalyse eine Funktions- und Fehleranalyse durch. In der ersten Zeile finden Sie ein Beispiel.

Strukturelement	Funktion	Fehler/Fehlfunktion
Ebene 1.1.2 Batterien/Akkus	Energieversorgung für das CPS	Batterien/Akkus zu schnell entladen

❸ Erstellen Sie eine Risikobewertung für Ihre identifizierten Fehlfunktionen. Nutzen Sie dazu die FMEA-Vorlage im Downloadbereich.

❹ Beschreiben Sie die festgelegten Optimierungsmaßnahmen und stellen Sie diese im Plenum vor.

Aufgabe 3: Tragen Sie in einem kurzen Elevator Pitch Ihr Anliegen vor.

2.6.3

Ihr durchgeführtes CPS-Projekt war erfolgreich und Ihr Team ist hochmotiviert, alle identifizierten Optimierungsmaßnahmen durchzuführen. Sie müssen dazu die Abteilungsleiterin der Entwicklungsabteilung überzeugen, dass Ihr Team noch eine Woche in der Abteilung bleiben kann, um einen verbesserten Prototypen zu bauen und zu programmieren. Deshalb möchten Sie in einem kurzen Elevator Pitch der Abteilungsleiterin Estelle Wamony Ihr Anliegen vortragen.

❶ Erstellen Sie als Übung einen kurzen Elevator Pitch, den Sie in Ihrem Team vorstellen. Ihr Pitch sollte nicht länger als zwei Minuten dauern.
Sie können aus den folgenden drei Anliegen eines auswählen und Ihren „Übungs-Pitch" erstellen. Tragen Sie Ihre Notizen in die folgende Tabelle ein.

a) Sie möchten von Ihrem Ausbilder die Unterstützung, dass ein Grillfest durchgeführt wird.
b) Sie möchten Ihren Personalleiter überzeugen, dass die Gründung einer Juniorenfirma für die Ausbildungsberufe im Unternehmen von großem Vorteil wäre.
c) Sie möchten Ihren Lehrer überreden, mit Ihnen einen Design-Thinking-Workshop durchzuführen.

A	ATTENTION	Aufmerksamkeit erregen
I	INTEREST	Interesse wecken
D	DESIRE	Verlangen auslösen
A	ACTION	Zur Handlung auffordern

Elevator Pitch – Übung			
A	I	D	A

2 Erstellen Sie im Team einen Elevator Pitch, um die Abteilungsleiterin und die Zuhörer im Plenum davon zu überzeugen, dass Ihre identifizierten Optimierungsmaßnahmen des CPS-Umweltsensors unbedingt realisiert werden müssen. Wählen Sie ein Teammitglied, das den Pitch im Plenum vorträgt.
Tragen Sie zur Vorbereitung Ihre Notizen in die Tabelle ein.

Elevator Pitch – Optimierungsmaßnahmen des CPS-Umweltsensors			
A	**I**	**D**	**A**

Lernfeld 8: Daten systemübergreifend bereitstellen

S **Die Auszubildenden des zweiten Ausbildungsjahres der JIKU IT-Solutions GmbH werden heute mit ihren Aufgaben und dem Ausbildungszeitraum in der Softwareentwicklungsabteilung des Unternehmens bekannt gemacht. Clemens Fischer, der Leiter dieser Abteilung, begrüßt die Auszubildenden im neuen Ausbildungsjahr.**

Clemens Fischer: Ich begrüße Sie in Ihrem neuen Ausbildungsjahr wieder recht herzlich in der Abteilung Softwareentwicklung des Systemhauses und freue mich auf eine weitere gute Zusammenarbeit. Sie alle haben sehr erfolgreich das erste Ausbildungsjahr in unserem Systemhaus – und ich möchte hervorheben: auch besonders in der Softwareabteilung – absolviert. Dieses ist schon allein deswegen bemerkenswert, weil, bis auf Herrn Brunke, alle anderen Auszubildenen einen Beruf erlernen, bei dem die Programmierung von Software nicht den Hauptschwerpunkt darstellt. Machen Sie so weiter und nutzen Sie die Zeit im zweiten Ausbildungsjahr, um Ihre Kenntnisse in der Softwareentwicklung zu festigen und zu erweitern. Die allermeisten von Ihnen werden nur noch dieses Ausbildungsjahr hier in der Softwarenentwicklungsabteilung mitarbeiten. Im dritten Ausbildungsjahr werden Sie dann fast durchgängig nur noch in den Ihrem Ausbildungsberuf entsprechenden Abteilungen eingesetzt. Herr Brunke als zukünftiger Anwendungsentwickler wird dementsprechend in unserer Abteilung mitarbeiten.

Jannik Brunke: Was wird uns im zweiten Ausbildungsjahr in Bereich der Softwareentwicklung erwarten?

Clemens Fischer: Nachdem Sie im ersten Ausbildungsjahr die Grundlagen der Softwareentwicklung kennengelernt haben, werden wir dieses Wissen festigen und um neue Kenntnisse erweitern, z. B. im Bereich des Projektmanagements, der Datenbankentwicklung oder im Bereich von SQL. Dabei wird die systemübergreifende Bereitstellung von Daten den Ausbildungsschwerpunkt darstellen. Auch die von Ihnen zu lösenden Aufgaben werden komplexer und umfangreich werden.

Levi Kramer: Werden wir auch wieder ein gemeinsames Projekt erstellen?

Clemens Fischer: Ja, natürlich. Die Arbeit in Softwareprojekten stellt eine wesentliche Grundlage in unserer Abteilung dar. Besonders die produktive Zusammenarbeit im Team ist notwendig, um Softwareprojekte erfolgreich abzuschließen. Deswegen werden wir es Ihnen auch ermöglichen, u. a. Ihre Fähigkeiten bezüglich Teamarbeit im Rahmen eines etwas komplexeren Softwareprojektes weiter auszubauen.

Laura Meier: Das Programmieren im ersten Ausbildungsjahr war dann doch leichter, als ich es erwartet hatte. Werden wir auch in diesem Bereich etwas Neues lernen?

Clemens Fischer: Selbstverständlich. Neben einer sorgfältigen Planung der Software muss diese aber auch implementiert werden. Dazu sind solide Kenntnisse in der Programmierung unerlässlich. Im Gegensatz zum ersten Ausbildungsjahr werden die zu erstellenden Programme umfangreicher werden. Weiterhin werden Sie neue Programmierparadigmen wie die objektorientierte Programmierung kennenlernen und je nach Einsatz und Projekt vielleicht auch eine neue Programmiersprache.

Levi Kramer: Erhalten wir wieder alle die gleiche Ausbildung in dieser Abteilung?

Clemens Fischer: Jetzt im zweiten Ausbildungsjahr werden die Ausbildungsinhalte etwas mehr differenziert. Bei den technischen Berufsbildern wird der Ausbildungsschwerpunkt etwas anders gesetzt als bei den kaufmännischen. Trotzdem bleibt ein großer Teil der Ausbildungsinhalte gleich. Detaillierte Auskunft dazu kann Ihnen Ihr Ausbildungsleiter Herr Lübberstedt geben. Auch wenn Sie das meiste schon aus dem ersten Ausbildungsjahr kennen, machen wir nun einen kleinen Rundgang durch die Abteilung. Die Welt der IT ist sehr dynamisch. Das eine oder andere hat sich doch verändert, neue Mitarbeiter sind hinzugekommen und innovative Projekte stehen an. Lassen Sie uns beginnen!

Lernsituation 1: Wir bearbeiten Kundeaufträge im Rahmen von Softwareprojekten

S **Clemens Fischer hat die Auszubildenden des zweiten Ausbildungsjahres begrüßt und die wesentlichen Ausbildungsinhalte grob umrissen. Herr Lübberstedt bespricht nun mit den Auszubildenden detailliert die weitere Ausbildung in dieser Abteilung.**

Holger Lübberstedt: Nachdem Herr Fischer Ihnen grob die Ausbildung im zweiten Ausbildungsjahr in dieser Abteilung umrissen hat, wollen wir nun konkret besprechen, was Sie erwartet. Wie Herr Fischer es schon erwähnt hatte, ist das Rahmenthema für die Ausbildung der technischen Berufe die systemübergreifende Bereitstellung von Daten. Darin eingebettet werden alle erforderlichen Inhalte vermittelt. Auch in diesem Jahr wird dazu von Ihnen ein Softwareprojekt durchzuführen sein, welches umfangreicher wird als jenes aus dem ersten Ausbildungsjahr.

Jannik Brunke: Und ansonsten ähnelt das Projekt dem Projekt im ersten Ausbildungsjahr?

Holger Lübberstedt: Ja und nein. Es bleiben viele Dinge gleich, z. B. die Arbeit im Team und die Dokumentation des Projektes. Auch diesmal werden Daten wieder im Mittelpunkt des Projektthemas stehen. Aufbauend auf dem ersten Ausbildungsjahr werden Sie die entsprechenden Inhalte wiederholen, festigen und um neues Wissen erweitern. Allerdings bestehen auch wesentliche Unterschiede. Während im ersten Ausbildungsjahr das Projekt nach dem klassischen Wasserfallmodell entwickelt wurde, werden Sie nun das Projekt nach der modernen agilen Vorgehensweise „Scrum" entwickeln.

Levi Kramer: Ja, davon habe ich schon mal etwas gehört. Dabei werden auch sogenannte Sprints durchgeführt. Allerdings kann ich mir darunter nichts Genaues vorstellen.

Holger Lübberstedt: Keine Angst, wir werden Sie auch diesmal bei der Bearbeitung des Softwareprojektes begleiten und Ihnen mit Rat und Tat zur Seite stehen. Sie erhalten zunächst eine Einführung in Scrum und beginnen danach Ihr Projekt.

3.1 Kundenaufträge im Rahmen von Softwareprojekten bearbeiten

S **Die Auszubildenden der JIKU IT-Solutions sollen im Rahmen der Ausbildung im zweiten Ausbildungsjahr in der Softwareabteilung ein Softwareprojekt entwickeln. Es findet ein Meeting statt, in dem die Mitarbeiter des Projektes entsprechend den Rahmenbedingungen festgelegt werden.**

Holger Lübberstedt: Beginnen wollen wir damit, dass Sie zunächst einmal Ihr Wissen über die Arbeit in Projekten aus dem ersten Ausbildungsjahr wiederholen und überprüfen.

Saahil Arora: Ist das denn unbedingt notwendig?

Jürgen Pollina: Ich persönlich finde, das ist ein guter Einstieg ins neue Ausbildungsjahr. Auch wenn wir gute und sehr gute Leistungen in den einzelnen Lernfeldern erzielt haben, waren die vermittelten Inhalte doch schon sehr umfangreich und eine kleine Auffrischung kann nicht schaden.

Holger Lübberstedt: Das stimmt, zumal auf viele Inhalte jetzt aufgebaut wird. Also lassen Sie uns mit der Wiederholung beginnen. Danach werden wir uns mit agilen Vorgehensmodellen, speziell mit Scrum, auseinandersetzen.

Aufgabe 1: **Überprüfen und festigen Sie Ihr Wissen über die Mitarbeit in Softwareprojekten. Lösen Sie folgende Aufgaben.**

3.1.1

1. Beschreiben Sie kurz, was Sie unter einem Projekt verstehen und nennen Sie zwei Merkmale.

2. Ordnen Sie folgende Begriffe an die richtige Stelle im Schaubild ein. Schreiben Sie dazu die entsprechende Nummer in die dafür vorgesehenen Stellen.

(1) Projektkontrolle
(2) Projektdokumentation
(3) Projektabschluss
(4) Projektauftrag
(5) Projektdurchführung
(6) Abschlussprotokoll
(7) Netzplan
(8) Projektmanagement
(9) Projektstart
(10) Projektplanung

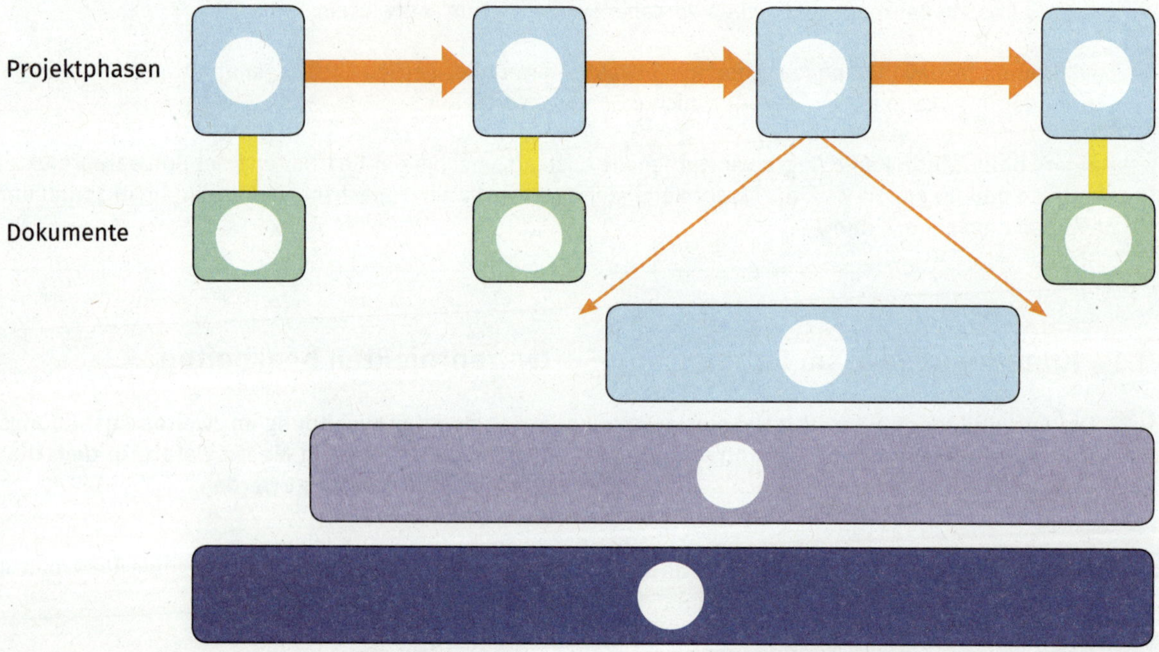

3. Erläutern Sie kurz, was Sie unter dem Begriff „Projektmanagement" verstehen, und nennen Sie fünf Aufgaben des Projektmanagement

Aufgabe 2: **Werten Sie einen englischen Text über Projektmanagement aus. Übersetzen Sie den folgenden englischen Text sinngemäß ins Deutsche.**

3.1.1

A project has a defined beginning and a defined temporal end. A project is always unique because it is not a routine process. A project team is often made up of people who don't normally work together. Sometimes they even come from different companies and from different regions of the country or the world. All projects must be managed so that the results can be delivered on time and on budget. This is ensured through project management. Some of the most important points of project management are cost, time, quality and risk management.

Aufgabe 3: **Bearbeiten Sie einen Netzplan.**

3.1.1

Als Mitglied eines Projektteams bekommen Sie die Aufgabe, einen Netzplan zu vervollständigen. In der ersten Besprechung wurden folgende Teilaufgaben festgelegt und in der nachfolgenden Tabelle zusammengefasst. Wiederholen Sie dazu Ihr Wissen über Netzpläne aus dem ersten Ausbildungsjahr (siehe auch Jahrgangsband 1, Lernfeld 2).

Vorgang	Dauer in Tagen	Vorausgehender Vorgang
A	3	–
B	4	A
C	3	A
D	3	C
E	5	B, D

Vervollständigen Sie anhand der vorstehenden Tabelle den vorliegenden Netzplan und geben Sie den kritischen Pfad an.

Notation:

FAZ FEZ

Vorgang		
Dauer	GP	FP

SAZ SEZ

Vorgang	Vorgangs-ID (A, B, C ...)
Dauer	Dauer in Arbeitstagen
FAZ	Frühester Anfangszeitpunkt
FEZ	Frühester Endzeitpunkt
SAZ	Spätester Anfangszeitpunkt
SEZ	Spätester Endzeitpunkt
GP	Gesamtpuffer, GP = SAZ – FAZ oder GP = SEZ – FEZ
FP	Freier Puffer, FP = FAZ des Nachfolgers – FEZ des Vorgangs

Netzplan:

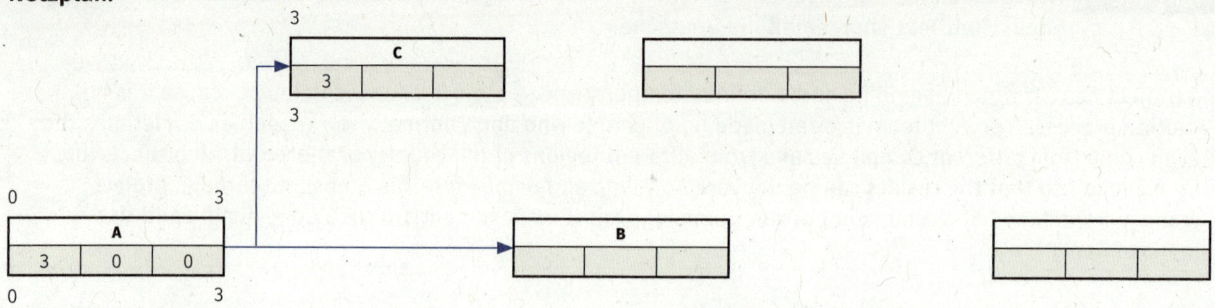

Kritischer Pfad:

Nachdem Sie sich mit den Grundlagen von Projekten und Projektmanagement beschäftigt haben, starten Sie nun Ihr eigenes Projekt.

Aufgabe 4: Bilden Sie ein Projektteam und beschreiben Sie Ihre Projektaufgabe.

3.1.1
3.1.2

Beschreiben Sie für ein gegebenes oder selbstgewähltes Projektthema aus dem Bereich der Softwareentwicklung grob die Ausgangslage, die Rahmenbedingungen (z. B. vorhandene Hard- und Software, Zeitrahmen usw.) und die Projektziele und bilden Sie ein Projektteam.

Projektthema	
Ausgangslage und Rahmenbedienungen	
Projektziele	
Projektteam	

Im Zuge der Projektplanung soll für das Projekt ein geeignetes Vorgehensmodell gefunden werden. Dazu werden von Ihnen zunächst die Vor- und Nachteile von klassischen und agilen Vorgehensmodellen beleuchtet und im Anschluss agile Vorgehensmodelle untereinander verglichen.

Aufgabe 5: **Überprüfen Sie Ihr Wissen in Bezug auf Vorgehensmodelle in der Softwareentwicklung und vergleichen und bewerten Sie diese.**

3.1.2

1 Lösen Sie folgendes Kreuzworträtsel.

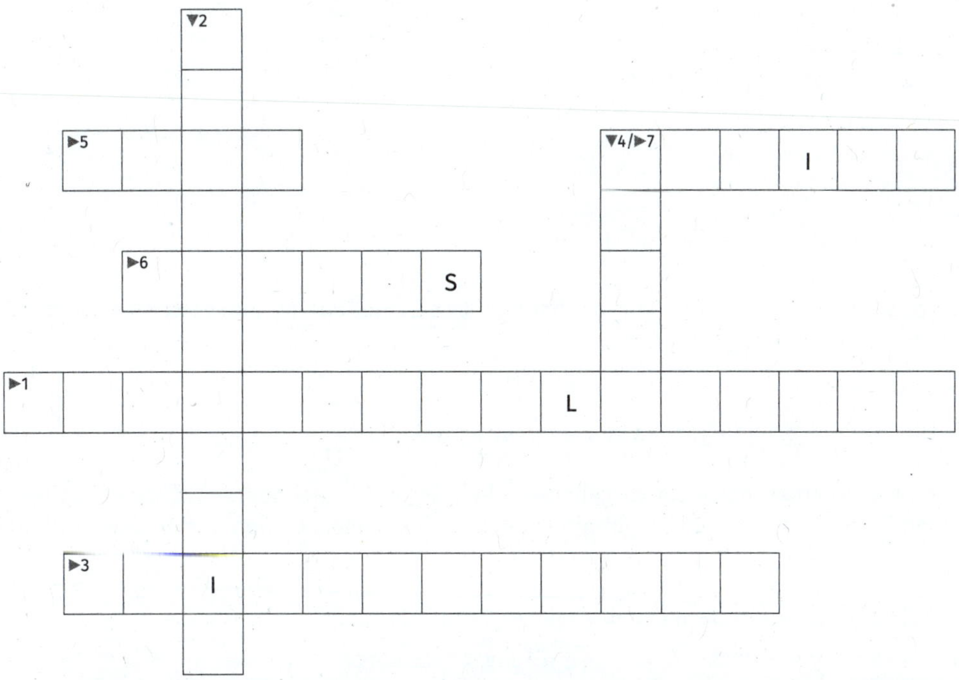

(1) Klassisches Vorgehensmodell, bei dem die Phasen nacheinander nur einmal durchlaufen werden.
(2) Punkt, welcher bei klassischen Vorgehensmodellen zu erreichen ist. Er stellt eine Art Zwischenergebnis dar.
(3) Klassisches Vorgehensmodell, bei dem die Projektphasen mehrfach durchlaufen werden.
(4) Das am meisten genutzte agile Vorgehensmodell.
(5) Bezeichnung für Vorgehensmodelle, welche sehr flexibel in Bezug auf Veränderungen sind und bei denen Kundenkontakt einen hohen Stellenwert besitzt.
(6) In diesem Vorgehensmodell wird die Entwicklung der Software mit dem Betrieb der Software miteinander verknüpft.
(7) Arbeitszyklus in Scrum, in dem die einzelnen Aufgaben bearbeitet werden.

2 Stellen Sie die Vor- und Nachteile von klassischen und agilen Vorgehensmodellen gegenüber. Bilden Sie dafür Teams und tragen Sie innerhalb des Teams die notwendigen Fakten zusammen. Tauschen Sie sich im Anschluss mit anderen Teams aus und vervollständigen Sie gegebenenfalls Ihre Aufzeichnungen.

	Klassische Vorgehensmodelle	Agile Vorgehensmodelle
Vorteile		
Nachteile		

3 Erarbeiten Sie sich im Team die Grundlagen über die agilen Vorgehensmodelle „Scrum", „Kanban" und „Extreme Programming" und finden Sie Gemeinsamkeiten und Unterschiede zwischen diesen einzelnen Verfahren. Präsentieren und diskutieren Sie im Anschluss Ihre Ergebnisse.

Gemeinsamkeiten	Unterschiede

Sie haben sich im Projektteam für Scrum als Vorgehensmodell entschieden und erarbeiten sich nun die notwendigen Grundlagen.

3.1.2

Aufgabe 6: Erarbeiten Sie sich grundlegendes Wissen über Scrum.

Erarbeiten Sie sich in Gruppenarbeit das agile Vorgehensmodell „Scrum". Dabei bearbeitet jede Gruppe jeweils einen Block und präsentiert im Anschluss ihre Ergebnisse. Die Aufzeichnungen werden den anderen Gruppen zur Verfügung gestellt.

Block 1	Rollen bei Scrum: Product Owner, Scrum Master, Entwicklerteam
Block 2	Grundsätze bei Scrum: Transparenz, Überprüfung, Anpassung
Block 3	Gesamtprozess von Scrum: Projektbeginn, Erstellung des Product Backlogs, Wiederholung von Sprints, Projektende
Block 4	Sprintprozess bei Scrum: Planung, Sprint Backlog, Durchführung, Review, Retrospective Meetings
Block 5	Artefakte in Scrum: Product Backlog, Sprint Backlog, Product Increment, Definition of Done
Block 6	Scrum Taskboard: Aufbau und Inhalte

3.1.2

Aufgabe 7: Organisieren Sie Ihr Projektteam, entwickeln Sie ein Product Backlog und erstellen Sie ein Taskboard.

Setzen Sie sich mit Ihren Projektmitgliedern zusammen und besprechen Sie die nächsten Schritte innerhalb Ihres Projektes. Bearbeiten Sie dazu die nachfolgenden Aufgaben und setzen Sie sie im Anschluss um. Dokumentieren Sie von Anfang an alle Schritte und legen Sie geeignete Dokumentationsformen fest.

1 Bestimmen Sie die Rollen in Ihrem Projektteam:

Rolle	Personelle Zuordnung
Product Owner	
Scrum Master	
Entwicklerteam	

2. Entwickeln Sie ein Product Backlog.

3. Erstellen Sie ein Taskboard.

Planungsskizze:

NOTIZEN

Lernsituation 2: Wir bewerten die Qualität von Daten

S **Nachdem das Vorgehensmodell des Projektes und die Rollen im Projektteam bestimmt sind, bespricht Herr Lübberstedt mit den Auszubildenden die nächsten Schritte.**

Holger Lübberstedt: In Ihrem Projekt sollen Sie Daten aus verschiedenen Quellen zusammenführen und diese systemübergreifend aufbereiten. Dazu ist es auch notwendig festzustellen, welche Art von Daten in diesen Quellen vorliegen und vor allem von welcher Qualität diese Daten sind.

John Steinbach: Wie Informationen mithilfe von Daten abgebildet werden, haben wir ja schon im ersten Ausbildungsjahr kennengelernt und auch einen Überblick darüber bekommen, welche Art von Daten es gibt. Dass man Daten aber auch hinsichtlich ihrer Qualität bewerten kann, war mir noch nicht bekannt.

Jannik Brunke: Wahrscheinlich nur nicht unter diesem Begriff. Gestern hattest du in einem Gespräch über Linux bemerkt, dass du eine schöne Internetseite mit zahlreichen Informationen zu Linux kennst. Leider sind die Informationen dort nicht immer aktuell, was du ein wenig schade fandest. Die Aktualität ist meines Erachtens ein Qualitätskriterium für Daten.

Holger Lübberstedt: Genau, und noch einige mehr. Nach der Bewertung und Auswahl geeigneter Datenquellen sollen die Daten nun an einer Stelle zusammengefasst werden. Natürlich so, dass eine hohe Datenqualität erreicht wird. Dazu müssen Sie sich im Projektteam u.a. damit beschäftigen, wie man auf die Daten zugreifen kann, welche Dateiformate sich für die Datenübertragung eignen, welche Übertragungsprotolle es gibt und welche Sie sinnvollerweise verwenden werden.

3.2 Daten bewerten und aus verschiedenen Datenquellen zusammenführen

S **Herr Lübberstedt gibt einen Überblick über die ersten Schritte.**

Holger Lübberstedt: Zunächst sollte aber auch an dieser Stelle das Wissen aus dem ersten Ausbildungsjahr aufgefrischt und gefestigt werden. Ich denke dabei u.a. an Themen wie Dateiformate oder Arten von Daten. Aber auch Datenübertragung, Übertragungsprotokolle und Informationssicherheit spielen mit rein und sollten deshalb noch einmal wiederholt werden.

Jürgen Pollina: Mit der Datenübertragung in Netzwerken und Übertragungsprotokollen bin ich vertraut. In diesem Punkt kann ich viel zur Lösung des Projektes beitragen.

John Steinbach: Und ich bringe mein Wissen als Informationssicherheitsexperte mit ein.

Holger Lübberstedt: Super, dann legen Sie mal los und viel Erfolg. In diesem Ausbildungsjahr ist bereits ein wenig mehr Selbstständigkeit gefragt. Aber Sie können sich natürlich jederzeit an mich wenden, wenn Sie Fragen haben.

Aufgabe 1: **Überprüfen Sie Ihr Wissen über Daten und Informationen aus dem ersten Ausbildungsjahr (siehe auch Jahrgangsband 1, Lernfeld 5). Beantworten Sie dazu folgende Fragen.**

3.2.1

1. Erläutern Sie kurz den Unterschied zwischen Daten und Informationen.

2 Erläutern Sie anhand eines Beispiels, welche Schwierigkeiten bei der Interpretation von Daten auftreten können.

3 Nennen Sie drei Eigenschaften von Informationen.

4 Nennen Sie jeweils zwei Beispiele für die folgenden Formen von Daten.

Daten	Beispiele
Strukturierte Daten	
Semistrukturierte Daten	
Unstrukturierte Daten	

3.2.1

Aufgabe 2: Bestimmen Sie die Art der Daten.

Ordnen Sie zu, ob es sich um quantitative oder qualitative Daten handelt (siehe auch Jahrgangsband 1, Lernfeld 5).

(A) Qualitative Daten
(B) Quantitative Daten

- Personenanzahl
- Monatsumsatz
- Filmtitel
- Tischbreite
- Ausfallwahrscheinlichkeit
- Segelfläche
- Zeitungsartikel
- Uhrzeit
- Oberflächenzustand
- Stimmung (Emotion)
- Allgemeinbefinden

3.2.1

Aufgabe 3: Überprüfen Sie Ihr Wissen über die Qualität von Daten.

❶ Lösen Sie folgendes Kreuzworträtsel.

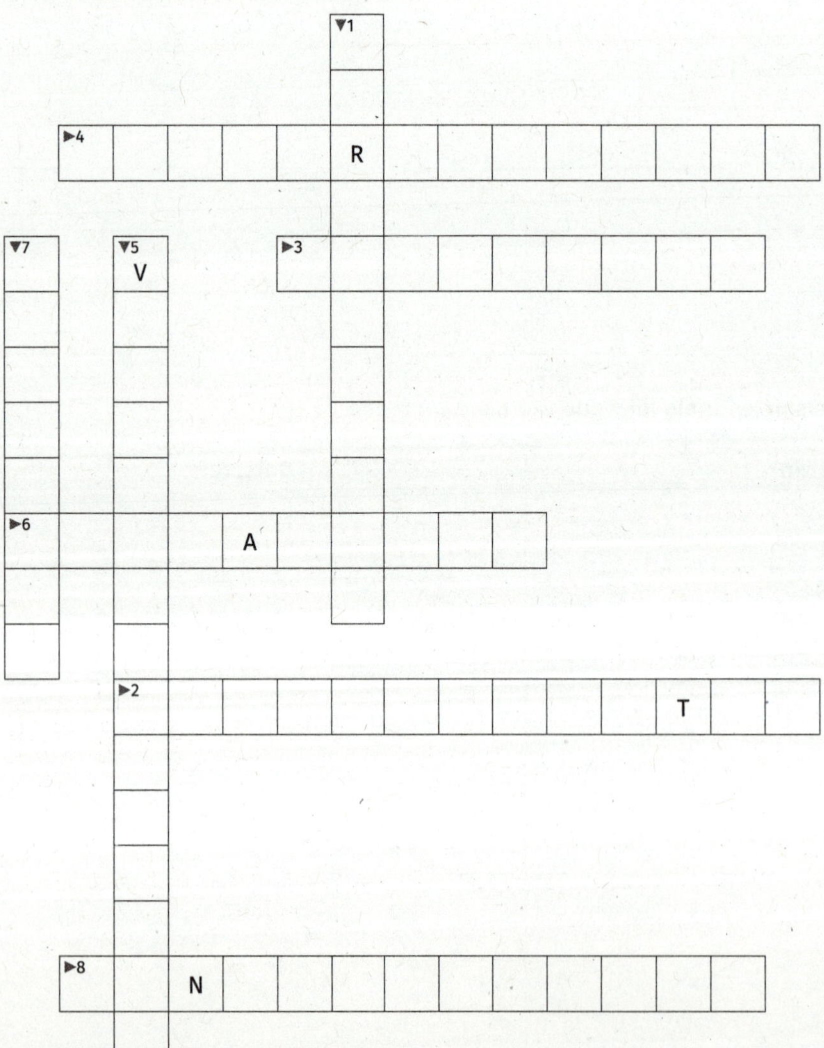

(1) Fachbegriff, wenn Daten mit der Realität übereinstimmen müssen
(2) Maß für die Eignung von Daten zur Befriedigung von Bedürfnissen nach konkreten Informationen
(3) Englischer Fachbegriff für die Erfüllung des Informationsbedarfs durch den Informationsinhalt der Daten
(4) Mehrfaches Vorhandensein von denselben Informationen innerhalb des Datenbestandes
(5) Maß für die Anzahl der Attribute, welche gültige Werte enthalten
(6) Messgröße für die Übereinstimmung der Daten mit der momentanen Realität
(7) Englischer Fachbegriff für die Exaktheit der Daten
(8) Fachbegriff dafür, dass jeder Datensatz unzweideutig interpretiert werden kann

2 Erläutern Sie folgende Begriffe und geben Sie jeweils ein konkretes negatives Beispiel an, bei dem diese Eigenschaft nicht gegeben ist.

Konsistenz	
Einheitlichkeit	
Zuverlässigkeit	

Aufgabe 4: Bestimmen Sie die Qualität von Daten.

3.2.1

1 Bei den Datensätzen müssen folgende Angaben unbedingt vorhanden sein, damit diese vollständig sind: ID, Vorname, Nachname, vollständige Adresse. Beim Überprüfen der Datensätze stellen Sie fest, dass es sich um 1 034 Datensätze handelt und dass bei 231 Datensätzen die Adresse nicht vollständig ist. Bei 31 Datensätzen fehlt der Vorname. Dazu kommen 12 Datensätze, bei denen sowohl die Adresse als auch der Vorname fehlen. Bei weiteren zwei Datensätzen sind alle Daten bis auf den Nachnamen vollständig vorhanden. Berechnen Sie die Qualität der Daten bezüglich der Vollständigkeit.

2 Es werden Temperaturdaten erfasst. Für eine spätere genaue Auswertung ist es notwendig, dass alle Daten eine Genauigkeit von mindestens zwei Nachkommastellen aufweisen. Es liegen im Augenblick folgende Datensätze vor:

Messungen									
Nr.	**Temperatur**	**Nr.**	**Temperatur**	**Nr.**	**Temperatur**	**Nr.**	**Temperatur**	**Nr.**	**Temperatur**
1	12	2	13,445	3	22,01	4	17,53	5	14,29
6	15,00	7	14,2	8	17,888	9	13,8	10	14,28
11	14,78	12	15,62	13	22,67	14	14,34	15	7,35
16	7,35	17	7,38	18	11,57	19	17	20	19,002
21	16,00	22	16,01	23	16,1	24	16,001	25	28,3345
26	14,90	27	14,87	28	12,66	29	13	30	13,22
31	11,09	32	9,99	33	10,00	34	14,87	35	12,003

Geben Sie die Qualität der Daten bezüglich der Genauigkeit an und begründen Sie ihre Aussage. Markieren Sie dazu alle Datensätze, die nicht der geforderten Norm entsprechen.

3 Sie sind dabei, einen Datenbestand zu aktualisieren. Eine Recherche im Vorfeld ergab, dass es sich um einen Datenbestand von 800 Datensätzen handelt und die Qualität der Daten bezüglich der Aktualität rund 85 % beträgt. Geben Sie an, wie viele Datensätze wahrscheinlich aktualisiert werden müssen.

4 Es liegen folgende Datensätze vor:

Schachspiel						
ID	**Spieler (weiß)**	**Spieler (schwarz)**	**Datum**	**Ergebnis**	**Punkte (weiß : schwarz)**	**Anzahl Züge**
1	Maier, Frank	Schulz, Hanna	2020-11-25	Weiß gewinnt	2:0	45
2	Wald Torsten	Maier, Frank		Schwarz gewinnt	2:0	17,8
3	Horn	Maier, Frank	2021-02-29	Remis	1:1	35
4	Wald, Torsten	Torsten Wald	17.04.2021	Remis	0:2	zwanzig
5	Schulz Hanna	Horn, Ines	2021-Mai-06	Weiß gewinnt	2 – 0	
6		Horn, Willi	2021-05-19		0:2	–23

Überprüfen Sie in Partnerarbeit die Daten hinsichtlich ihrer Qualität. Folgende Qualitätskriterien sollen berücksichtigt werden:

a) Vollständigkeit
b) Eindeutigkeit
c) Konsistenz
d) Redundanzfreiheit
e) Einheitlichkeit

- Markieren Sie die Stellen, an denen ein entsprechendes Qualitätskriterium nicht erfüllt ist.
- Benennen Sie das Qualitätskriterium und begründen Sie Ihre Aussage.
- Stellen Sie den anderen Gruppen Ihre Ergebnisse vor und diskutieren Sie diese.

NOTIZEN

Aufgabe 5: Überprüfen Sie Ihr Wissen über das Abrufen von Daten aus verschiedenen Datenquellen.

3.2.2

1. Beschreiben Sie kurz, was Sie unter einer Datenquelle verstehen.

2. Unterscheiden Sie primäre und sekundäre Daten und geben Sie jeweils zwei Beispiele an.

Aufgabe 6: Überführen Sie Daten in verschiedene Dateiformate.

3.2.2

Stellen Sie Daten, welche in der Tabelle „Artikel" gegeben sind, im CSV-, XML- und JSON-Format dar und legen Sie einen entsprechenden Dateinamen fest.

Tabelle „Artikel"

ArtikelNr.	Bezeichnung	Preis	Hersteller
1	Expression Home XP-4100	95,00	Epson
2	Color LaserJet Pro M283fdw	430,99	Hewlett Packard
3	PIXMA TS5150	131,59	Canon

CSV-Format (Dateiname: ____________________)

XML-Format (Dateiname: ____________________)	JSON-Format (Dateiname: ____________________)

Aufgabe 7: Informieren Sie sich über Datenübertragungsprotokolle.

3.2.2

Erarbeiten Sie sich in Partnerarbeit verschiedene Übertragungsprotokolle für die Datenübertragung und präsentieren Sie Ihre Ergebnisse.

Protokoll	Beschreibung
FTP	
FTPS	
SFTP	
HTTP	
HTTPS	
NFS	
SMB	
TCP/IP	

Aufgabe 8: **Werten Sie einen englischen Text über den Unterschied zwischen SOAP und REST aus.**

3.2.2

Lesen Sie sich folgenden englischen Text durch und beantworten Sie im Anschluss die Fragen.

Differences between SOAP and REST

SOAP (Simple Object Access Protocol) is a standard web service access protocol developed by Microsoft that has been on the market for some time.

Advantages:
- Platform and protocol independent (REST requires the use of HTTP)
- Can be used well for distributed enterprise environments
- Has built-in error handling
- Adheres to ACID standards to ensure reliable database transactions

REST (Representational State Transfer) is another standard developed in response to the shortcomings of SOAP. It tries to fix the problems with SOAP and provide a simpler way to access Web services.

Advantages:
- REST is mostly easier to use and more flexible
- No expensive tools required for interaction with the web service
- Quick to learn
- Its design is more oriented to modern web technologies than SOAP, therefore ideal for modern applications

Which protocol should be used?

Unless it is intended to create your own web service, the decision as to which protocol to use is in most cases already determined by the provider's specifications. Only a few web services, such as Amazon, support both protocols. When choosing a Web service, the focus should always be on the suitability for the application, not on the protocol used.

1. Wofür stehen die Abkürzungen SOAP und REST?

2. Welches Protokoll ist älter?

3. Welche Vorteile hat SOAP?

4. Warum wurde REST entwickelt und welche Vorteile bietet es?

5. Welches Protokoll sollte genutzt werden?

Aufgabe 9: **Überprüfen Sie Ihr Wissen über heterogene Datenquellen.**

3.2.3

1 Kreuzen Sie an, was zutrifft.

Heterogene Datenquellen	
1. Heterogen bedeutet:	
a) Einheitlich	☐
b) Uneinheitlich	☐
c) Gleich	☐
d) Voneinander getrennt	☐
e) Wirtschaftlich	☐
2. Von technischer Heterogenität bei Datenquellen spricht man:	
a) Wenn Daten in unterschiedlichen Formaten gespeichert sind	☐
b) Wenn Daten in unterschiedlichen Datenmodellen gespeichert wurden	☐
c) Wenn Daten in dem gleichen Datenmodell, aber in einer unterschiedlichen Struktur gespeichert wurden	☐
d) Wenn sich die Zugriffsschnittstelle auf die Daten unterscheidet	☐
3. Wenn sich die Bedeutung, die Interpretation und die Art der Nutzung des Datenmodells von verschiedenen Datenquellen unterscheidet, dann liegt folgende Art der Heterogenität vor:	
a) Technisch	☐
b) Syntaktisch	☐
c) Semantisch	☐
d) Strukturell	☐
4. Eine zentrale Datenbank, in welcher eine sehr große Menge von überwiegend unstrukturierten Daten u. a. für Analysezwecke zusammengeführt wird, nennt man:	
a) Big Data Store	☐
b) Data Warehouse	☐
c) Data Sea	☐
d) Data Lake	☐
e) Data Tree	☐
5. Es liegen eine dokumentenorientierte und eine relationale Datenbank vor. Auf die Daten der dokumentenorientierten Datenbank kann mithilfe einer speziellen API und auf die Daten der relationalen Datenbank mithilfe von SQL zugegriffen werden. Welche Arten von Heterogenität liegen hier vor?	
a) Technisch	☐
b) Syntaktisch	☐
c) Im zugrundliegenden Datenmodell	☐
d) Semantisch	☐
e) Strukturell	☐
6. Daten aus verschiedenen Datenquelle werden in einem Data Warehouse zusammengeführt. Um welche Art der Integration der Daten handelt es sich?	

Heterogene Datenquellen	
a) Physikalische Integration	☐
b) Virtuelle Integration	☐
c) Logische Integration	☐
d) Physische Integration	☐
e) Zentrale Integration	☐
f) Einheitliche Integration	☐

2 Erläutern Sie den Begriff Informationsintegration anhand eines Beispiels.

____

____

____

____

____

3 Beschreiben Sie die materialisierte und die visuelle Integration und nennen Sie jeweils zwei Vor- und Nachteile.

____

____

____

____

____

____

____

____

____

____

____

Aufgabe 10: Vergleichen Sie die Vor- und Nachteile vom Data Warehouse mit denen des Data Lakes.

3.2.3

1 Ordnen Sie die nachstehenden Begriffe dem Schaubild zu und diskutieren Sie im Anschluss Ihre Entscheidungen im Klassenverband.

(1) Alle Datenformate
(2) Klassische Analyseverfahren
(3) Striktes Datenmodell
(4) Vielfältige Datenquellen
(5) Unstrukturierte Daten
(6) Hohe Datenintegration
(7) Beständigkeit
(8) Flexibilität
(9) Fortgeschrittene Datenanalyse
(10) Strukturierte Daten

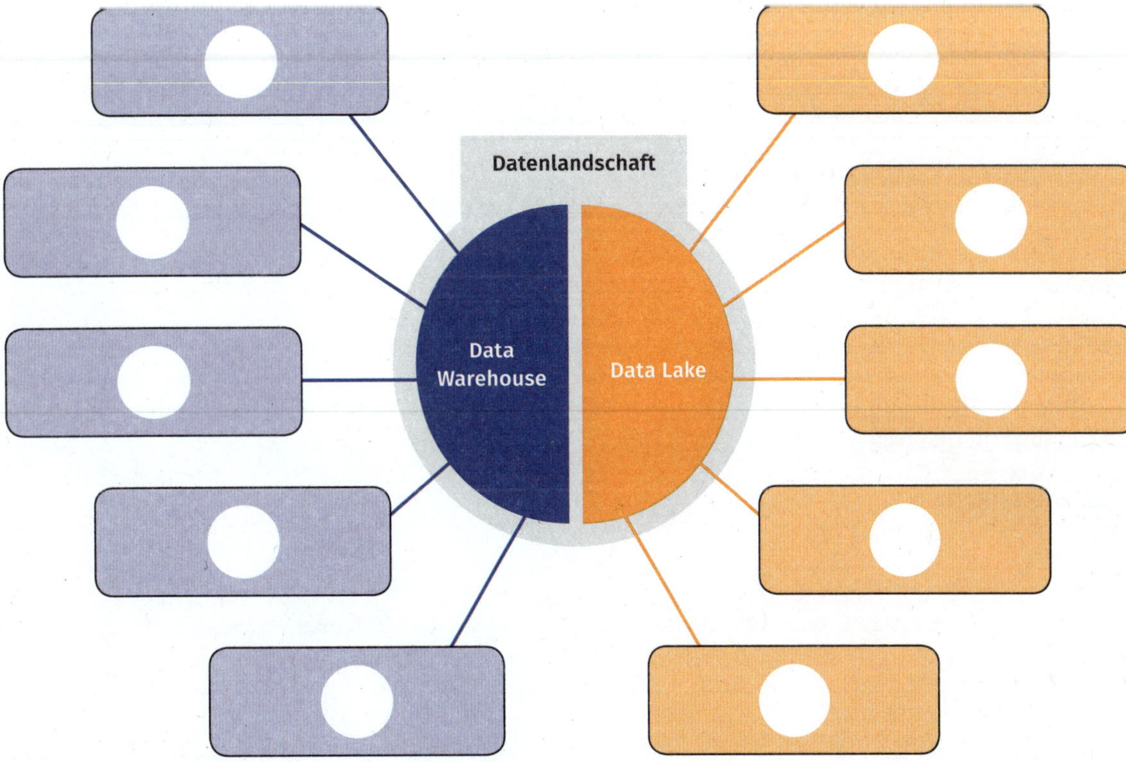

2. Informieren Sie sich im Internet über die Nachteile von Data Warehouses und Data Lakes und tragen Sie sie in der Tabelle zusammen.

	Nachteile
Data Warehouse	
Data Lake	

Aufgabe 11: Wählen Sie für Ihr Projekt entsprechende Datenquellen und bestimmen Sie die Qualität der Daten.

3.2.1
3.2.2
3.2.3

Bearbeiten Sie im Rahmen Ihres Projektes im Projektteam folgende Aufgaben und ergänzen Sie dahingehend auch Ihr Product Backlog:

1. Wählen Sie für Ihr Projekt verschieden Datenquellen aus und notieren Sie diese hier.

NOTIZEN

2 Bestimmen Sie die Art und die Qualität dieser Daten. Legen Sie dazu im Vorfeld fünf für das Projekt wichtige Qualitätskriterien fest.

Qualitätskriterium:

1. ______________________________
2. ______________________________
3. ______________________________
4. ______________________________
5. ______________________________

Datenquelle	Art der Daten	Qualität der Daten in Bezug auf ausgewählte Qualitätskriterien

3 Recherchieren und diskutieren Sie die Möglichkeiten, wie auf die Daten zugegriffen werden kann, und entwickeln Sie Ideen über die Zusammenführung der Daten.

Lernsituation 3: Wir planen objektorientierte Programme unter Berücksichtigung der Informationssicherheit

S **Die Projektgruppe hat sich wieder zusammengefunden, um die nächsten Schritte im Projekt zu planen. Herr Lübberstedt gibt der Projektgruppe einige Anregungen und beantwortet erste Fragen.**

Holger Lübberstedt: Nachdem Sie die zu verarbeitenden Daten und den Zugriff darauf ermittelt und analysiert haben, werden Sie nun die Umsetzung des Programmes planen. Dabei sollen auch schon rechtzeitig Aspekte der Informationssicherheit mitberücksichtigt werden. Als Beschreibungssprache soll UML zu Einsatz kommen.

Jannik Brunke: Von UML habe ich schon mal was gehört. Besonders die sogenannten Klassendiagramme sind mir an der einen oder anderen Stelle schon mal in der Fachliteratur begegnet. Aber soviel ich weiß, gibt es noch etliche andere Diagrammarten. Werden wir alle behandeln?

Holger Lübberstedt: Nein, nur die wichtigsten. Im zweiten Ausbildungsjahr werden Sie das Anwendungsfalldiagramm, das schon von Ihnen erwähnte Klassendiagramm und das Aktivitätsdiagramm einsetzen. Die Fachinformatiker für Anwendungsentwicklung werden dann im dritten Ausbildungsjahr noch zwei oder drei weitere UML-Diagrammarten kennenlernen.

Levi Kramer: Herr Lübberstedt, in meiner Ausbildung zum Fachinformatiker für Digitale Vernetzung interessieren mich die sicherheitsrelevanten Aspekte bei der Planung der Software. Können Sie zu diesem Thema auch noch kurz etwas ausführen?

Holger Lübberstedt: Nun, die Sicherstellung der Informationssicherheit beginnt schon mit der Einführung und Einhaltung von generellen Maßnahmen, welche die Informationssicherheit im gesamten Softwareentwicklungsprozess sicherstellen. Diesem Punkt wird teilweise in der Praxis noch sehr wenig Beachtung geschenkt. Speziell werden wir uns dabei auf die Sicherstellung der Informationssicherheit im Scrum-Prozess beziehen. Auf der anderen Seite gibt es natürlich auch Sicherheitsprinzipien, welche bei der Entwicklung von Software beachtet werden sollten. Diese müssen natürlich von Ihnen auch schon bei der Planung der Software berücksichtigt werden.

3.3 Objektorientierte Softwarelösungen unter Beachtung der Informationssicherheit planen

S **Im weiteren Verlauf hat sich das Projektteam dafür entscheiden, dass das Augenmerk auf Softwarequalitätskriterien wie Änderbarkeit oder Zuverlässigkeit der Software gelegt werden soll. Aus diesen und anderen Gründen wurde entschieden, das Programm objektorientiert zu entwickeln und auch eine rein objektorientierte Sprache einzusetzen. In Gesprächen mit anderen Mitarbeitern haben die Auszubildenden erfahren, dass es sich bei der objektorientierten Programmierung um ein Programmierparadigma handelt. In Vorbereitung auf die Arbeit im Projekt wollen sich die Auszubildenden grundlegendes Wissen über Programmparadigmen im Allgemeinen und über die objektorientierte Programmierung im Speziellen aneignen.**

Jürgen Pollina: Jannik, du als Anwendungsentwickler hast doch bestimmt schon einmal vom objektorientierten Programmierparadigma gehört. Was hat es damit auf sich und was ist überhaupt ein Programmierparadigma?

Jannik Brunke: Na ja, soviel ich weiß, beschreibt ein Programmierparadigma ein Konzept, nach dem ein Programm zu entwickeln ist. Da gibt es wohl einige. Der objektorientierte Ansatz ist heutzutage ein sehr verbreiteter Standard, bei dem z.B. Programmteile in Klassen gekapselt werden, um u.a. die Wartbarkeit der Programme zu erhöhen. Deswegen kommt bei der Planung auch UML zum Einsatz, weil sich objektorientierte Programme besonders gut damit beschreiben lassen. Natürlich weist der OO-Programmierstandard noch weitere Merkmale auf. Da fehlt mir aber auch noch der fachliche Hintergrund.

Levi Kramer: Müssen wir, um objektorientiert zu programmieren, eine neue Programmiersprache lernen?

Jannik Brunke: Nicht unbedingt. Wie die meisten Programmiersprachen unterstützt Python auch den OO-Ansatz. Aber nicht ganz so umfänglich wie rein objektorientierte Sprachen, z.B. Java. Wenn es erforderlich ist, dann müssen wir für unser Projekt vielleicht Java verwenden. Die Basics zu erlernen sollte auch schnell gehen, und Java ist auch eine sehr interessante Sprache, welche in vielen Projekten Verwendung findet.

3.3.1

Aufgabe 1: Überprüfen Sie Ihr Wissen über Programmierparadigmen.

1 Beschreiben Sie kurz, was Sie unter einem Programmierparadigma verstehen.

2 Kreuzen Sie an, was zutrifft. ✓

Programmierparadigmen	
1. Welche Aussage über Programmierparadigmen trifft zu?	
a) Das Programmierparadigma spielt bei der Programmentwicklung keine entscheidende Rolle.	☐
b) Mit einer Programmiersprache kann immer nur ein Programmierparadigma umgesetzt werden.	☐
c) Generell eignet sich ein Programmierparadigma manchmal besser und manchmal schlechter zur Lösung eines spezifischen Problems.	☐
2. Welche Aussagen über imperative Programmierparadigmen sind richtig?	
a) Im Programm wird beschrieben, wie ein Problem zu lösen ist.	☐
b) Im Programm wird beschrieben, was das Problem ist.	☐
c) Das prozedurale Programmierparadigma zählt zu den imperativen Programmierparadigmen.	☐
d) Das objektorientierte Programmierparadigma gehört nicht in die Kategorie der imperativen Programmierparadigmen.	☐
3. Welche Aussagen über deklarative Programmierparadigmen sind richtig?	
a) Im Programm wird beschrieben, wie ein Problem zu lösen ist.	☐
b) Im Programm wird beschrieben, was das Problem ist.	☐
c) Das funktionale Programmierparadigma zählt zu den deklarativen Programmierparadigmen.	☐
d) Deklarative Programmierparadigmen werden u.a. im Bereich der künstlichen Intelligenz und im Compilerbau eingesetzt.	☐

Programmierparadigmen	
4. Welche Aussagen über das objektorientierte Programmierparadigma sind falsch?	
a) Es handelt sich um ein deklaratives Programmierparadigma.	☐
b) Es handelt sich um eine Mischform aus deklarativem und imperativem Programmierparadigma.	☐
c) Es baut auf den Vorgehensweisen der strukturierten und der prozeduralen Programmierung auf.	☐
d) Die Grundidee ist es, den Aufbau des Programms an den Strukturen der Wirklichkeit auszurichten.	☐

3 Ordnen Sie den Programmiersprachen folgende Programmierparadigmen zu. Recherchieren Sie bei Bedarf im Internet.

(A) Prozedurales Programmierparadigma
(B) Objektorientiertes Programmierparadigma
(C) Prozedurales und objektorientiertes Programmierparadigma
(D) Funktionales Programmierparadigma
(E) Logisches Programmierparadigma
(F) Funktionales und objektorientiertes Programmierparadigma

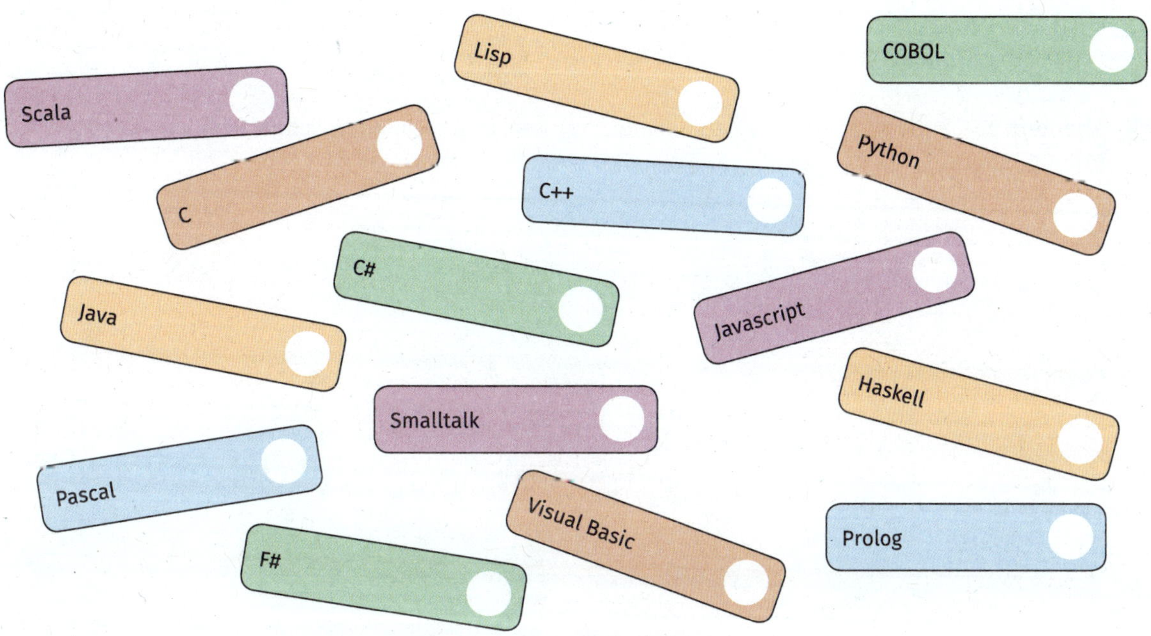

Aufgabe 2: **Überprüfen Sie Ihr Wissen über objektorientierte Programmierkonzepte.**

3.3.2

1 Erläutern Sie anhand eines Beispiels die Begriffe „Klasse“ und „Objekt“.

Klasse:

Objekt:

2 Erläutern Sie den Unterschied zwischen public und private.

3 Erläutern Sie anhand eines Beispiels (mit Skizze) den Unterschied zwischen Einfach- und Mehrfachvererbung.

4 Erläutern Sie anhand des abgebildeten Beispiels das Überladen und Überschreiben von Methoden und erweitern Sie das Klassendiagramm so weit, dass Sie mindestens noch eine Methode überladen und eine überschreiben.

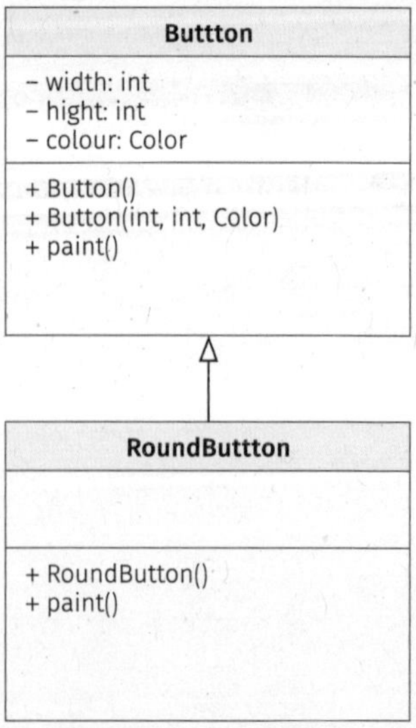

Aufgabe 3: **Wenden Sie Ihr Wissen über das objektorientierte Programmparadigma an.**

3.3.2

1. Ordnen Sie folgende Begriffe mit entsprechenden Zugriffsmodifiern und Datentypen den untenstehenden Klassen zu.

name	aufsteigen	absteigen
reiten	geburtsdatum	Film
berechneUmfang	anhalten	berechneFlächeninhalt
b	länge	erscheinungsjahr
titel	Rechteck	
zurückspulen	gewicht	

Reiter		
		– a: double
	+ starten(): void	

2. Wählen Sie selbstständig zwei Klassen und ordnen Sie diesen jeweils drei sinnvolle Eigenschaften und Methoden zu. Tragen Sie Ihr Ergebnis mit entsprechenden Zugriffsmodifiern und Datentypen in das Klassendiagramm ein.

3 Recherchieren Sie im Internet zu den Problemen, welche bei der Mehrfachvererbung auftreten können. Diskutieren Sie in der Klasse Ihre Ergebnisse.

4 Finden Sie in Partnerarbeit mindestens eine sinnvolle Eigenschaft und Methode pro Klasse, welche nur für die entsprechende Klasse und die daraus abgeleiteten Klassen gelten. Tragen Sie Ihr Ergebnis mit entsprechenden Zugriffsmodifiern und Datentypen in das Klassendiagramm ein.
Hinweis: Nutzen Sie das Internet, um sich über die Uhrentypen und deren Unterschiede zu informieren.

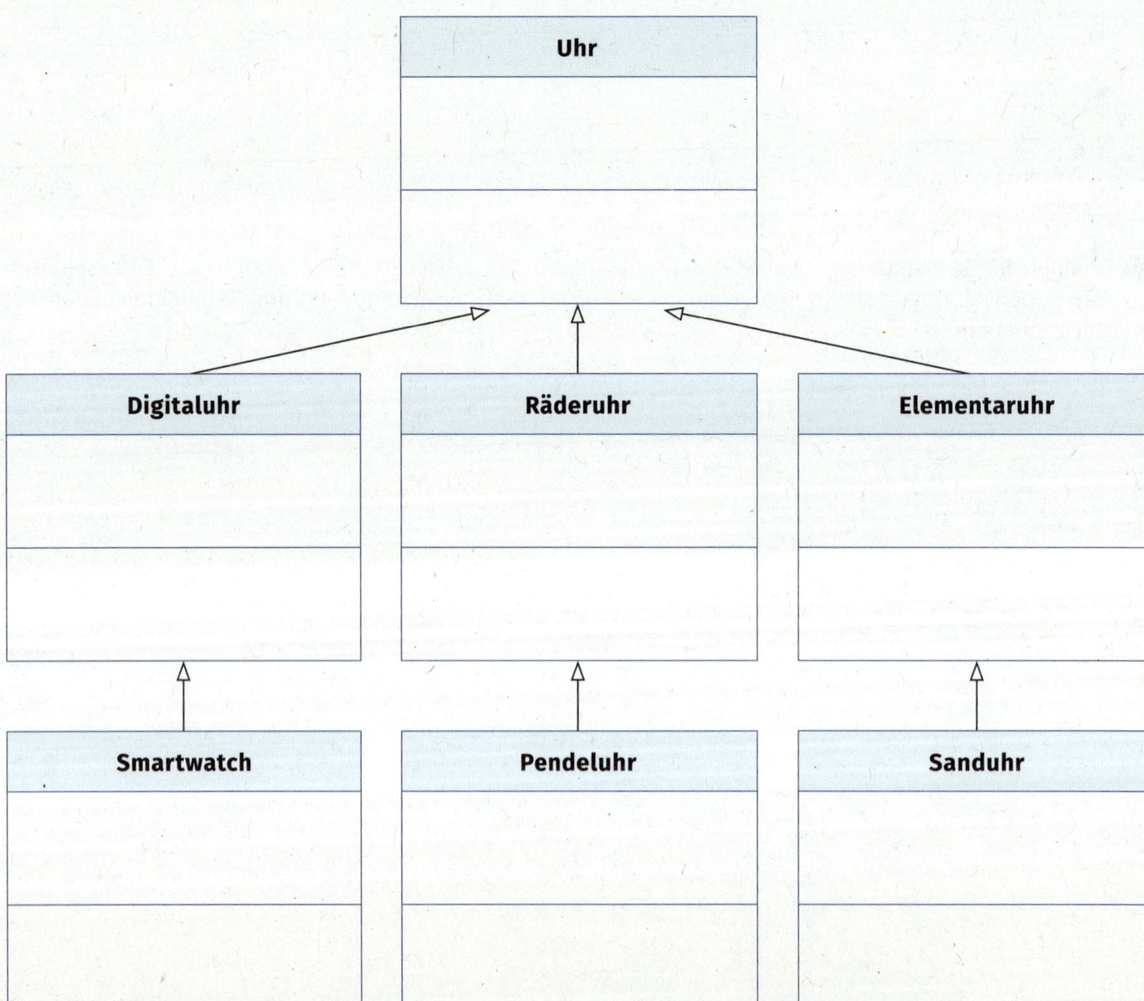

Aufgabe 4: Überprüfen Sie Ihr Wissen über UML-Diagramme.

3.3.3

Lösen Sie folgendes Kreuzworträtsel.

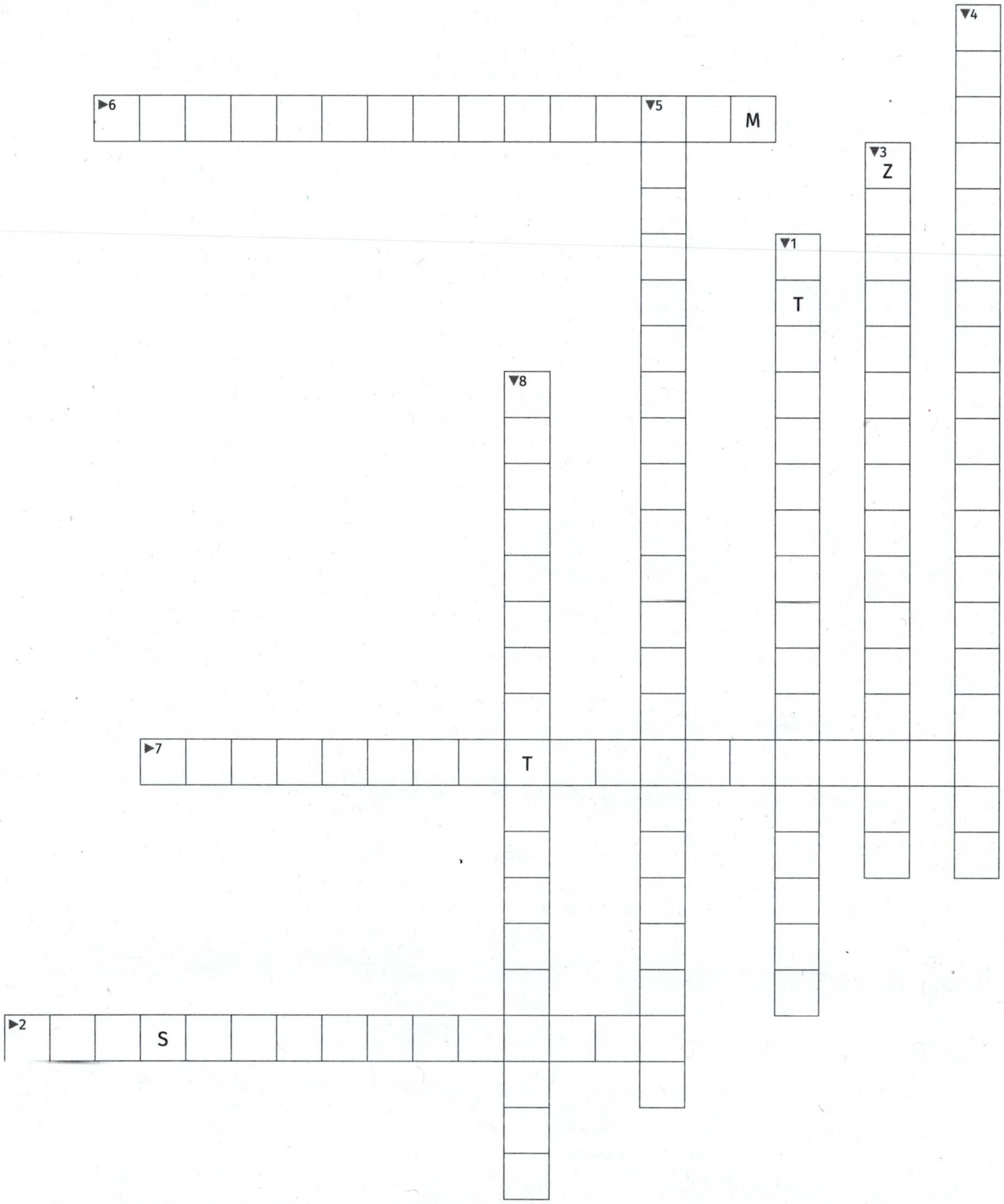

(1) Oberbegriff (Mehrzahl) für UML-Diagramme, welche den statischen Zustand eines Systems beschreiben
(2) Durch dieses Diagramm werden die Klassen eines Programms und deren Beziehungen untereinander beschrieben.
(3) Durch dieses Diagramm werden die einzelnen Zustände eines Systems und deren Übergänge beschrieben.
(4) Oberbegriff (Mehrzahl) für UML-Diagramme, welche die Aktivitäten und Abläufe in einem beschreiben.
(5) Dieses Diagramm stellt u. a. dar, wie Akteure mit dem System interagieren.
(6) In diesem Diagrammtyp wird vor allem die zeitliche Interaktion zwischen verschiedenen Objekten betrachtet.
(7) Dieses Diagramm stellt die Abhängigkeiten und die Organisation von Funktionseinheiten einer Software dar. Es wird damit die nächsthöhere Ebene nach den Klassen beschrieben.
(8) Dieses Diagramm dient der Beschreibung des Verhaltens einer Klasse oder einer Komponente. Es kann sowohl zur Darstellung von Algorithmen und als auch von Prozessabläufen verwendet werden.

Aufgabe 5: **Entwickeln und erweitern Sie Anwendungsfalldiagramme.**

3.3.4

1 JIKU IT-Solutions soll ein Programm für einen Geldautomaten entwickeln, welcher sowohl das Abheben als auch das Einzahlen von Geld ermöglicht. Dazu liegt bereits ein Entwurf für ein UML-Aktivitätsdiagramm vor. Ordnen Sie die folgenden Begriffe in das UML-Aktivitätsdiagramm ein.

A Kunde
B Karte sperren
C Geld auf eigenem Konto einzahlen
D Kunde bei der Bank
E dreimal falsche PIN eingegeben
F Geld abheben
G Geldautomat
H authentifizieren

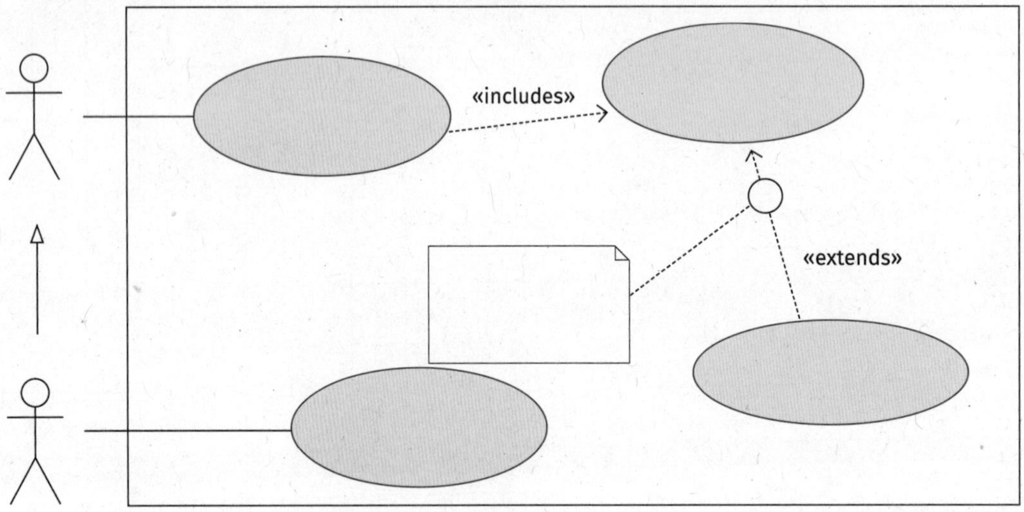

2 Es wurde im Rahmen eines Kundenauftrags von JIKU IT-Solutions das folgende Anwendungsfalldiagramm erstellt.

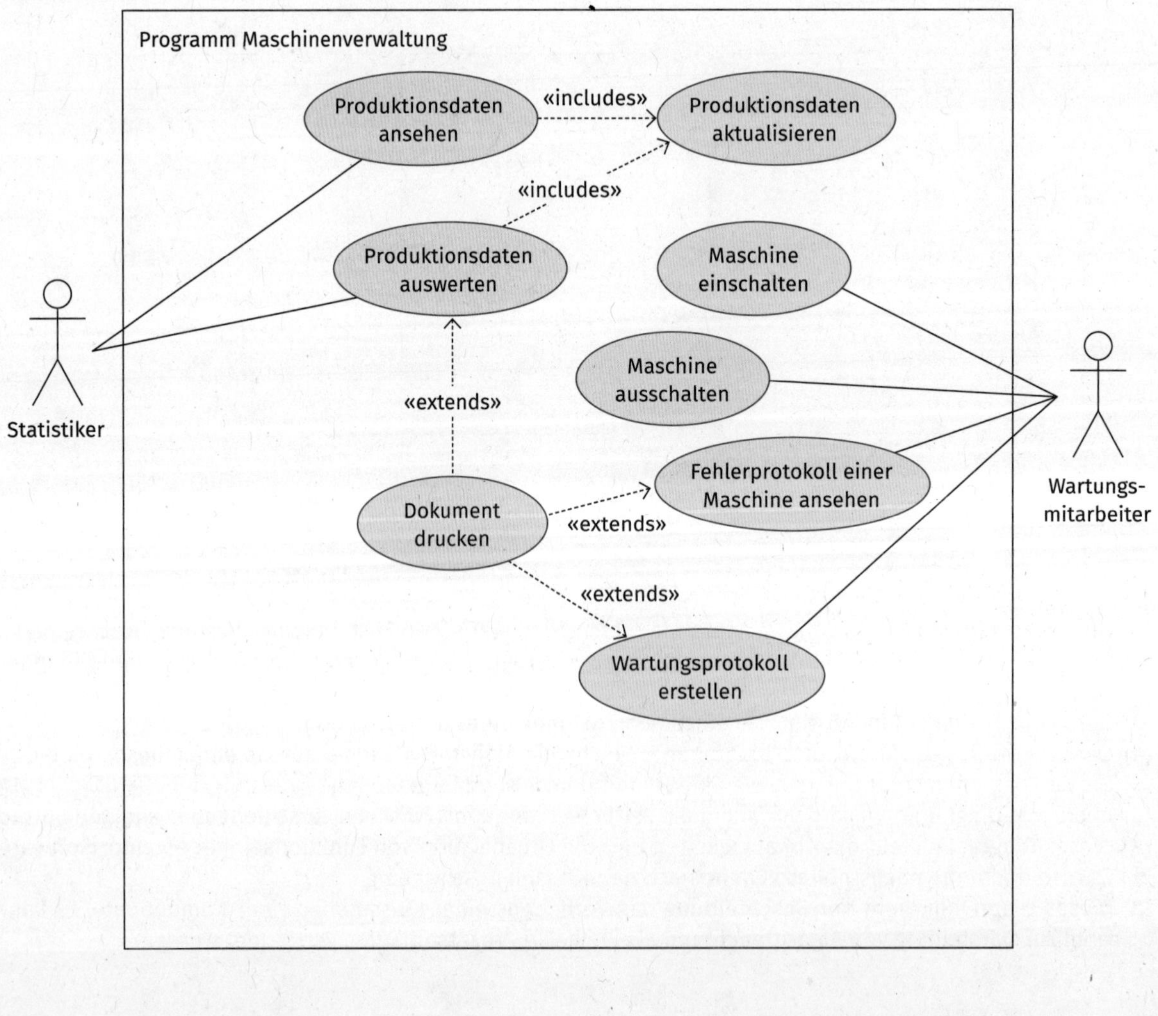

Dieser erste Entwurf soll nun durch Anwendungsfälle, welche in weiteren Kundengesprächen gewonnen wurden, erweitert werden.

Anwendungsfälle:
- Die Wartungsmitarbeiter sollen die Sensordaten von Maschinen einsehen können.
- Die Programmierer der Firma sollen für die Maschinen ein neues Programm entwickeln können. Die Funktionsweise des Programms kann vorher simuliert werden. Wenn das Programm fertiggestellt wurde, kann es an die Maschine übertragen werden. Die Bedingung dafür ist aber, dass es vorher mindestens einmal simuliert wurde.
- Das Programm kann auch wieder ausgedruckt werden.

Ergänzen Sie das vorliegende Anwendungsfalldiagramm um die genannten Angaben.

3 Ihre Entwicklungsabteilung soll an der Entwicklung eines neuen Weltraumspiels mitarbeiten.
Für das Spiel wird folgendes Szenario beschrieben:
Es sollen Planeten und Raumschiffe für das Programm erstellt werden. Jeder Spieler kann dann die erstellten Planeten besuchen. Dazu muss er in jedem Fall mit einem Raumschiff dahin fliegen. Dieses kann er nur mit einem eigenen Raumschiff tun. Besitzt er noch kein Raumschiff, kann er eines im Spiel erwerben. Das Erwerben eines Raumschiffes erweitert den Anwendungsfall des Erstellens eines Raumschiffes.
Entwickeln Sie für dieses Szenario ein entsprechendes Anwendungsfalldiagramm und stellen Sie Ihr Ergebnis im Anschluss der Klasse vor.

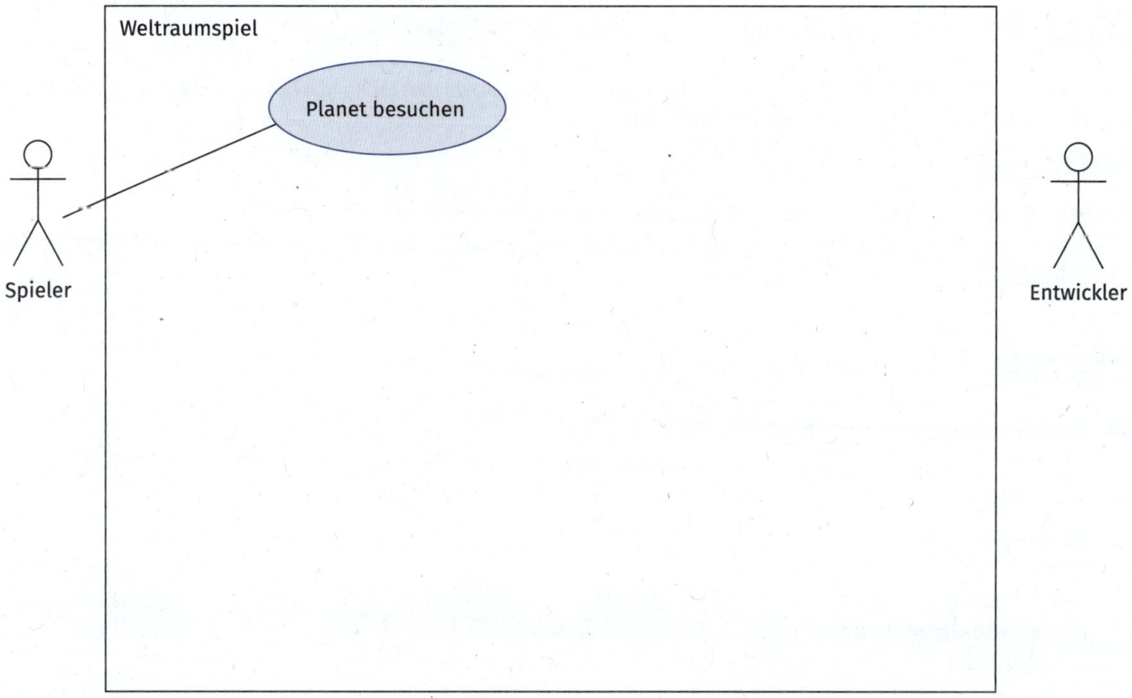

4 Erweitern Sie in Gruppenarbeit das Anwendungsfalldiagramm zum Weltraumspiel aus der Teilaufgabe 3 um weitere Anwendungsfälle. Schreiben Sie dazu ein Szenario und präsentieren Sie Ihr Ergebnis.

NOTIZEN

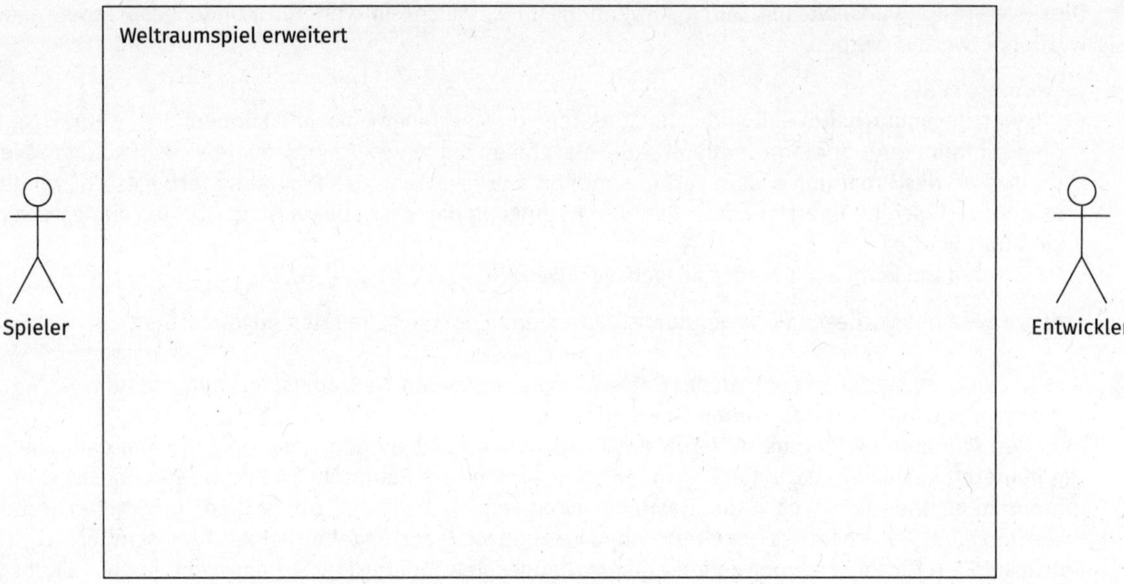

Aufgabe 6: Entwickeln Sie Anwendungsdiagramme für Ihr Projekt.

3.3.4

Entwickeln Sie und Ihr Scrum-Team im Rahmen Ihres Projektes ein oder mehrere Anwendungsfalldiagramme. Nutzen Sie dazu Ihre bisherigen Aufzeichnungen aus dem Product Backlog und der User Story.

Diskutieren Sie:

- welche Akteure Ihr Programm benutzen sollen und welche Rollen diese besitzen;
- was die Akteure mithilfe Ihres Programms erledigen sollen und welche Dinge das Programm dazu automatisch erledigen soll.

Aufgabe 7: Entwickeln und erweitern Sie Klassendiagramme.

3.3.5

❶ Es sollen verschiedene Klassen für Oberflächenelemente entwickelt werden. Vervollständigen Sie dazu das gegebene Klassendiagramm. Fügen Sie die gegebenen Begriffe und Beziehungen richtig ein.

Button
mulitLine: Boolean
+ paint():void
# hasButtonIcon: Boolean
+ paint():void
# top: int
+ paint():void

Element
enabled: Boolean
Textfiled
backcolor: Color
left: int
——▷
——▷

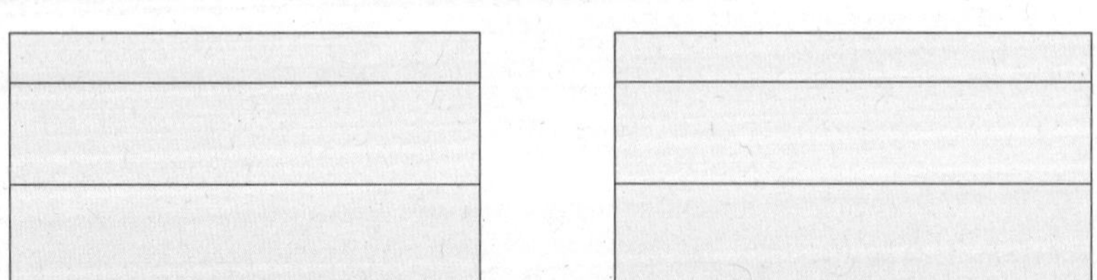

2 Es wurde im Rahmen eines Kundenauftrags von JIKU IT-Solutions das folgende Klassendiagramm erstellt. Dieser erste Entwurf soll nun durch weitere Klassen erweitert werden. Es gibt zwei Arten von Maschinen:

- CNC-Maschinen zur Fertigung, mit unterschiedlicher Steuerungsart, z. B. Punkt- oder Streckensteuerung, welche mit einer Programmiersprache programmiert werden.
- Industrieroboter zur Montage, welche sich durch ihre Kinematik (seriell, parallel) unterscheiden. Hier kommen Programmiersprachen wie KRL, Karel oder V+ zum Einsatz.

Optionaler Bestandteil der Maschinen ist jeweils ein austauschbares Werkzeugschnellwechselsystem. Dieses ermöglicht einen programmgesteuerten Werkzeugwechsel, z. B. beim Schweißen, Schneiden, Fügen, Palettieren, Kleben usw. Je nach Einsatzgebiet sind die Werkzeugwechsler mit Medienkupplungen (Wasser, Hydraulik, Luft) und Elektro-Signalsteckern (LWL, Daten-Bus) ausrüstbar.
Erweitern Sie das Klassendiagramm und nehmen Sie notwendige Anpassungen der Zugriffsmodifier vor.

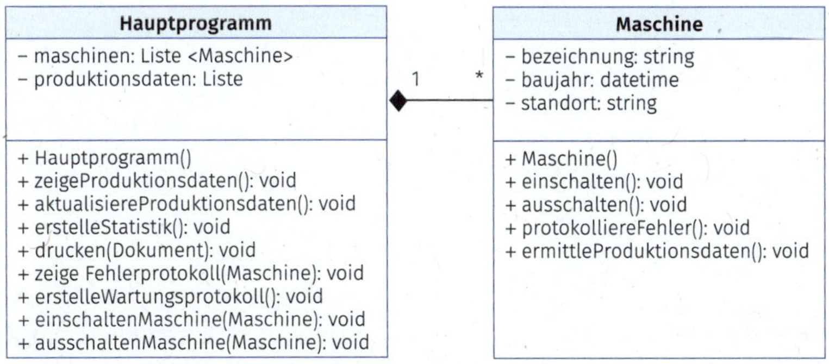

3 Die Programmierabteilung von JIKU IT-Solutions hat den Auftrag erhalten, ein objektorientiertes Programm für die Verwaltung von Sportwettkämpfen zu entwickeln. In ersten Gesprächen sind u. a. folgende Punkte herausgearbeitet worden:

- Es wird zwischen nationalen und internationalen Wettkämpfen unterschieden.
- Ein Wettkampf kann aus beliebig verschiedenen Disziplinen bestehen.
- Mit einer Anmeldung werden Sportler zum Teil dieses Wettkampfes.
- Eine Obergrenze für Anmeldungen gibt es nicht und ist von Wettkampf zu Wettkampf verschieden.

Entwickeln Sie ein UML-Klassendiagramm, welche die genannten Fakten abbildet. Auf die Angabe von Eigenschaften und Methoden wird erst einmal verzichtet.

4 Entwickeln Sie für die Teilaufgabe 3 der Aufgabe 5 (S. 117) in Gruppenarbeit ein Klassendiagramm, z. B. für Planeten und Raumschiffe. Ordnen Sie den Klassen sinnvolle Eigenschaften und Methoden und entsprechende Zugriffsmodifier und Datentypen zu. Setzen Sie die einzelnen Klassen in Beziehung zueinander und bestimmen Sie die Multiplizität. Stellen Sie im Anschluss Ihr Ergebnis der Klasse vor.

Aufgabe 8: Beschreiben Sie die Klassen in Ihrem Projekt mithilfe des UML-Klassendiagramms.

3.3.5

Entwickeln Sie und Ihr Scrum-Team im Rahmen Ihres Projektes ein oder mehrere Klassendiagramme. Nutzen Sie dazu Ihre bisherigen Aufzeichnungen aus dem Product Backlog und der User Story.

Diskutieren Sie:

- welche Klassen Sie entwickeln und welche Eigenschaften und Methoden diese besitzen sollen;
- wie Sie die Klassen optimal in Beziehung setzen (z. B. Aggregation oder Komposition) und welche Multiplizität diese gegebenenfalls haben.

Aufgabe 9: Entwickeln und erweitern Sie Aktivitätsdiagramme.

3.3.6

1 Es soll der Prozess der Facharbeiterausbildung im IT-Bereich mithilfe eines Aktivitätsdiagramms dargestellt werden. Fügen Sie dazu die Buchstaben der entsprechenden Aktivitäten und Bedingungen in das abgebildete Aktivitätsdiagramm ein.

A Ausbildung starten
B Ausbildung beenden
C Lehrgänge besuchen
D nicht bestanden
E Schule besuchen
F Prüfung ablegen
G Facharbeiterzeugnis erhalten
H Versuche ≥ 3
I zu Hause lernen
J bestanden
K Versuche < 3
L Ausbildung nicht erfolgreich absolviert
M In Ausbildungsfirma arbeiten

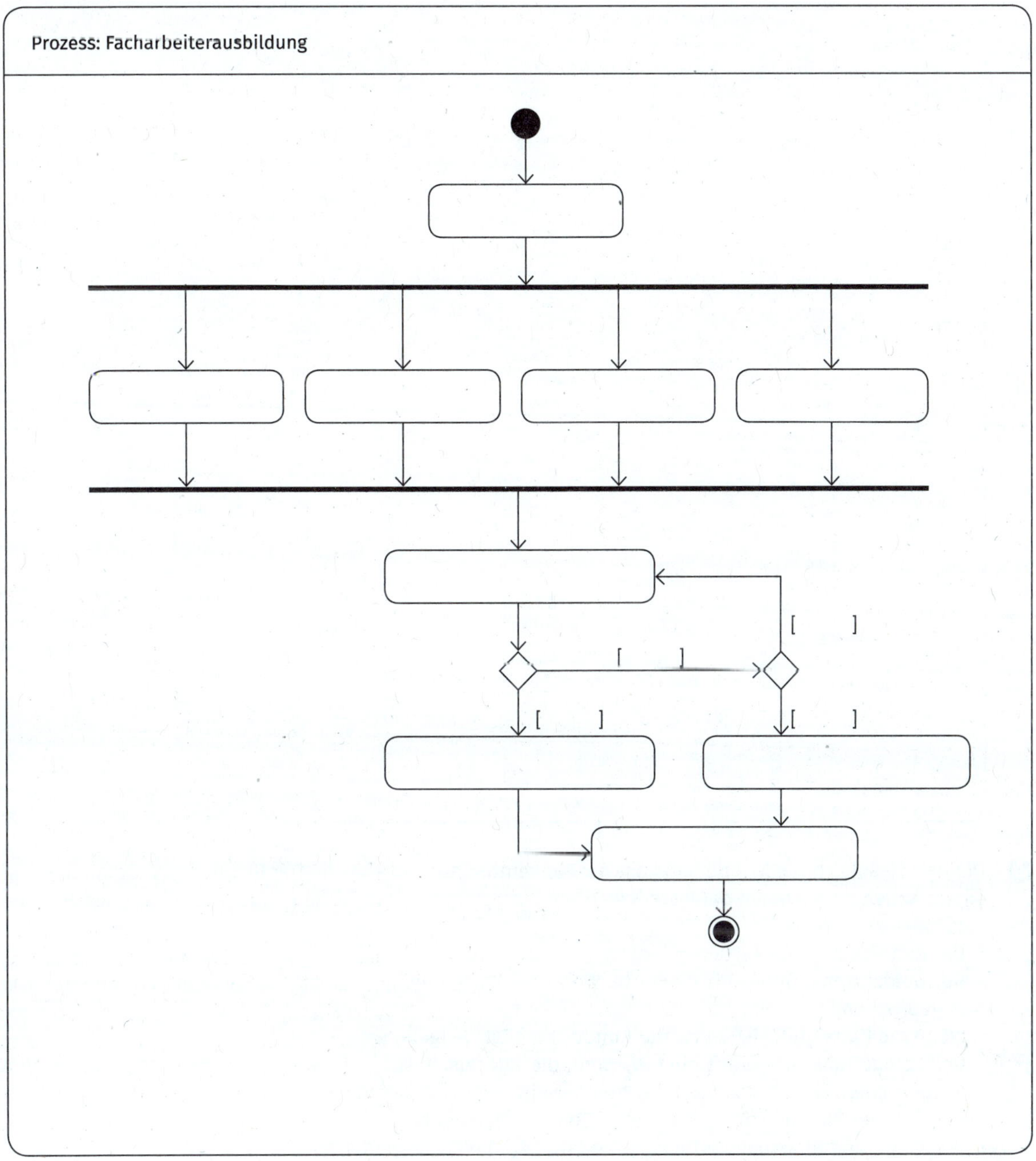

2 Es wurde im Rahmen eines Kundenauftrags von JIKU IT-Solutions ein Aktivitätsdiagramm für einen Algorithmus erstellt, welcher den Durchschnitt der Produktion von Teil A ermittelt. Auf der Grundlage dieses Aktivitätsdiagramms soll nun ein weiterer Algorithmus entwickelt werden, mit dessen Hilfe das Maximum der Produktion von Teil A ermittelt und zurückgeben wird.

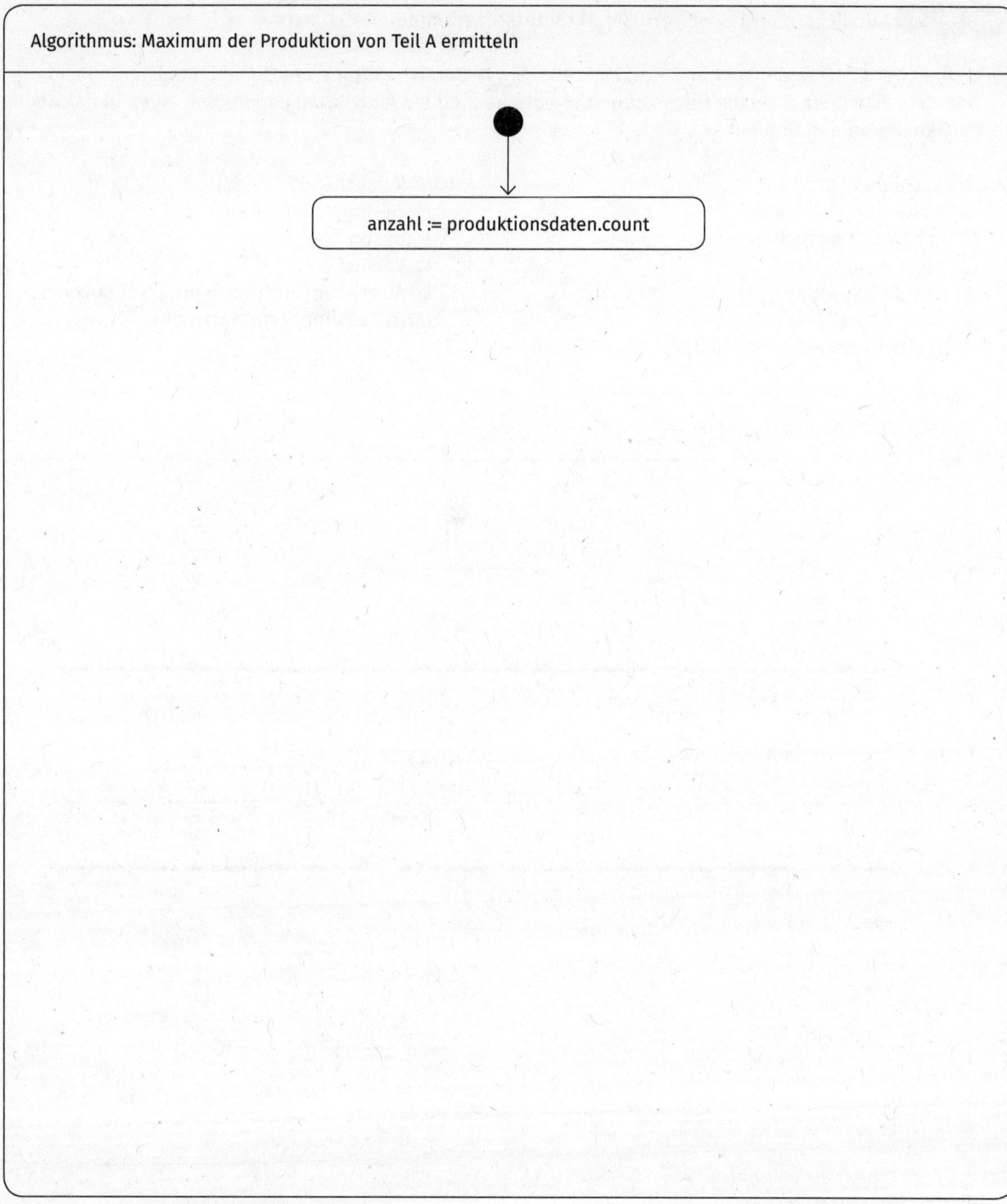

3 Die JIKU IT-Solutions soll eine Software für Bankautomaten entwickeln. Der Prozess des „Geldholens“ soll in einem Aktivitätsdiagramm dargestellt werden. Dieser Prozess wurde vom Kunden wie folgt beschrieben:

- Der Kunde gibt seine Karte ein.
- Der Geldautomat überprüft die Karte. Wenn die Karte ungültig ist, wird sie einbehalten und der Vorgang abgebrochen.
- Wenn die Karte gültig ist, muss der Kunde seine PIN eingeben.
- Der Geldautomat überprüft die PIN. Wenn die PIN falsch ist, wird die Karte einbehalten und der Vorgang abgebrochen. Ein mehrfaches Eingeben der PIN soll nicht möglich sein.
- Bei richtiger PIN kann der Kunde einen Geldbetrag eingeben.
- Der Geldautomat aktualisiert das Konto und gibt die Karte wieder aus.
- Der Kunde entnimmt die Karte.
- Anschließend gibt der Geldautomat das Geld aus.
- Nach der Entnahme des Geldes durch den Kunden endet der Prozess.

Bilden Sie diesen Prozess in einem Aktivitätsdiagramm ab.

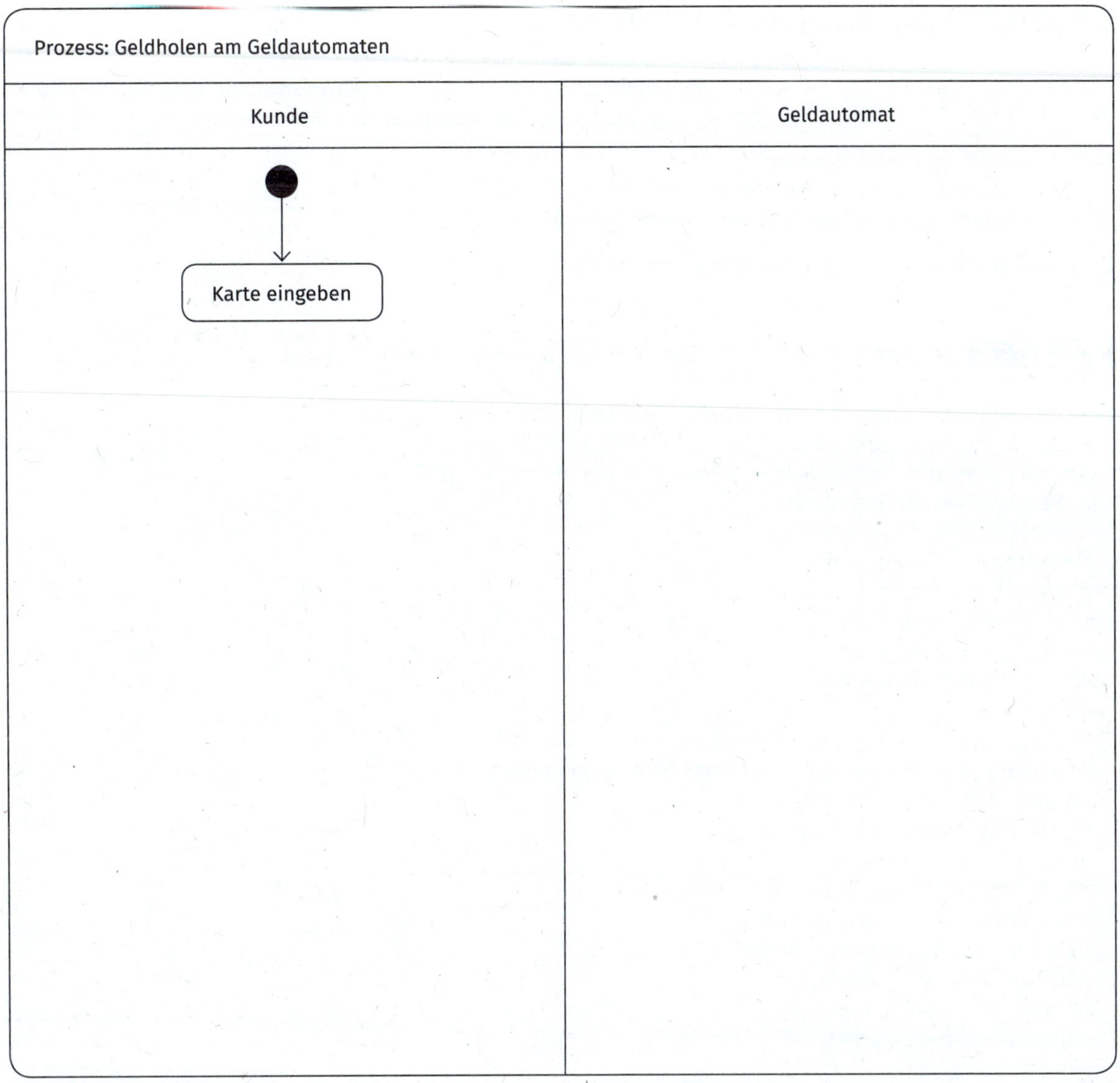

4 Stellen Sie in Gruppenarbeit einen Prozess oder Algorithmus mithilfe eines Aktivitätsdiagramms dar, welcher sich auf die Teilaufgabe 4 der Aufgabe 5 (S. 117) und Teilaufgabe 4 in Aufgabe 7 (S. 120) bezieht, z. B. der Prozess des Erwerbs eines Raumschiffes in dem Spiel. Präsentieren Sie im Anschluss Ihr Ergebnis der Klasse.

Aufgabe 10: **Beschreiben Sie Prozesse und Algorithmen von Ihrem Projekt mithilfe von Aktivitätsdiagrammen.**

3.3.6

Entwickeln Sie und Ihr Scrum-Team im Rahmen Ihres Projektes ein oder mehrere Aktivitätsdiagramme. Nutzen Sie dazu Ihre bisherigen Aufzeichnungen aus dem Product Backlog und der User Story.

Diskutieren Sie in diesem Rahmen:
- welche Prozesse für Ihre Anwendung wichtig sind;
- welche Algorithmen für Ihre Anwendung wichtig sind.

Bilden Sie diese mithilfe des Aktivitätsdiagramms ab.

Aufgabe 11: **Werten Sie einen englischen Text zur Informationssicherheit aus.**

3.3.7

Übersetzen Sie den englischen Text sinngemäß und beantworten Sie die Fragen.

Information security refers to all properties of technical or non-technical systems for information processing and storage which ensure the objectives of confidentiality, integrity and availability. Information security serves to avoid economic damage and minimize risks.	Was ist Informationssicherheit?
Application security is an important part of information security. To ensure application security, efforts are is made to avoid software vulnerabilities in web and mobile applications and application programming interfaces (APIs). Vulnerabilities can be found, for example, in authentication, user authorization, code integrity, or software configuration.	Was ist Anwendungssicherheit?
Cryptography and encryption are becoming increasingly important today. Encrypting data in transit and storage ensures the confidentiality and integrity of the data, which are two of the goals of information security.	Welche Bedeutung besitzt die Verschlüsselung für die Informationssicherheit?

Aufgabe 12: **Planen Sie die Informationssicherheit in Ihrem Projekt.**

3.3.7

Entwickeln und diskutieren Sie und Ihr Scrum-Team im Rahmen Ihres Projektes einen Plan zur Sicherstellung der Informationssicherheit Ihres zukünftigen Softwareproduktes. Berücksichtigen Sie dabei folgende Punkte:

- Analysieren Sie die Qualität der zu verarbeitenden Daten.
- Analysieren Sie die Bedrohungslage für die Software und die Daten.
- Entwickeln Sie Ideen für Maßnahmen, um die Informationssicherheit anhand der Bedrohungslage sicherzustellen.
- Ermitteln Sie die Möglichkeiten, welche Ihr Framework bietet, um Sie bei der Umsetzung dieser Maßnahmen zu unterstützen.
- Notieren Sie sich für jede Bedrohung, eine konkrete Gegenmaßnahme und deren Umsetzung.
- Entwickeln Sie eine geeignete Teststrategie, um die Informationssicherheit Ihrer Software zu testen.

Lernsituation 4: Wir planen Benutzerschnittstellen unter softwareergonomischen Gesichtspunkten

S **Nachdem die Auszubildenden sich grundlegendes Wissen zu UML angeeignet und auf ihr Projekt angewendet haben, ist nun als nächster Schritt die Planung der Benutzerschnittstelle vorgesehen.**

Holger Lübberstedt: Ein weiterer Aspekt bei der Planung der Software ist die Planung der Benutzerschnittstelle oder auch User Interface. Im ersten Ausbildungsjahr haben Sie vor allem Konsolenprogramme entwickelt. Solche Schnittstellen stellen für die Nutzer der Software aber in der Regel keine akzeptablen Lösungen dar. Dementsprechend muss ein modernes User Interface geplant und entwickelt werden. Auch wenn Ihnen die Aufgabe im ersten Augenblick nicht allzu schwer erscheint, gilt es doch einige wichtige Punkte zu beachten.

Jannik Brunke: Da stimme ich Ihnen voll zu. Es ist manchmal schon erstaunlich, wie eigentlich gute Programme den Benutzer abschrecken, weil sie sehr umständlich zu bedienen sind. Es gibt zum Beispiel Webseiten mit so einem schlimmen Design, dass man sie am liebsten gleich wieder verlassen würde.

Jürgen Pollina: Auf Spiele trifft das manchmal auch zu. Schöne Grafik, super Spielinhalte aber einfach nicht innovativ zu bedienen. Da wird dann an der falschen Stelle gespart und nicht an die Spieler gedacht.

Holger Lübberstedt: Dabei gibt es sogar ein Verfahren, um die Benutzererfahrungen in das Design einer Benutzerschnitte einfließen zu lassen. Dieses nennt sich User Experience Design, oder kurz UX Design. Es sollten aber auch Aspekte der Barrierefreiheit oder gegebenenfalls der Corporate Identity berücksichtigt werden.

3.4 Benutzerschnittstellen unter softwareergonomischen Gesichtspunkten planen

S **Herr Lübberstedt gibt die nächsten Schritte für die Planung der Benutzerschnittstelle vor.**

Holger Lübberstedt: Beginnen wollen wir damit, dass Sie sich theoretischen Hintergrund für die Gestaltung von Benutzerschnittstellen unter ergonomischen Gesichtspunkten erarbeiten, bevor Sie im Rahmen Ihres Projektes eine Oberfläche mithilfe von Wireframes und Mockups planen. Dazu gehört vor allem, dass Sie Kenntnisse über die wichtigsten Kriterien zur Bewertung von Benutzerschnittstellen und grundlegende Designkriterien besitzen.

Aufgabe 1: Überprüfen Sie Ihr Wissen über Interaktionsprinzipen der ISO-Norm 9241-110.

3.4.1

Informieren Sie sich im Fachstufenbuch über die Interaktionsprinzipien der ISO-Norm 9241-11 und lösen Sie im Anschluss das Kreuzworträtsel.

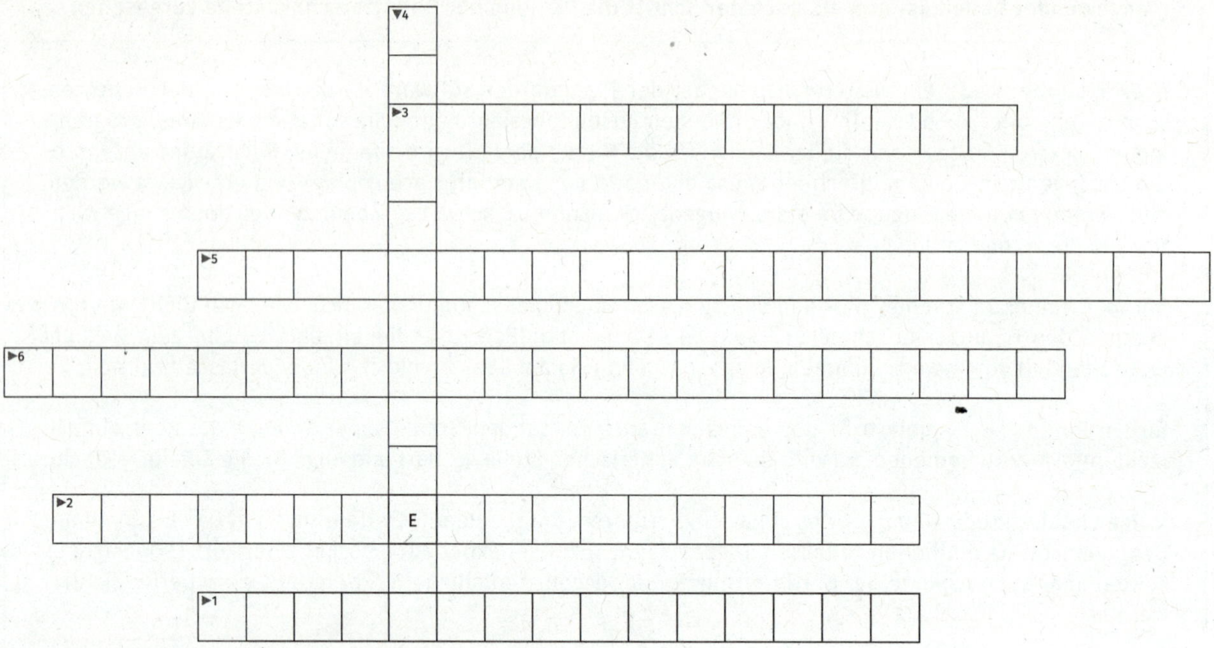

(1) Deutsches Wort für „User Engagement"
(2) Interaktionsprinzip, welches das Vorhandensein und die Offensichtlichkeit von Informationen sowie eine eindeutige Anzeige vom Systemstatus beschreibt
(3) Interaktionsprinzip, welches die Ausprägungen des Entdeckens, des Ausprobierens und des Wiedererkennens von Bedienfunktionen beinhaltet. Das System unterstützt den Nutzer dabei, unbekannte Funktionen zu erkennen und lange nicht benutzte Funktionen leicht wiederzufinden.
(4) Interaktionsprinzip, welches z. B. dem Anwender ermöglicht, die Aufgaben jederzeit zu unterbrechen und später fortzusetzen. Es gibt dem Anwender die Möglichkeit, das System an seine Anforderungen anzupassen und so zu individualisieren.
(5) Interaktionsprinzip, welches den Grad der Erfüllung beschreibt, inwieweit eine Benutzerschnittstelle den allgemeinen Normen und den Erfahrungen der Benutzer entspricht
(6) Interaktionsprinzip, welches den Grad der Erfüllung beschreibt, inwieweit eine Benutzerschnittstelle den Anwender bei der Erfüllung seiner Aufgaben unterstützt und dafür nützlich ist.

Aufgabe 2: Beurteilen Sie Software hinsichtlich des UX Designs.

3.4.1

Erarbeiten Sie sich in Gruppenarbeit die Grundlagen des UX Design und finden Sie jeweils ein Beispiel für eine Software, wo diese gut bzw. schlecht umgesetzt wurde. Begründen Sie Ihre Aussagen, indem Sie die jeweils positiven bzw. negativen Aspekte benennen. Präsentieren und diskutieren Sie Ihre Ergebnisse im Klassenverband.

Software	Begründung
Positives Beispiel Name: Beispiellink:	

Software	Begründung
Negatives Beispiel Name: Beispiellink:	

Aufgabe 3: **Überprüfen Sie Ihr Wissen zum UX- und UI-Design.**

3.4.1

Ordnen Sie folgende Begriffe jeweils dem UX- oder dem UI-Design zu, indem Sie den Buchstaben in ein entsprechendes Feld eintragen.

A Farbgestaltung
B Informationsarchitekt
C Navigation
D Schriftart
E Grafikdesigner
F Barrierefreiheit
G Layout
H Interaktion
I Bilder
J Usability

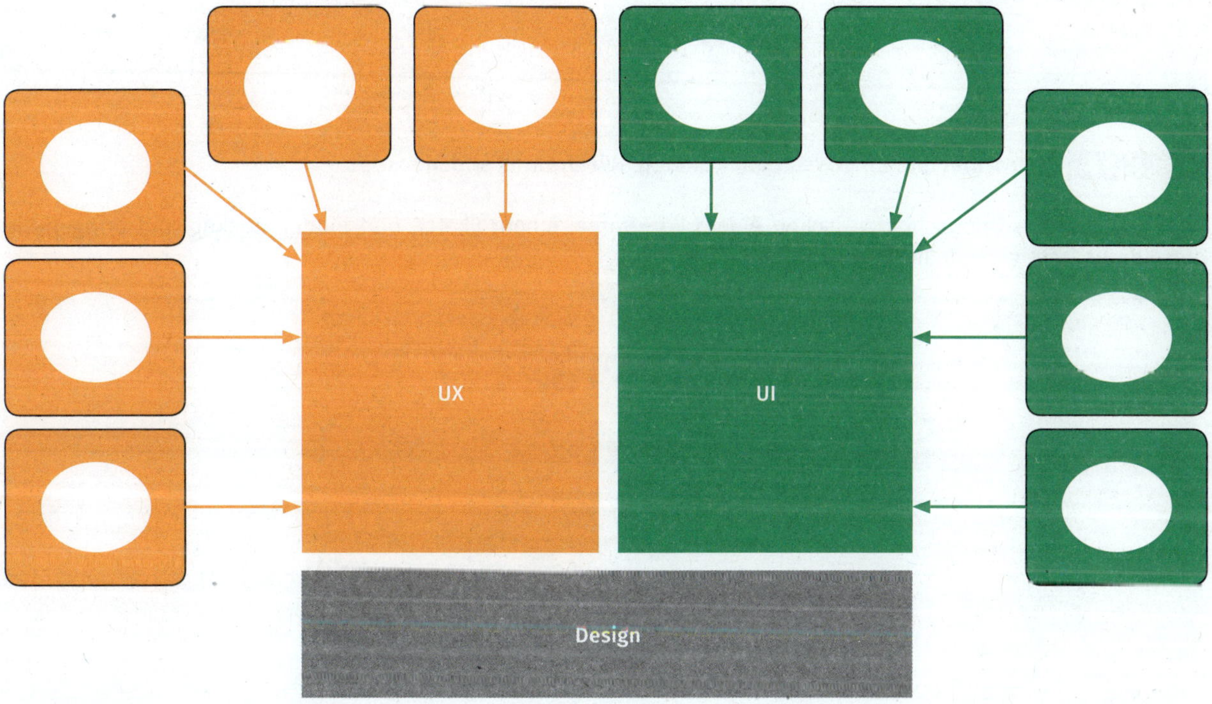

Aufgabe 4: **Tauschen Sie Ihre Erfahrungen mit Corporate Design mit anderen Auszubildenden aus.**

3.4.1

Erkundigen Sie sich in Ihrem Unternehmen, ob und inwieweit ein Corporate Design umgesetzt wird. Sammeln Sie Beispiele in Form von realen Gegenständen, Fotos, Internetseiten usw. und präsentieren Sie Ihre Ergebnisse. Diskutieren Sie danach, inwieweit die Umsetzung vom Corporate Design gelungen ist.

Aufgabe 5: **Bewerten Sie Software hinsichtlich ihrer Barrierefreiheit.**

3.4.1

Finden Sie in Partnerarbeit Beispiele für die Umsetzung der Barrierefreiheit in Softwareanwendungen. Wählen Sie dazu selbstständig eine Software aus und beschreiben Sie diese.

Software:
Wie wurde die Barrierefreiheit umgesetzt?
Wie bewerten Sie die Umsetzung?

Aufgabe 6: **Überprüfen Sie Ihr Wissen über Sketch, Wireframes und Mockups.**

3.4.2

Erläutern Sie den Unterschied zwischen einem Wireframe, einem Sketch und einem Mockup und bringen Sie diese in die richtige Erstellungsreihenfolge.

Aufgabe 7: **Überprüfen Sie Ihr Wissen über die ergonomische Gestaltung von Softwareschnittstellen.**

3.4.2

Kreuzen Sie an, was zutrifft. ✓

Ergonomische Gestaltung von Softwareschnittstellen	
1. Softwareergonomie befasst sich mit:	
a) der Anpassung einer Software an die Bedürfnisse der Benutzer	☐
b) der Entwicklung von benutzergerechten Datenmodellen	☐
c) mit der Entwicklung von Benutzerschnittstellen	☐
d) mit dem Design von effizienten Programmiersprachen	☐
e) mit der optimalen Anpassung der Hardware an die Software	☐
2. Konkrete Anforderungen an die Softwareergonomie sind zu finden in der	
a) ISO 7201	☐
b) ISO 9141	☐
c) ISO 7241	☐
d) ISO 9241	☐
e) ISO 0335	☐
f) ISO 9421	☐
3. Bestandteile des UX Design sind	
a) Erwartungskonformität	☐
b) Erlernbarkeit	☐
c) Usability	☐
d) Visuelles Design	☐
e) Zugänglichkeit	☐
4. Welche Maßnahmen gehören nicht zum Corporate Design von Software?	
a) Gestaltung des Logos	☐
b) Auswahl geeigneter Farben	☐
c) Einheitliche Kommentierung des Quellcodes	☐
d) Clean Code	☐
e) Auswahl geeigneter Bilder	☐
5. Bringen Sie die folgenden Entwürfe in die zeitlich richtige Reihenfolge. Nummerieren Sie dazu die Phasen durch.	
a) Sketch	☐
b) Prototyp	☐
c) Mockup	☐
d) Wireframe	☐

3.4.2

Aufgabe 8: Planen Sie für Ihr Projekt eine ergonomische Benutzerschnittstelle.

Bearbeiten Sie innerhalb Ihrer Projektgruppe folgende Aufgaben.

1. Planen Sie für Ihr Programm auf Grundlage Ihrer Anwendungsfalldiagramme eine Oberfläche. Entwickeln Sie dafür zunächst ein Sketch und ein Wireframe für Oberflächenbestandteile. Beachten Sie dabei die Grundprinzipien des UX-Designs.

2. Entwickeln Sie für Ihr Programm ein Corporate Design.

Logo	
Schriftart	
Farben	
Bilder (Verweise)	
Sonstiges	

3. Erstellen Sie für Ihre Oberfläche ein Mockup. Berücksichtigen Sie dabei die Entscheidungen, welche Sie zum Corporate Design getroffen haben. Fertigen Sie hier nur einen ersten Handentwurf an und setzten Sie diesen dann am PC mithilfe von Grafikprogrammen um.

4. Sammeln Sie Ideen, wie Sie Barrierefreiheit in Ihrem Programm umsetzen können.

Lernsituation 5: Wir implementieren objektorientierte Programme in Java oder in Python

S **Das Projekteam beginnt mit der Implementierung der Software. Herr Lübberstedt gibt einige Hinweise.**

Holger Lübberstedt: Nachdem Sie sich intensiv mit der Planung beschäftigt haben, werden wir nun mit der Implementierung von Programmen beginnen. Dazu können Sie die Programmiersprache „Java" oder „Python" verwenden. Python kennen Sie ja schon aus dem ersten Ausbildungsjahr. Hier werden Sie Ihr Wissen um die objektorientieren Sprachelemente und die Programmierung von Oberflächen erweitern. Wenn Ihnen Java nicht schon bekannt ist, dann müssen Sie sich zunächst noch die Grundlagen der Java-Programmierung aneignen. Das sollte aber schnell gehen und keine weitere Hürde darstellen, da Sie ja Programmiererfahrung besitzen.

Jannik Brunke: Besteht auch die Möglichkeit, dass wir andere Programmiersprachen verwenden?

Holger Lübberstedt: Im Prinzip schon. Nur müssen diese auch angemessen das objektorientierte Programmierparadigma unterstützen. Auch sollte es ohne Probleme möglich sein, eine Oberfläche zu programmieren. Weiterhin sollten von Hause aus schon Programmbibliotheken mitgeliefert werden, mit deren Hilfe sich die Informationssicherheit leicht umsetzen lässt. Alle diese Aspekte erfüllen sowohl Java als auch Python.

3.5 Anwendungen in Java implementieren

S **Das Projektteam möchte seine Software in Java implementieren.**

Holger Lübberstedt: Zunächst beschäftigen Sie sich ein wenig mit den Grundlagen von Java, wählen eine geeignete IDE aus und installieren im Anschluss sowohl Java als auch die Entwicklungsumgebung auf Ihrem Computer. Nun können Sie nach und nach die Sprache Java kennenlernen, indem Sie zunächst Algorithmen in Form von Konsolenprogrammen umsetzen und danach die Umsetzung der Prinzipien der OOP kennenlernen. Im Anschluss daran werden Sie lernen, grafische Benutzerschnittstellen in Java zu entwickeln. Alle diese Kenntnisse nutzen Sie, um Ihr Projekt in Java umzusetzen.

Aufgabe 1: **Werten Sie einen englischen Text zu Java aus.**

3.5.1

Lesen Sie sich den englischen Text durch und beantworten Sie die nachfolgenden Fragen.

Java
Java was developed by Sun Microsystems. Work began in 1991 and Java was released in 1995. The difference between the way Java worked and other programming languages was revolutionary. Other languages are translated by a compiler into instructions for a specific type of computer. Instead, the Java compiler converts the code into a bytecode, which is then interpreted by software known as the Java Runtime Environment (JRE) or the Java Virtual Machine. For this reason, Java programs can run on many platforms. By the late 1990s, Java had brought multimedia to the Internet and began to spread beyond. Because of this popularity, Sun developed different types of Java for various purposes, including Java SE for home computers, Java ME for embedded devices, and Java EE for Internet servers and supercomputers. In 2010, Oracle Corporation took over the management of Java by acquiring Sun Microsystems.

1. Von welcher Firma und wann wurde Java entwickelt?

2. Worin besteht der Unterschied zwischen Java und anderen Programmiersprachen?

3. Wenn Java-Programme auf einer Plattform laufen sollen, welche Software muss installiert sein?

4. Nennen Sie drei Java-Varianten.

5. In welchem Jahr übernahm Oracle das Management über Java?

Aufgabe 2: Wählen und installieren Sie eine geeignete IDE für Ihr Java-Projekt.

3.5.1

Vergleichen Sie geeignete IDE für die Entwicklung von Java-Programmen und wählen Sie eine für Ihr Projekt aus. Bearbeiten Sie und Ihr Team folgende Aufgaben im Rahmen Ihres Projektes.

1. Ermitteln Sie im Team drei bis vier verschiedene IDE, mit deren Hilfe Java-Programme entwickelt werden können.

2. Teilen Sie sich im Team auf und recherchieren die Kenndaten und die Vor- und Nachteile der entsprechenden IDE.

3. Entscheiden Sie sich im Team für eine IDE und begründen Sie Ihre Entscheidung.

IDE	Kenndaten	Vor- und Nachteile

Nachdem Sie sich für eine Entwicklungsumgebung entschieden und diese installiert haben, beginnen Sie, sich mit Java zu beschäftigen und erste Programme zu implementieren und auszuführen.

Aufgabe 3: Erstellen Sie Ihr erstes Java-Programm und führen Sie es aus.

3.5.2

Geben Sie einen gegebenen Java-Quellcode ein und führen Sie das Programm aus. Legen Sie in Ihrer gewählten IDE ein neues Java-Projekt an, geben Sie folgenden Quelltext ein und führen Sie das Programm aus. Beschreiben Sie danach kurz, was das Programm ausgibt.

```
public class Beispiel {
    public static void main(String[] args) {
        int anzahl = 5;
        for (int i = 0; i < anzahl; i++) {
            for (int j = 0; j < anzahl; j++) {
                    if (i == 0 || i == anzahl-1) System.out.print("* ");
                    else {
                            if (j == 0 || j == anzahl-1) System.out.print("* ");
                            else System.out.print("  ");
                    }
            }
            System.out.print("\n");
        }
    }
}
```

NOTIZEN

Aufgabe 4: Überprüfen Sie Ihr Wissen über syntaktische Regeln in Java.

3.5.2

1. Finden Sie in dem nachfolgenden Quelltext alle Syntaxfehler und markieren Sie diese. Zur Kontrolle geben Sie bitte den Quelltext ein, korrigieren Sie die Fehler und starten Sie zur Kontrolle das Programm.

```
public class Beispiel
    public static void Main(String[] args) {
            integer anzahl = 20
            for (int i = 1, i <= anzahl; i+++) { {
                if (i % 2 = 0) {
                    system..out.print(i + „.Hallo/n);
                }
            }
    }
}
```

2 Bestimmen Sie, ob die Bezeichner in Java korrekt sind.

Bezeichner	Korrekt	Nicht korrekt, weil …
§drei	☐	☐ ____________________
name_	☐	☐ ____________________
_name	☐	☐ ____________________
12_monate	☐	☐ ____________________
berechne Wert	☐	☐ ____________________
a__b__c	☐	☐ ____________________
Betrag_in_%	☐	☐ ____________________
ausgabe	☐	☐ ____________________
schreibe_alten_text	☐	☐ ____________________
_	☐	☐ ____________________

3 Kennzeichnen Sie in dem nachfolgenden Quellcode alle Schüsselwörter.

```
import java.util.*;
public class BeispielExceptionHandling {
     public static void main(String[] args) {
           try  {
              Scanner input = new Scanner(System.in);
              System.out.println("Geben Sie bitte eine ganze Zahl ein");
              int zahl = input.nextInt();
              System.out.println("Sie haben eine " + zahl + "eingegeben");
           }  catch (Exception ex)   {
               System.out.println("Es ist ein Fehler aufgetreten" + ex);
           }  finally{
               System.out.println("Das Programm wird beendet");
           }
     }
}
```

4 Ermitteln Sie das Ergebnis von Rechenanweisungen. Lösen Sie die nachfolgenden Aufgaben erst schriftlich und überprüfen Sie dann die Ergebnisse mithilfe eines Konsolenprogramms. Gegeben ist immer a = 11.

Anweisung	Ergebnis	Anweisung	Ergebnis für a
ergebnis = 120 % 10		a = a % 10	
ergebnis = 14 % 3		a = a % a	
ergebnis = 61 % 17		a = a * a	
ergebnis = 243 % 13		a -= a / a	
ergebnis = 4 % 5		a += a + a	
ergebnis = 5 % 4		a += a * a + a	
ergebnis = -5 % 4		a = a + a * 3 + a	
ergebnis = -5 % -4		a = (a - 1) / 2 + 7	
ergebnis = 5 % -4		a -= a - a * 4 / 2 + a * a	

Sie beginnen die Programmierung in Java mit Programmen, welche nur aus Anweisungsfolgen bestehen. Dieses Thema beinhaltet die Ein- und Ausgabe und die Verarbeitung von Daten. Außerdem beschäftigen Sie sich mit dem Abfangen von fehlerhaften Benutzereingaben mittels Exceptions.

Aufgabe 5: **Lesen, erweitern und schreiben Sie Java-Programme (Anweisungsfolgen).**

3.5.2

1 Beschreiben Sie, was folgendes Java-Programm ausgibt. Diskutieren Sie Ihre Aussagen mit Ihren Mitschülerinnen und Mitschülern.

```
import java.util.*;
public class Beispiel {
  public static void main(String[] args)  {
    Scanner input = new Scanner(System.in);
    double x = 0;
    x += input.nextDouble();
    x += input.nextDouble();
    x += input.nextDouble();
    x += input.nextDouble();
    x += input.nextDouble();
    System.out.println("Ergebnis: " + x/5);
    input.close();
  }
}
```

NOTIZEN

2 Erweitern Sie folgendes Java-Programm so, dass neben dem elektrischen Widerstand auch die elektrische Leistung und die elektrische Arbeit berechnet werden. Nehmen Sie auch entsprechend die Ein- und Ausgaben vor. Erweitern Sie außerdem das Programm so, dass fehlerhafte Eingaben des Benutzers abgefangen werden. Überprüfen Sie im Anschluss Ihre Lösung am Computer.
Hinweis: Falls notwendig, recherchieren Sie die Formeln im Internet.

```
import java.util.*;
public class Beispiel {
    public static void main(String[] args)  {
     Scanner input = new Scanner(System.in);


     System.out.println(“Geben Sie bitte die Spannung in Volt ein: \n“);
     double u = input.nextDouble();
     System.out.println(“Geben Sie bitte die Stromstärke in Ampere ein: \n“);
     double i = input.nextDouble();
     double r = u / i;


     System.out.println(“Der elektrische Widerstand beträgt: “ + r + “ Ohm“);






     input.close();

    }
}
```

3 Schreiben Sie ein Programm, welches nach Eingabe der Datenmenge (in MByte) und der Datenübertragungsrate (in Kbit/s) die Zeit berechnet, welche für die Übertragung der Datenmenge benötigt wird (Ausgabe der Zeit in Minuten). Entwickeln Sie zunächst für den Algorithmus ein Struktogramm und machen Sie sich einige Notizen zu notwendigen Daten, Formeln usw. Implementieren Sie danach den Algorithmus als Java-Programm am Computer.

NOTIZEN

Struktogramm:

</>

4 Auf die Aufgabe 9-2 (S. 121) bezogen soll zur Auswertung der Produktionsdaten eine Methode entwickelt werden, in die die Anzahl aller produzierten und die Anzahl der fehlerhaften Teile von einem Monat eingegeben werden können. Die Funktion soll nun den prozentualen Anteil der fehlerhaften Teile an der Gesamtproduktion ermitteln und ausgeben. Dabei sind fehlerhafte Eingabewerte abzufangen und es ist eine entsprechende Meldung auszugeben. Machen Sie sich im Vorfeld darüber Gedanken, welche Eingabefehler auftreten können, entwickeln Sie für die Methode ein Struktogramm und implementieren Sie die Methode anschließend in Java.

NOTIZEN

Struktogramm, PAP oder Aktivitätsdiagramm:

Nach den Anweisungsfolgen sollen Sie nun Algorithmen implementieren, in denen Verzweigungen vorkommen. Informieren Sie sich dazu im Vorfeld u. a. im Schülerbuch über die Arten der Verzweigungen und deren Umsetzung in Java.

Aufgabe 6: **Lesen, erweitern und schreiben Sie Java-Programme (Verzweigungen).**

3.5.2

1. Beschreiben Sie, wie folgendes Java-Programm aufgebaut ist und was es ausgibt. Diskutieren Sie Ihre Aussagen mit Ihren Mitschülerinnen und Mitschülern.

```
import java.util.*;
public class Beispiel {
    public static void main(String[] args)  {
        try {
            M1();
        }
        catch(Exception e) {
            System.out.println("Es ist ein Fehler aufgetreten: " + e);
        }
    }

private static void M1() {
         Scanner input = new Scanner(System.in);
         double a = input.nextDouble();
         double b = input.nextDouble();
         double c = input.nextDouble();
         double d = a;
         if (d < b) d = b;
         if (d < c) d = c;
         System.out.println(d);
         input.close();
     }
}
```

NOTIZEN

2. Im Rahmen eines Projektes der JIKU IT-Solutions für ein Programm in der Hausautomatisierung wurde eine Methode zur Überwachung der Raumtemperatur entwickelt. Dabei wurde bisher nur ein Temperatursensor eingesetzt. Wenn die Werte des Sensors über einer (maxTemp) oder unter einer (minTemp) Temperatur gelegen haben, dann hat die Methode zurückgegeben, dass die Raumtemperatur nicht mehr „Ok" ist. Zukünftig sollen die Daten von drei Temperatursensoren ausgewertet werden. Die Werte sollen alle der Methode „ist RaumTemperaturOK(...)" übergeben werden.

Der Algorithmus soll danach wie folgt ablaufen:
- Wenn ein Sensor Daten liefert, welche unter der minimalen oder über der maximalen Temperatur liegen, dann ist die Raumtemperatur nicht mehr „Ok".
- Das Gleiche soll auch der Fall sein, wenn der Durchschnittswert aller drei Sensoren einen Wert unterschreitet, welcher zwei Prozent über der minimalen Temperatur liegt oder einen Wert überschreitet, welcher drei Prozent unter der maximalen Temperatur liegt.

Erweitern Sie dahingehend die vorliegende Java-Methode.

```
private static boolean istRaumTemperaturOk (double tempSensor1,
                                            double minTemp, double maxTemp
                                                ) {
        boolean tempOK = true;
        if (tempSensor1 < minTemp || tempSensor1 > maxTemp) tempOK = false;










          return tempOk;
    }
```

3 Schreiben Sie in Java ein Programm „Bankautomat", welches folgende Bildschirmausgabe und Funktionalität hat.

Bildschirmausgabe	**Funktionalität**
Wählen Sie bitte einen Betrag aus dem Menü aus und geben Sie die entsprechende Zahl ein. **Auswahlmenü** 1. Auszahlung 100,00 € 2. Auszahlung 200,00 € 3. Auszahlung 500,00 € 4. Anderer Betrag Geben Sie einen Betrag von 10,00 bis 1 000,00 € ein! Betrag: ______________________	Bei der Eingabe einer 1, 2 oder 3 soll folgende Meldung ausgeben werden (z. B. bei Eingabe einer „1"): Sie bekommen 100,00 € ausgezahlt. Wir wünschen Ihnen noch einen schönen Tag. Bei der Eingabe einer „4" erhält der Anwender eine Eingabeaufforderung, einen Betrag von 10,00 € bis 1 000,00 € einzugeben. Danach folgt wieder der Hinweis, dass der entsprechende Betrag ausgezahlt wird. Bei falschen Eingabewerten soll eine Fehlermeldung ausgegeben werden. Hinweis: Der kleinste Geldschein, welcher ausgegeben werden kann, ist der Zehn-Euro-Schein.

Entwickeln Sie für die Aufgabe verschiedene Methoden und fangen Sie Exceptions im Programm an einer zentralen Stelle ab.

4 Auf die Aufgabe 5-4 (S. 137) bezogen soll die Methode nun so erweitert werden, dass ein Eintrag in eine Log-Datei erfolgen soll, wenn die Anzahl der fehlerhaft produzierten Teile drei Prozent überschreitet. Eingetragen werden soll die Anzahl der produzierten Teile, die Anzahl der fehlerhaften Teile und deren prozentualer Anteil.

NOTIZEN

Struktogramm, PAP oder Aktivitätsdiagramm:

Nach den Verzweigungen sollen Sie nun Algorithmen implementieren, in denen zusätzlich noch Schleifen und Felder vorkommen. Informieren Sie sich nochmals über die Arten von Schleifen und deren Implementierung in Java.

Aufgabe 7: Lesen, erweitern und schreiben Sie Java-Programme (Schleifen).

3.5.2

1 Beschreiben Sie, was folgendes Java-Programm ausgibt. Diskutieren Sie Ihre Aussagen mit Ihren Mitschülerinnen und Mitschülern.

```
public class Beispiel {
        public static void main(String[] args)  {
                int n = 30;
                boolean x = true;
                for (int i = 2; i <= n; i++) {
                    x = true;
                    for (int j = 2; j < i; j++) {
                         if ((i % j) == 0) {
                             x = false;
                             break;
                         }
                    }
                    if (x == true) System.out.println(i);
                }
        }
}
```

NOTIZEN

2 Im Rahmen eines Projektes der JIKU IT-Solutions soll eine Methode ein Array mit zehn positiven ganzen Zufallszahlen im Bereich von 0 bis 25 füllen. Dabei soll keine Zahl doppelt auftreten. Bis jetzt liegt folgender Quellcode vor. Erweitern Sie den Quelltext so, dass die Aufgabenstellung erfüllt wird.

```
import java.util.*;
public class Beispiel {
    public static void main(String[] args)  {

        Random generator = new Random();
        int max = 25;
        int zufallszahl = -1;
        int[] a = new int[10];
        for (int i = 0; i < a.length; i++) {


                zufallszahl = generator.nextInt(max);





            a[i] = zufallszahl;

        }

        for(int i = 0; i < a.length; i++) {
            System.out.print(a[i] + " ");
        }




    }
}
```

3 Schreiben Sie ein Programm, das nach Eingabe eines Anlagebetrags und eines Zinssatzes ausgibt, wie lange (in Jahren) Sie das Geld anlegen müssen, um über eine Million Vermögen zu haben.

Hinweis: Die erwirtschafteten Zinsen werden wieder angelegt und im nächsten Jahr mitverzinst.

Beispiel: Anlagebetrag in Euro: 700 000,00 €
Zinssatz in %: 10
Mindestanzahl Jahre: 4

4 Auf die Aufgabe 6-4 (S. 140) bezogen soll die Methode nun so erweitert werden, dass für alle zwölf Monate eines Jahres die Daten eingegeben und in einem zweidimensionalen Array gespeichert werden. Die Daten sollen im Anschluss ausgewertet werden. Dazu sind folgende Daten zu ermitteln:

- durchschnittliche Jahresproduktion,
- durchschnittliche Jahresproduktion an fehlerhaften Teilen,
- die höchste und die niedrigste Anzahl an Teilen, welche in einem Monat produziert wurden.

Die entsprechenden Werte sind auf dem Bildschirm auszugeben.

</>

Aufgabe 8: **Implementieren Sie in Java ein Programm zum Schreiben und Lesen von Dateien.**

3.5.2

Nachfolgend sind zwei Funktionen aufgeführt, welche das Schreiben bzw. das Lesen von Dateien ermöglichen. Schreiben Sie mit deren Hilfe ein Konsolenprogramm, bei dem der Benutzer folgendes Menü angezeigt bekommt:

1. Datei schreiben
2. Datei lesen
3. Beenden

Auswahl: ____

Weitere Anforderungen:
- Das Programm soll solange laufen, bis der Benutzer die Zahl 3 eingibt.
- Bei der Eingabe der Zahl 1 soll der Benutzer einen Dateinamen (kompletter Pfad) von einer Textdatei und einem zu schreibenden Text eingeben können. Danach soll der Text in die Datei geschrieben und eine entsprechende Meldung ausgegeben werden.
- Bei der Eingabe der Zahl 2 soll der Benutzer einen Dateinamen (kompletter Pfad) von einer Textdatei eingeben können. Diese wird danach vom Programm gelesen und der Inhalt auf dem Bildschirm angezeigt.
- Es sollen alle Exceptions abgefangen und bei Bedarf eine entsprechende Fehlermeldung ausgegeben werden.

Notwendige Importe

```
import java.io.IOException;
import java.nio.file.Files;
import java.nio.file.Path;
```

Funktion zum Schreiben in eine Textdatei

```
private static void writeData(String name, String data) {
 try {
     Files.writeString(Path.of(name), data);
     System.out.println("Hat geklappt");
 } catch (IOException e) {
     e.printStackTrace();
 }
}
```

Funktion zum Lesen einer Textdatei

```
private static void readData(String name) {
  try {
      String data = Files.readString(Path.of(name));
      System.out.println(data);
  } catch (IOException e) {
      e.printStackTrace();
  }
}
```

Aufgabe 9: **Planen und implementieren Sie im Rahmen eines Kundenauftrages Klassen in Java und probieren Sie diese in einem Konsolenprogramm aus.**

3.5.3

Für einen Zoo soll von der JIKU IT-Solutions eine Software erstellt werden. Diese Software soll als interaktives Programm dem Besucher die einzelnen Tierarten näherbringen und entsprechende Informationen bereitstellen. Im Rahmen dieses Auftrages sollen Sie nun die nachfolgenden Aufgaben bearbeiten.

Löwe
– gattung: string – gewicht: double
+ gehen(): void + brüllen(): void + fressen(): void + jagen(): void

Elefant
– gattung: string – gewicht: double – stoßzahnlänge: double – rüssellänge: double
+ gehen(): void + fressen(): void

1. Implementieren Sie in diesem Rahmen nach dem abgebildeten UML-Klassendiagramm die Klasse „Löwe" und die Klasse „Elefant". Führen Sie für jedes Attribut jeweils eine Get- und eine Set-Methode ein und schreiben Sie für jede Klassen einen Konstruktor, in dem die Attribute initialisiert werden.

2. Führen Sie für jede Klassen noch zwei weitere Attribute ein und implementieren Sie diese.

3. Erweitern Sie Ihre Lösung aus Teilaufgabe 1 dahingehend, dass Sie eine abstrakte Klasse „Tier" implementieren, von welcher die Klasse „Löwe" und die Klasse „Elefant" erben. Dazu werden alle Eigenschaften und Methoden, welche beim Löwen und beim Elefanten gleich sind, in diese Klasse verschoben. Methoden, welche den gleichen Namen besitzen, aber von beiden Tieren auf unterschiedliche Art und Weise ausgeführt werden, werden in der Klasse „Tier" als abstrakte Methoden definiert und in den abgeleiteten Klassen dann dem Tier entsprechend implementiert. Überladen Sie außerdem die Konstruktoren so, dass ein zweiter Konstruktor alle Werte des entsprechenden Tieres als Übergabeparameter erhält. Vervollständigen Sie dazu vor der Implementierung zunächst das nachfolgend abgebildete Klassendiagramm.

Angepasstes Klassendiagramm

Löwe

Elefant

4. Schreiben Sie eine Konsolenanwendung als Hauptprogramm, wo Sie jeweils einen Löwen und einen Elefanten anlegen, die Eigenschaften von diesen setzen und anzeigen. Außerdem wird zum Testen jede Methode einmal aufgerufen.

5. Erweitern Sie das Programm dahingehend, dass der Benutzer die Anzahl der Löwen und Elefanten festlegen und deren Eigenschaften eingeben kann. Diese werden in einer Liste von Tieren gespeichert, deren Eigenschaften bei Bedarf alle aufgelistet werden. Erstellen Sie zur besseren Programmsteuerung ein kleines Auswahlmenü.

Aufgabe 10: Implementieren Sie in Java eine grafische Benutzerschnittstelle.

3.5.4

Entwerfen und implementieren Sie für die Aufgabe 9 eine grafische Benutzerschnittstelle, welche die Konsolenanwendung ersetzt. Der Rest des Programms wird übernommen. Machen Sie sich zunächst im Teamarbeit Gedanken über die Oberfläche und die Anordnung der Elemente. Beachten Sie dabei auch das UX Design.

Sketch oder Mockup:

Aufgabe 11: Implementieren Sie Ihre Projektaufgabe in Java.

3.5.4

Implementieren Sie und Ihr Projektteam in mehreren Sprints Ihr Programm. Arbeiten Sie dazu in jedem Sprint folgende Schritte ab:

1. Planen Sie den nächsten Sprint im Rahmen eines Sprint-Meetings. Dabei stellt der Product Owner dem Entwicklungsteam die unerledigten Anforderungen aus dem Product Backlog vor und es wird ein Sprintziel definiert. Dazu legen Sie fest, welche Anforderungen (Backlog-Items) in dem Sprint umgesetzt werden sollen.

2. Besprechen Sie nun, wie die einzelnen Backlog-Items aus dem Product Backlog in Einzel- oder Teilaufgaben zerlegt werden können. Die einzelnen Aufgaben werden dann im sogenannten Sprint Backlog festgehalten und an Ihrem Task-Board visualisiert. Außerdem legen Sie jede Aufgabe fest, wann diese als abgearbeitet gilt (Definition of Done).
Hinweis: Planen Sie auch immer gleich entsprechende Blackbox-Tests und die dafür erforderlichen Testdaten (siehe auch Jahrgangsband 2, Lernfeld 8).

3. Auf Basis des Sprint Backlogs implementieren Sie das Programm, wobei jedes Teammitglied seine Aufgaben selbstständig auswählt und bearbeitet.

4. Führen Sie einmal pro Tag ein 15-minütiges Meeting (Daily Scrum) durch. Dabei werden u. a. die Veränderungen der letzten 24 Stunden besprochen und der Arbeitsfortschritt selbst im Sprint-Burndown-Chart festgehalten. Der Scrum Master Ihres Teams ist dafür verantwortlich, dass das Daily Scrum durchgeführt wird. Außerdem dokumentiert und kümmert er sich um auftretende Schwierigkeiten.

5. Führen Sie kurz vor dem Ende des Sprints ein Sprint-Review-Meeting durch.

6. Nach dem Sprint reflektieren Sie Ihre Arbeit in einem Retrospective-Meeting.

3.6 Anwendungen in Python implementieren

S Das Projektteam möchte seine Software in Python implementieren.

Holger Lübberstedt: Mit den Grundlagen von Python haben Sie sich schon im ersten Ausbildungsjahr auseinandergesetzt. Festigen Sie Ihr Wissen, indem Sie sich die wesentlichen Inhalte noch einmal ansehen und Ihr Wissen über Python überprüfen. Außerdem kontrollieren Sie die Versionen Ihrer verwendeten IDE und von Python und aktualisieren Sie diese gegebenenfalls. Danach werden Sie die Umsetzung der OOP-Prinzipien in Python kennenlernen. Auch die Implementierung von grafischen Benutzerschnittstellen steht nun auf dem Programm. Alle diese Kenntnisse nutzen Sie dann, um Ihr Projekt in Python umzusetzen.

Aufgabe 12: Wiederholen und überprüfen Sie Ihr Wissen zu Python. ✓

3.6.1

Python	
1. Welche Schlüsselwörter werden in Python für Verzweigungen verwendet?	
a) if	☐
b) wenn	☐
c) when	☐
d) else	☐
e) elseif	☐
f) elif	☐
2. Welche Aussage über die Einrückung von Blöcken in Python ist richtig?	
a) Blöcke müssen nicht eingerückt werden.	☐
b) Blöcke müssen mit genau vier Leerzeichen eingerückt werden.	☐
c) Blöcke müssen eingerückt werden.	☐
d) Blöcke müssen mit zwei Leerzeichen eingerückt werden.	☐
3. Welche Schüsselwörter werden im Zusammenhang mit Funktionen verwendet?	
a) def	☐
b) print	☐
c) while	☐
d) return	☐
e) if	☐
4. Welches sind reguläre Vergleichsoperatoren in Python?	
a) >>	☐
b) ===	☐
c) !=	☐
d) =	☐
e) < >	☐
f) <	☐
g) >=	☐

Python	
5. Welche Schlüsselwörter werden in Python in Schleifenanweisungen verwendet?	
a) do	☐
b) while	☐
c) in	☐
d) until	☐
e) for	☐
f) to	☐
g) range	☐
6. Welche Aussage über kopfgesteuerte Schleifen ist richtig?	
a) Kopfgesteuerte Schleifen werden nicht in Python verwendet.	☐
b) Kopfgesteuerte Schleifen werden mindestens einmal durchlaufen.	☐
c) Kopfgesteuerte Schleifen werden nicht durchlaufen, wenn die Schleifenbedingung schon vorher erfüllt ist.	☐
d) Kopfgesteuerte Schleifen haben keine Abbruchbedingung.	☐
e) Kopfgesteuerte Schleifen werden nicht durchlaufen, wenn die Schleifenbedingung schon vorher nicht erfüllt ist.	☐
7. Welche Aussagen über Listen in Python sind korrekt?	
a) Werte einer Liste müssen nicht vom gleichen Datentyp sein.	☐
b) Werte einer Liste müssen vom gleichen Datentyp sein.	☐
c) Listen beginnen mit dem Index 0.	☐
d) Der letzte Index der Liste ist gleich der Anzahl der Listenelemente.	☐
e) Mit dem Schlüsselwort „del" kann ein Element aus der Liste dauerhaft gelöscht werden.	☐
8. Welche Aussagen über Zufallszahlen in Python sind korrekt?	
a) Mit set() wird der Zufallsgenerator initialisiert.	☐
b) Um mit Zufallszahlen zu arbeiten, muss das Modul „random" importiert werden.	☐
c) Es gibt nur eine Funktion für die Erzeugung von Zufallszahlen.	☐
d) Mit der Funktion random(10, 30) lassen sich Zufallszahlen in Python erzeugen.	☐
e) Mit der Funktion randint(10, 30) lassen sich Zufallszahlen in Python erzeugen.	☐

Aufgabe 13: Planen und implementieren Sie im Rahmen eines Kundenauftrags Klassen in Python und probieren Sie diese in einem Konsolenprogramm aus.

3.6.1

Die JIKU IT-Solutions soll für einen Sparkassenverbund ein Programm entwickeln. Auf der Grundlage des Pflichtenheftes wurden in der Planung schon zwei Klassen (siehe Klassendiagramm) entworfen.

❶ Implementieren Sie nach dem nebenstehenden UML-Klassendiagramm die Klasse „Sparkonto" und die Klasse „Girokonto". Führen Sie für jedes Attribut jeweils eine Get- und eine Set-Methode ein und schreiben Sie für jede Klasse einen Konstruktor, in dem die Attribute initialisiert werden.
Hinweis: Der Kontostand vom Sparkonto kann, im Gegensatz zum Girokonto, beim Auszahlen nicht negativ werden. Die Zinsen werden vom aktuellen Kontostand berechnet.

2. Erweitern Sie Ihre Lösung aus Teilaufgabe 1 dahingehend, dass Sie eine abstrakte Klasse „Konto“ implementieren, von welcher die Klasse „Sparkonto“ und die Klasse „Girokonto“ erben. Dazu werden alle Eigenschaften und Methoden, welche beim Spar- und beim Girokonto gleich sind, in diese Klasse verschoben. Methoden, welche den gleichen Namen besitzen, aber von beiden Konten auf unterschiedliche Art und Weise ausgeführt werden, werden in der Klasse „Konto“ als abstrakte Methoden definiert und in den abgeleiteten Klassen dann entsprechend implementiert. Vervollständigen Sie dazu vor der Implementierung zunächst das nachfolgend abgebildete Klassendiagramm.

Angepasstes Klassendiagramm

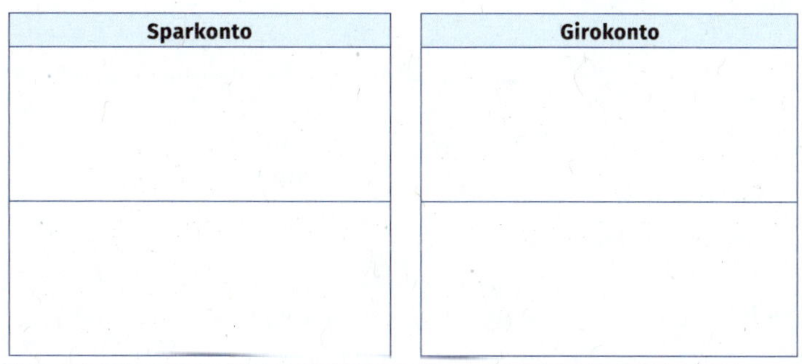

3. Schreiben Sie eine Konsolenanwendung als Hauptprogramm, wo Sie jeweils ein Spar- und ein Girokonto anlegen, die Eigenschaften von diesen setzen und danach anzeigen. Außerdem wird zum Testen jede Methode einmal aufgerufen.

4. Erweitern Sie das Programm dahingehend, dass der Benutzer die Anzahl der Spar- und Girokonten festlegen und deren Eigenschaften eingeben kann. Diese werden in einer Liste von Konten gespeichert, deren Eigenschaften bei Bedarf alle aufgelistet werden. Erstellen Sie zur besseren Programmsteuerung ein kleines Auswahlmenü.

Aufgabe 14: Implementieren Sie in Python eine grafische Benutzerschnittstelle.

Entwerfen und Implementieren Sie für die Aufgabe 13 eine grafische Benutzerschnittstelle, welche die Konsolenanwendung ersetzt. Der Rest des Programms wird übernommen. Machen Sie sich zunächst in Teamarbeit Gedanken über die Oberfläche und die Anordnung der Elemente. Beachten Sie dabei auch das UX Design. 3.6.2

Sketch oder Mockup:

Aufgabe 15: Implementieren Sie Ihre Projektaufgabe in Python.

3.6.2

Implementieren Sie und Ihr Projektteam in mehreren Sprints Ihr Programm. Arbeiten Sie dazu in jedem Sprint folgende Schritte ab:

1. Planen Sie den nächsten Sprint im Rahmen eines Sprint-Meetings. Dabei stellt der Product Owner dem Entwicklungsteam die unerledigten Anforderungen aus dem Product Backlog vor und es wird ein Sprintziel definiert. Dazu legen Sie fest, welche Anforderungen (Backlog-Items) in dem Sprint umgesetzt werden sollen.

2. Besprechen Sie nun, wie die einzelnen Backlog-Items aus dem Product Backlog in Einzel- oder Teilaufgaben zerlegt werden können. Die einzelnen Aufgaben werden dann im sogenannten Sprint Backlog festgehalten und an Ihrem Task-Board visualisiert. Außerdem legen Sie für jede Aufgabe fest, wann diese als abgearbeitet gilt (Definition of Done).
   Hinweis: Planen Sie auch immer gleich entsprechende Blackbox-Tests und die dafür erforderlichen Testdaten (siehe auch Jahrgangsband 2, Lernfeld 8).

3. Auf Basis des Sprint Backlogs implementieren Sie das Programm, wobei jedes Teammitglied seine Aufgaben selbstständig auswählt und bearbeitet.

4. Führen Sie einmal pro Tag ein 15-minütiges Meeting (Daily Scrum) durch. Dabei werden u. a. die Veränderungen der letzten 24 Stunden besprochen und der Arbeitsfortschritt selbst im Sprint-Burndown-Chart festgehalten. Der Scrum Master Ihres Teams ist dafür verantwortlich, dass das Daily Scrum durchgeführt wird. Außerdem dokumentiert und kümmert er sich um auftretende Schwierigkeiten.

5. Führen Sie kurz vor dem Ende des Sprints ein Sprint-Review-Meeting durch.

6. Nach dem Sprint reflektieren Sie Ihre Arbeit in einem Retrospective-Meeting.

Lernsituation 6: Wir entwickeln und implementieren bedarfsgerechte Datenbanklösungen

S **Herr Lübberstedt bespricht mit dem Projektteam die Umsetzung einer bedarfsgerechten Datenbanklösung für das Projekt.**

Holger Lübberstedt: Um Daten systemübergreifend bereitzustellen, kommt man an Datenbanken nicht vorbei. Die Grundlagen zu Datenbanken wurden im ersten Ausbildungsjahr gelegt. Darauf aufbauend sollen Sie nun Ihr Wissen erweitern und eine bedarfsgerechte Lösung für Ihr Projekt entwickeln.

Jürgen Pollina: Darauf freue ich mich schon. Das Planen und Entwerfen von relationalen Datenbanken mithilfe des ER-Modells hat mir schon immer besonders gut gefallen.

Holger Lübberstedt: Diese Inhalte spielen auch jetzt wieder eine große Rolle. Die Datenbanklösungen werden allerdings komplexer werden und wir sehen uns auch den Prozess der Normalisierung von relationalen Datenbanken genauer an. Auch werden Sie Ihr Wissen bezüglich der Datenbankabfragesprache SQL erweitern und umfangreichere SQL-Anweisungen formulieren.

Levi Kramer: Es soll als Alternative zu relationalen Datenbanken auch moderne, sogenannte NoSQL-Datenbanken geben. Diese wurden neulich in einem Fachartikel erwähnt. Brauchen wir denn dann überhaupt noch SQL?

Holger Lübberstedt: Zunächst einmal werden die relationalen Datenbanken ja nicht von heute auf morgen verschwinden. Die meisten existierenden Datenbanklösungen basieren darauf und schon alleine dafür ist ein solides Wissen im Bereich SQL notwendig. Auf der anderen Seite steht NoSQL für „Not only SQL", was den Einsatz von SQL nicht ausschließt, obwohl viele der NoSQL-Datenbanken ihre eigenen API zu Datenverwaltung mitbringen. Auf jeden Fall werden wir uns auch die Grundlagen betreffs von NoSQL-Datenbanken erarbeiten.

Jannik Brunke: Werden wir wieder SQLite verwenden?

Holger Lübberstedt: Mit SQLite haben Sie Ihre ersten Erfahrungen im Umgang mit Datenbanken gesammelt. Natürlich können Sie auch weiterhin damit arbeiten. Im Rahmen der Ausbildung ist aber vorgesehen, dass Sie auch andere Datenbankmanagementsysteme kennenlernen. Dazu zählt das in der Praxis sehr häufig eingesetzte MySQL, wovon Sie bestimmt schon mal gehört haben. Als NoSQL soll MongoDB zum Ausbildungsinhalt gehören. Welche Datenbanklösung Sie für Ihr Projekt verwenden, hängt ganz von Ihnen und den zu verarbeitenden Daten ab.

Jannik Brunke: Heutzutage wird vieles in die Cloud ausgelagert. Werden wir auch cloudbasierte Datenbanklösungen eingehen?

Holger Lübberstedt: Ja, auch dieses Thema ist für das zweite Lehrjahr vorgesehen, allerdings nur als Einstieg, da die anderen Ausbildungsinhalte auch sehr umfangreich sind.

3.7 Datenbanklösungen bedarfsgerecht entwickeln

S **Herr Lübberstedt gibt einen kurzen Überblick über die jetzt anstehenden Ausbildungsinhalte.**

Holger Lübberstedt: Zunächst werden wir wieder das vorhandene Wissen wiederholen und festigen. Danach werden Sie sich in Teamarbeit neues Wissen zu relationalen Datenbanken, SQL, Big Data und NoSQL-Datenbanken erarbeiten und anschließend in verschiedenen Aufgaben und in Ihrem Softwareprojekt anwenden.

Jürgen Pollina: Werden die Aufgaben hier auch wieder einen unterschiedlichen Schwierigkeitsgrad aufweisen?

Holger Lübberstedt: Ja, selbstverständlich. Aber zum Schluss sollen natürlich alle Auszubildenden in der Lage sein, bedarfsgerechte Datenbanklösungen zu entwickeln.

3.7.1

Aufgabe 1: Überprüfen Sie Ihr Wissen über Datenbanken.

1. Erläutern Sie folgende Begriffe:

Datenbanksystem: __________

Datenbankmanagementsystem: __________

Datenredundanz: __________

Dateninkonsistenz: __________

2. Beschreiben Sie „Die fünf Big Data Vs“

Volume	

Variety	
Velocity	
Veracity	
Value	

3 Beschreiben Sie die Unterschiede zwischen relationalen und NoSQL-Datenbanken, indem Sie die Angaben in den leeren Feldern ergänzen.

	Relationale Datenbanken	NoSQL-Datenbanken
Skalierung	Vertikale Skalierung:	Horizontale Skalierung:
Umsetzung der ACID-Regeln		Die ACID-Regeln werden meistens nicht unterstützt.
Leistung	Um die Leistung Systemen zu erhöhen, müssen Abfragen, Indizes und Struktur optimiert werden.	
Einsatzgebiete		

4 Ordnen Sie den Datenbankmanagementsystemen eine der folgenden beiden Kategorien zu.
(A) Relationale Datenbank
(B) NoSQL-Datenbank

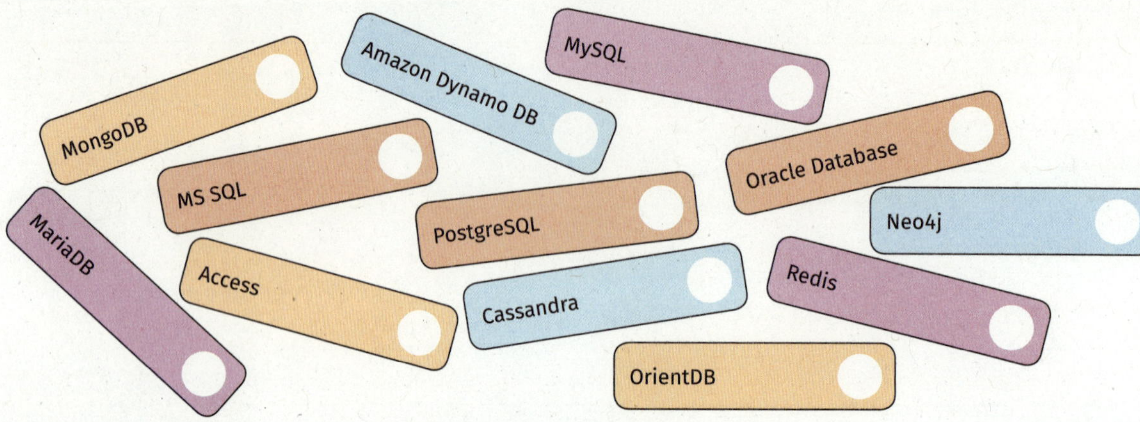

5 Beschreiben Sie kurz die Bestandteile des ACID-Modells.

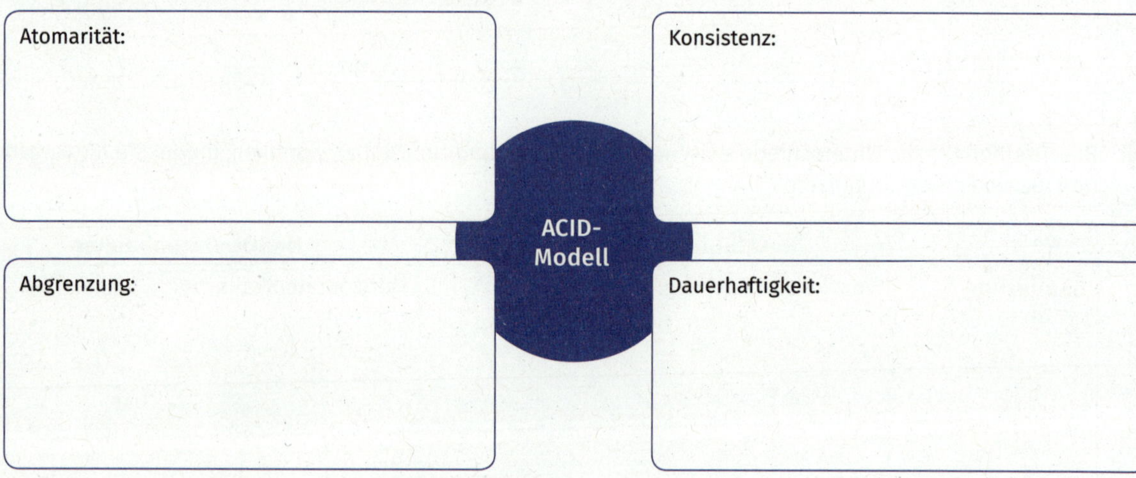

6 Erläutern Sie die Unterschiede zwischen dem ACID-Modell und dem BASE-Modell-Ansatz von NoSQL-Datenbanken.

Im Rahmen verschiedener Projekte der JIKU IT-Solutions sollen Daten aus unterschiedlichen Datenquellen in einem Data-Warehouse zusammengeführt werden.

Aufgabe 2: Führen Sie aus verschiedenen Datenquellen Daten in einem relationalen Datenmodell zusammen.

3.7.2

Wiederholen und vertiefen Sie zunächst Ihr Wissen über das ER-Modell und dessen Überführung in ein relationales Datenmodell, indem Sie die Teilaufgaben 1 und 2 lösen. Führen Sie danach bei den Teilaufgaben 3 und 4 die Daten aus verschiedenen Datenquellen in einem relationalen Datenmodell zusammen. Erstellen Sie für diese Teilaufgaben jeweils ein ER-Modell und entwickeln Sie dann daraus ein relationales Datenmodell. In der letzten Teilaufgabe entwickeln Sie für Ihr Projekt ein entsprechendes relationales Datenmodell.

1 Erweitern Sie das nachfolgende ER-Modell. Dazu stehen Ihnen folgende Angaben zur Verfügung:
- Jedes Haus besitzt aktuell genau einen Hausverwalter, welcher auch für mehrere Häuser zuständig sein kann.
- Der Hausverwalter kann wechseln. Die Informationen, welcher Hausverwalter für welches Haus zuständig war, soll auch in der Datenbank erfasst werden.
- Jedes Haus hat auch einen Hausmeister. Dieser kann auch noch andere Häuser betreuen. Hier reicht es aus, die Information zu erfassen, welcher Hausmeister aktuell für welches Haus zuständig ist.
- Jede Wohnung hat genau einen eingetragenen Mieter, welcher auch wechseln kann. Auch hier soll erfasst werden, welcher Mieter welche Wohnung gemietet hat und hatte.

ER-Modell:

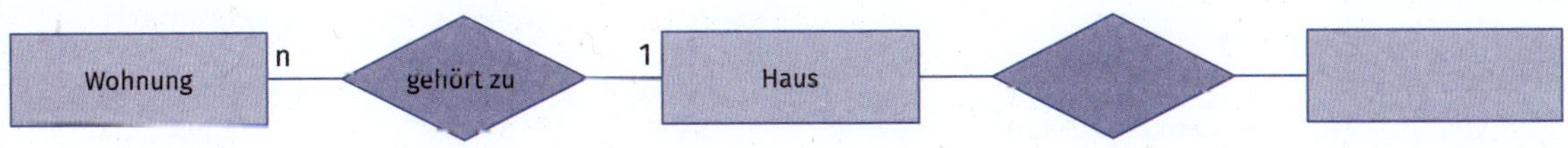

2 Gegeben ist folgendes ER-Modell. Überführen Sie das ER-Modell in ein relationales Datenmodell, indem Sie das schon bestehende relationale Datenmodell um alle notwendigen Angaben wie Attribute, Tabellennamen und Kardinalitäten ergänzen. Kennzeichnen Sie im relationalen Datenmodell alle Primär- und Fremdschlüssel.

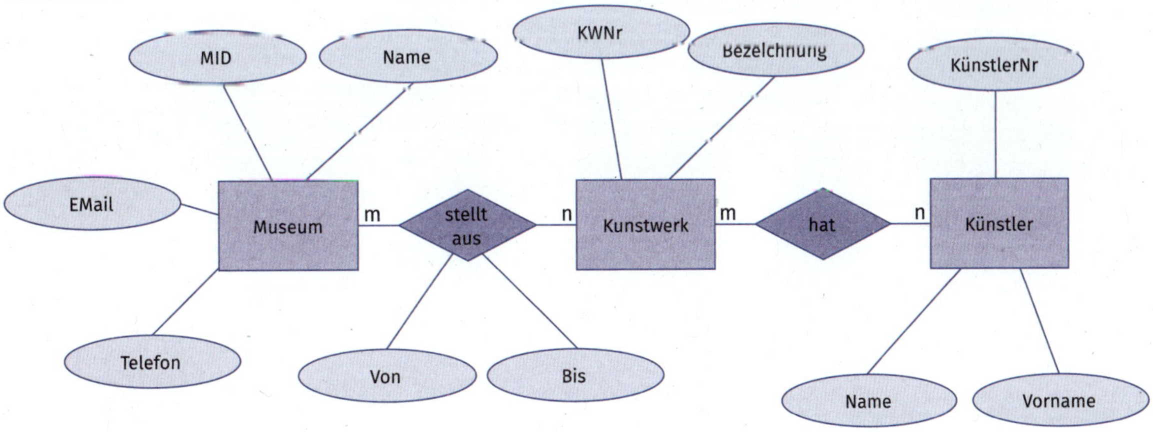

Relationales Datenmodell:

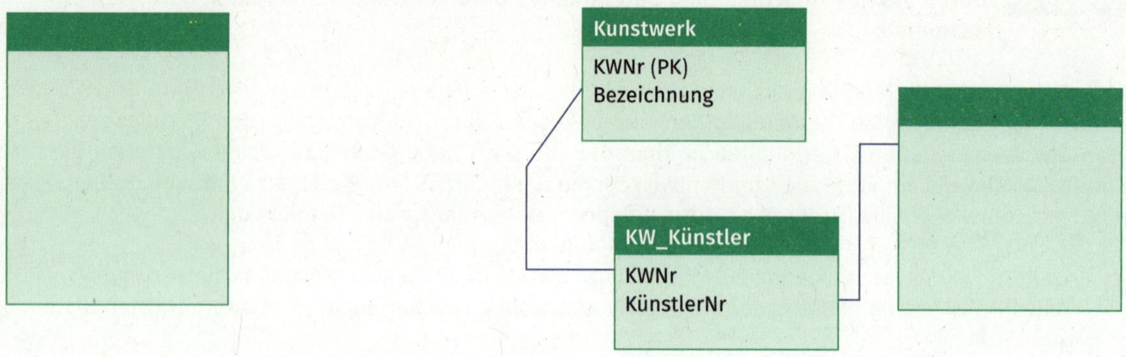

3 Es sollen die Daten für Bergtouren aus zwei Datenquellen zusammengeführt werden.
Erste Datenquelle: Exceltabelle

	A	B	C	D	E
1	**Bergtouren**				
2	**TourNr**	**Route**	**Guide**	**Zeitraum**	**Teilnehmerliste**
3	1	Silberberg	Holzbauer, Sepp	20.07.2021–21.07.2021	1. Wald, Maria
4					2. Wald, Nobert
5					3. Hirsch, Ines
6					4. Bach, Frank
7					5. Wiese, Clara
8	2	Glottertal	Waldessaum, Gretl	21.07.2021–22.07.2021	1. Ulman, Bernd
9					2. Dase, Wanda
10					3. Dae, Ernst
11	3	...	...	...	...

Zweite Datenquelle: Tour-Guide-Datenbank

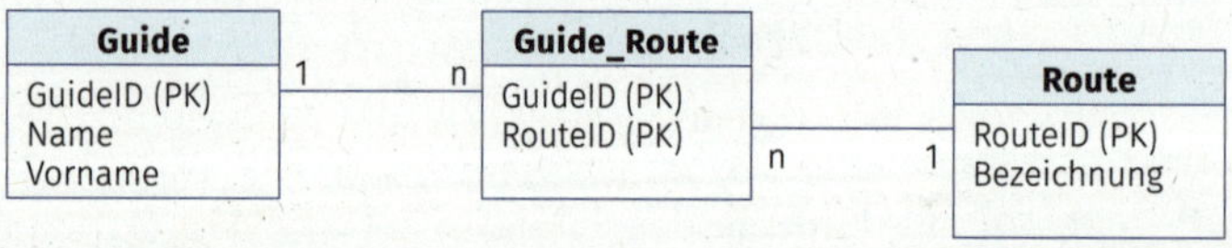

ER-Modell:

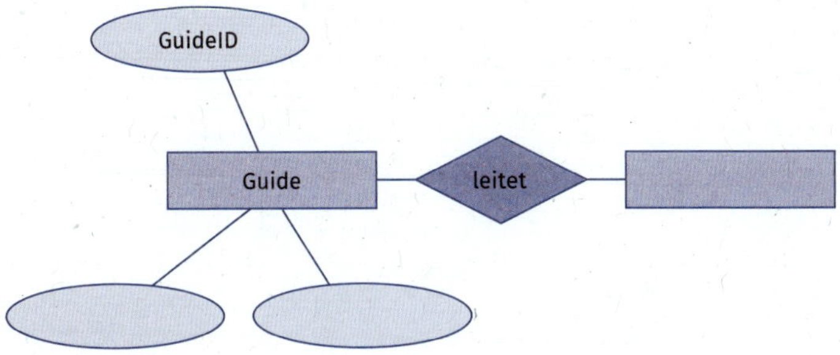

Relationales Datenmodell:

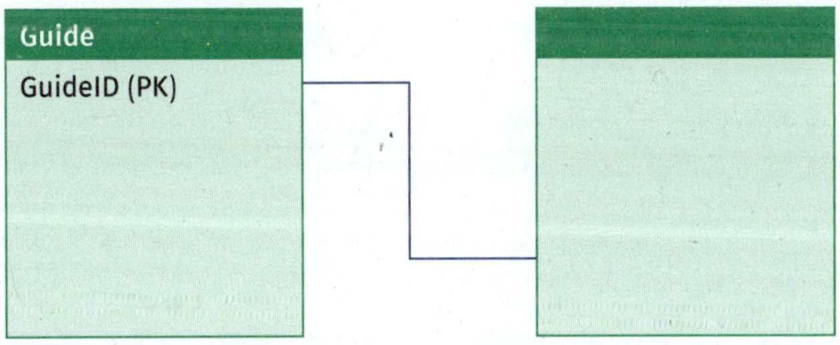

4 Es sollen Daten für die Arbeiten einer Gartenbaufirma aus drei Datenquellen zusammengeführt werden.
Erste Datenquelle: Mitarbeiterdatenbank

Mitarbeiter
MitarbeiterNr (PK) Name Vorname

Zweite Datenquelle: Auszug aus CSV-Datei mit den Objektdaten

*Objektdaten.csv - Editor

Datei Bearbeiten Format Ansicht Hilfe

```
ObjektNr, Bezeichnung, Adresse, Objektart, Kontakt
1, Rosengarten, Wiesenstr 41, Park, Tienne Susanne 0177-234567
2, Grundschule „Klein", Am Markt 3, Außenanlagen, Erdmann Svea 0172-765432
...
```

Dritte Datenquelle: Arbeitsvorgänge in Form einer Exceltabelle

	A	B	C	D	E	F
1	**Arbeitsvorgänge**					
2	**Nr**	**Objekt**	**Mitarbeiter**	**Datum**	**Von - Bis**	**Tätigkeit (Beschreibung)**
3	1	Rosengarten	Gross, Hans	20.08.2021	8:00 - 12:00	Rasenmähen
4 5 6	2	Rosengarten	Klein, Torben	20.08.2021	8:00 - 10:00	Rosenpflege 1 (Kontrolle, notwendiger Beschnitt)
7	3	Grundschule „Klein"	Gross, Hans	20.08.2021	14:00 - 16:00	Rasenmähen
8 9 10 11	4	Rosengarten	Gross, Hans	15.11.2021	8:00 - 16:00	Rosenpflege 2 (alle Arbeiten, um die Rosen auf den Winter vorzubereiten)
12	5	... ...	...	...	...	...

ER-Modell:

Relationales Datenmodell:

5 Erstellen Sie für Ihr Projekt für die zu verwaltenden Daten ein ERM und entwickeln Sie im Anschluss daraus ein relationales Datenmodell. Nutzen Sie dazu als Grundlagen die von Ihnen analysierten Datenquellen.

Aufgabe 3: Normalisieren Sie relationale Datenmodelle.

3.7.3

Im Rahmen verschiedener Projekte liegen relationale Datenmodelle vor. Diese sind dahingehend zu überprüfen, ob sie der dritten Normalform genügen und sind ggf. in diese zu überführen.

1. Gegeben ist folgende Tabelle „Kursnoten“:

StudentenID	Name	KursNr	Kurs	Note
1234	Tanja Kluge	2	Datenbanken 1	1.0
1234	Tanja Kluge	7	KI-Systeme	1.2
3333	Andrew Schlau	2	Datenbanken 1	1.6
3333	Andrew Schlau	3	Betriebssysteme 2	1.0
3333	Andrew Schlau	7	KI-Systeme	2.0
6712	Anne Berg	2	Datenbanken 1	3.0

Kursnoten
StudentenID Name KursNr Kurs Note

a) Normalisieren Sie diese Tabelle.
b) Notieren Sie jeden Normalisierungsschritt (1, 2 und 3 Normalform) und ordnen Sie die gegebenen Daten in die neuen Tabellen richtig ein.
c) Geben Sie für jeden Normalisierungsschritt auch die Tabellen ohne Daten an.
d) Kennzeichnen Sie in jedem Normalisierungsschritt alle Primär- und Fremdschlüssel und zeichnen Sie die Beziehungen zwischen den Tabellen mit den entsprechenden Kardinalitäten ein.

Erste Normalform:

StudentenID					
1234					

Kursnoten
StudentenID

Zweite Normalform:

StudentenID		
1234		

StudentenID		
1234		

StudentenID

Kursnoten
StudentenID

Dritte Normalform:
Begründen Sie, warum das Datenmodell bereits der dritten Normalform genügt.

____

____

____

____

____

____

2 Gegeben ist folgendes Datenmodell. Analysieren und normalisieren Sie dieses. Stellen Sie im Anschluss Ihr Ergebnis im Klassenverband vor und diskutieren Sie darüber.

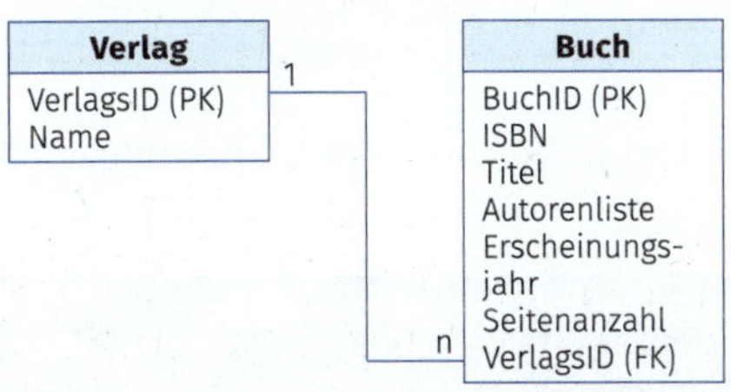

a) Ermitteln Sie, ob die Tabellen der dritten Normalform genügen. Wenn dieses nicht der Fall ist, dann notieren Sie sich das Problem und begründen Sie Ihre Aussage.

____

____

____

____

____

____

b) Normalisieren Sie das Datenmodell so, dass es der dritten Normalform genügt.

Datenmodell in der dritten Normalform:

3 Normalisieren Sie in Gruppenarbeit die Tabelle „Musikalbum“. Führen Sie dazu die im Anschluss an die Tabelle aufgeführten Schritte durch.

AlbumNr	Album	Label	Genre	Band (Gründungs-jahr)	Titel
7188	Unplugged (1992), 5. "Solo-Live-Album" (SLA)	1. 34- Duck (1982), 2. 35- Reprise (1960)	7. Blues	23. „Eric Clapton“ (1945)	1. Signe (3:14), 2. Layla (4:46), 3. Tears in Heaven (4:36)
1234	Metallica (1991), 5. "Studioalbum“ (StA)	1. 22- Elektra Records (1950), 2. 23- Vertigo Records (1969)	4. Heavy Metal	2. „Metallica“ (1981)	1. Nothing Else Matters (6:28)
8034	ABBA Gold (1992), 1. "Kompilations-album" (KA)	1. 85- Polygram (1971)	2. Pop	12. „ABBA“ (1972)	1. SOS (3:23), 2. Dancing Queen (3:51)

a) Übertragen Sie zunächst die Tabelle mit den entsprechenden Daten in eine Exceltabelle.
b) Überführen Sie die Tabelle in die erste, zweite und dritte Normalform. Geben Sie Ihr jeweiliges Ergebnis in Excel ein und fügen Sie die gegebenen Daten in die Tabellen.
   Hinweis: Nutzen Sie Farben, um Ihre Ergebnisse besser sichtbar zu machen.
c) Kennzeichnen Sie in allen Tabellen die Primär- und Fremdschlüssel.
d) Präsentieren und diskutieren Sie im Anschluss Ihr Ergebnis im Klassenverband. Korrigieren Sie notfalls Ihre Lösung.
e) Notieren Sie sich das Ergebnis in der dritten Normalform hier im Arbeitsbuch. Nutzen Sie dazu die Darstellung des Datenmodells ohne Daten. Tragen Sie allerdings alle Primär- und Fremdschlüssel und alle Beziehungen zwischen den Tabellen mit den entsprechenden Kardinalitäten in das Datenmodell ein.

4 Überprüfen Sie das relationale Datenmodell aus Ihrem Projekt dahingehend, ob es der dritten Normalform genügt. Wenn nicht, dann normalisieren Sie dieses entsprechend.

Aufgabe 4: Überprüfen Sie Ihr Wissen über SQL.

1 Überprüfen Sie Ihr Wissen über SQL. Wiederholen Sie dazu auch die Inhalte aus dem Jahrgangsband 1, Lernfeld 5. ✓

3.7.4

SQL	
1. In welche Kategorien werden die Sprachelemente von SQL eingeteilt?	
a) DDL	☐
b) DML	☐
c) DLL	☐
d) TCM	☐
e) TCL	☐
f) DCL	☐
2. Mit welchem Schlüsselwort beginnt eine SQL-Abfrage?	
a) READ	☐
b) GIVE	☐
c) SELECT	☐
d) GET	☐
e) MAKE	☐
3. Welche Schlüsselwörter sind Aggregatfunktionen?	
a) MIN	☐
b) TOR	☐
c) MAX	☐
d) AVG	☐
e) AVZ	☐
f) NUM	☐
g) COUNT	☐
4. Welches sind reguläre Vergleichsoperatoren in SQL?	

SQL	
a) >>	☐
b) ===	☐
c) !=	☐
d) =	☐
e) < >	☐
f) <	☐
g) >=	☐
5. Welche SQL-Anweisungen werden **nicht** zur Manipulation von Tabellen verwendet?	
a) SELECT Table	☐
b) CREATE Table	☐
c) CREATE Database	☐
d) ALTER Table	☐
e) MODIFY Table	☐
f) DELETE Table	☐
6. Welches sind gültige Datentypen in ANSI-SQL?	
a) DOUBLE	☐
b) VAR	☐
c) SMALL	☐
d) INTEGER	☐
e) DATE	☐
f) TRUE	☐
7. Welche Schlüsselwörter gehören **nicht** zu den logischen Operatoren in SQL?	
a) OR	☐
b) ||	☐
c) UND	☐
d) &	☐
e) NOT	☐
f) NOR	☐
g) NAND	☐
8. Wie wird ein nicht definierter Wert in SQL festgelegt?	
a) Einen solchen Wert gibt es in SQL nicht.	☐
b) 0	☐
c) Leerzeichen	☐
d) NULL	☐
e) Leerstring ""	☐

2 Formulieren Sie für die unterschiedlichen Aufgaben die entsprechenden SQL-Anweisungen und überprüfen Sie Ihre Ergebnisse. Gehen Sie dabei wie folgt vor:

- Formulieren Sie die SQL-Anweisungen zunächst schriftlich.
- Überprüfen Sie dann Ihre SQL-Anweisungen mithilfe einer selbstgewählten relationalen Datenbank. Legen Sie dazu alle notwendigen Tabellen an und füllen Sie diese mit entsprechenden Testdaten.

Gegeben ist folgendes Datenmodell:

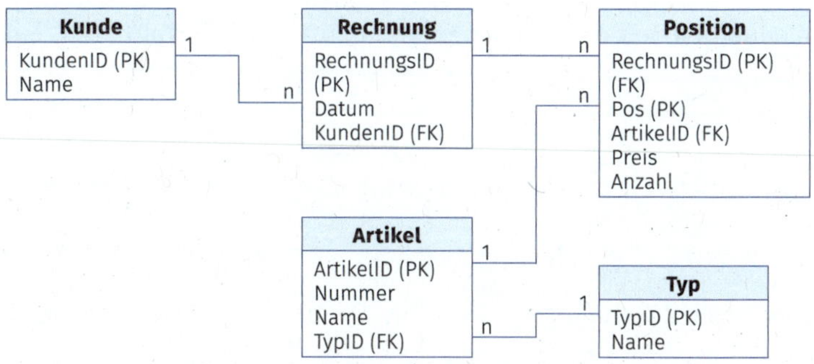

1. Legen Sie die Tabellen „Artikel“ und „Position“ mit allen Attributen und Referenzen an. Wählen Sie sinnvolle Datentypen. Verwenden Sie zwei SQL-Anweisungen.
   Hinweis: Das Attribut „Nummer“ enthält alphanummerische Werte, z. B. A32_K7.

2. Fügen Sie der Tabelle „Kunde“ das Attribut „Ort“ hinzu. Der Datentyp soll erst einmal Text mit einer Länge von 10 sein.

3. Ändern Sie der Datentyp von dem Attribut „Ort“ auf einen Text mit der Länge von 50.

4. Löschen Sie das Attribut „Ort“ aus der Tabelle „Kunde“.

5. Löschen Sie die Tabelle „Kunde“. Hinweis: Zum Testen legen Sie sich bitte eine Dummy-Tabelle an, welche Sie dann löschen.

6. Fügen Sie in die Tabelle „Typ“ einen neuen Typ mit dem Namen „Mainboard“ und der TypID „123“ ein.

7. Fügen Sie einen Datensatz mit den Daten (Rechnung: 3, Position: 2, ArtikelID: 1, Anzahl: 10, Preis: 213.20 Euro) in die Tabelle „Position“ ein.

8. Verändern Sie die Anzahl für die Rechnung 3 Position 2 auf 20.

9. Verringern Sie alle Preise für die Rechnung 3 um 10 Prozent.

10. Löschen Sie die Anzahl von Rechnung 3 Position 2.

11. Löschen Sie den Datensatz von Rechnung 3 Position 2.

12. Listen Sie alle Kunden auf, welche ein „s" im Namen haben. Hinweis: Am Namensanfang wird das „S" groß geschrieben.

13. Ermitteln Sie, wann der Kunde „Lehmann KG" Rechnungen bekommen hat.

14. Listen Sie alle Prozessoren (Name, Nummer) auf und sortieren Sie die Ergebnisse nach dem Artikelnamen aufsteigend.

15. Ermitteln Sie die Artikelnummer der Grafikkarte „gtx 1070 ti".

16. Listen Sie Name, Nummer, Typ von allen Grafikkarten und Prozessoren auf.

17. Listen Sie alle Positionen (Artikelname, Anzahl) der Rechnung vom 03.11.2021 des Kunden „Lehmann KG" auf.

18. Listen Sie alle Rechnungen (Datum, RechnungsID, Kundenname) von 2021 auf.

19. Ermitteln Sie die Anzahl der Rechnungen, welche im Mai 2020 gestellt wurden.

20. Ermitteln Sie den Rechnungsbetrag für Rechnung 4.

21. Ermitteln Sie, wie viele Rechnungen jeder Kunde 2021 bekommen hat.
Beispielergebnis:

Kunde	Anzahl
Lehmann KG	7
Holz GmbH	0
CompuService GmbH	23

22. Ermitteln Sie die Gesamtanzahl aller Festplatten, welche verkauft wurden.

23. Ermitteln Sie den durchschnittlichen Rechnungsbetrag aller Rechnungen im Oktober 2021.

24. Listen Sie alle Kunden (Name) auf, welche den Prozessor „i7-10700k“ gekauft haben.

25. Ermitteln Sie, für wie viel Geld insgesamt die „Lehmann KG“ Grafikkarten gekauft hat.

26. Ermitteln Sie alle Tage (Datum), an denen sowohl die „Lehmann KG“ als auch die „CompuService GmbH“ eine Rechnung bekommen haben.

27. Legen Sie einen Nutzer „Winkler“ mit dem Passwort „w3?A4“ an.

28. Vergeben Sie Lese- und Änderungsrechte an der Tabelle „Rechnung“ an den Nutzer „Winkler“.

29. Entziehen Sie dem Nutzer „Winkler“ die Änderungsrechte an der Tabelle „Rechnung“.

30. Löschen Sie den Nutzer „Winkler“.

Aufgabe 5: Implementieren Sie eine relationale Datenbanklösung für Ihre Projektarbeit.

3.7.5

Implementieren Sie und Ihr Projektteam in mehreren Sprints eine relationale Datenbanklösung. Arbeiten Sie dazu in jedem Sprint folgende Schritte ab:

1. Planen Sie den nächsten Sprint im Rahmen eines Sprint-Meetings. Dabei stellt der Product Owner dem Entwicklungsteam die unerledigten Anforderungen aus dem Product Backlog vor und es wird ein Sprintziel definiert. Dazu legen Sie fest, welche Anforderungen (Backlog-Items) in dem Sprint umgesetzt werden sollen.

2. Besprechen Sie nun, wie die einzelnen Backlog-Items aus dem Product Backlog in Einzel- oder Teilaufgaben zerlegt werden können. Die einzelnen Aufgaben werden dann im sogenannten Sprint Backlog festgehalten und an Ihrem Task-Board visualisiert. Außerdem legen Sie für jede Aufgabe fest, wann diese als abgearbeitet gilt (Definition of Done).
Hinweis: Planen Sie auch immer gleich entsprechende Blackbox-Tests und die dafür erforderlichen Testdaten (siehe auch Jahrgangsband 2, Lernfeld 8).

3. Auf Basis des Sprint Backlogs implementieren Sie das Programm, wobei jedes Teammitglied seine Aufgaben selbstständig auswählt und bearbeitet.

4. Führen Sie einmal pro Tag ein 15-minütiges Meeting (Daily Scrum) durch. Dabei werden u. a. die Veränderungen der letzten 24 Stunden besprochen und der Arbeitsfortschritt selbst im Sprint-Burndown-Chart festgehalten. Der Scrum Master Ihres Teams ist dafür verantwortlich, dass das Daily Scrum durchgeführt wird. Außerdem dokumentiert und kümmert er sich um auftretende Schwierigkeiten.

5. Führen Sie kurz vor dem Ende des Sprints ein Sprint-Review-Meeting durch.

6. Nach dem Sprint reflektieren Sie Ihre Arbeit in einem Retrospective-Meeting.

Aufgabe 6: Überprüfen Sie Ihr Wissen über NoSQL-Datenbanken.

3.7.6

1. Beschreiben Sie kurz, wie die Daten in den folgenden NoSQL-Datenbanken abgelegt werden, nennen Sie jeweils einen Vorteil und ein Beispiel für ein Datenbankmanagementsystem.

Art	Kurzbeschreibung	Vorteil	Beispiel
Dokumentenorientierte Datenbanken			
Graphdatenbanken			
Key-Value-Datenbanken			
Spaltenorientierte Datenbanken			

2. Stellen Sie dar, wie die folgenden Gebäudedaten einer relationalen Tabelle in einer dokumentenbasierten Datenbank (JSON-Dokument), in einer Key-Value-Datenbank und in einer spaltenorientierten Datenbank gespeichert werden.
Hinweis: Für die dokumentenorientierte Datenbank und die Key-Value-Datenbank braucht nur der erste Datensatz notiert werden.

ID	Bezeichnung	Länge	Breite	Höhe	Baujahr
1	Lagerhaus 1	50	10	5	1980
2	Wohnhaus 2	30	15	10	1963
3	Lagerhaus 2	75	20	10	2005

Datenbank	Darstellung
Dokumentenorientiert	
Key-Value	
Spaltenorientiert	

Aufgabe 7: Implementieren Sie eine NoSQL-Datenbanklösung für Ihre Projektarbeit.

3.7.7

Implementieren Sie und Ihr Projektteam in mehreren Sprints eine NoSQL-Datenbanklösung. Arbeiten Sie dazu in jedem Sprint folgende Schritte ab:

1. Planen Sie den nächsten Sprint im Rahmen eines Sprint-Meetings. Dabei stellt der Product Owner dem Entwicklungsteam die unerledigten Anforderungen aus dem Product Backlog vor und es wird ein Sprintziel definiert. Dazu legen Sie fest, welche Anforderungen (Backlog-Items) in dem Sprint umgesetzt werden sollen.

2. Besprechen Sie nun, wie die einzelnen Backlog-Items aus dem Product Backlog in Einzel- oder Teilaufgaben zerlegt werden können. Die einzelnen Aufgaben werden dann im sogenannten Sprint Backlog festgehalten und an Ihrem Task-Board visualisiert. Außerdem legen Sie für jede Aufgabe fest, wann diese als abgearbeitet gilt (Definition of Done).
   Hinweis: Planen Sie auch immer gleich entsprechende Blackbox-Tests und die dafür erforderlichen Testdaten (siehe auch Jahrgangsband 2, Lernfeld 8).

3. Auf Basis des Sprint Backlogs implementieren Sie das Programm, wobei jedes Teammitglied seine Aufgaben selbstständig auswählt und bearbeitet.

4. Führen Sie einmal pro Tag ein 15-minütiges Meeting (Daily Scrum) durch. Dabei werden u. a. die Veränderungen der letzten 24 Stunden besprochen und der Arbeitsfortschritt selbst im Sprint-Burndown-Chart festgehalten. Der Scrum Master Ihres Teams ist dafür verantwortlich, dass das Daily Scrum durchgeführt wird. Außerdem dokumentiert und kümmert er sich um auftretende Schwierigkeiten.

5. Führen Sie kurz vor dem Ende des Sprints ein Sprint-Review-Meeting durch.

6. Nach dem Sprint reflektieren Sie Ihre Arbeit in einem Retrospective-Meeting.

Aufgabe 8: Überprüfen Sie Ihr Wissen zu cloudbasierten Datenbanken.

3.7.8

1. Beschreiben Sie, was Sie unter DBaaS verstehen.

2. Nennen Sie zwei Vorteile von cloudbasierten Datenbanklösungen und beschreiben Sie diese kurz.

3. Beschreiben Sie kurz den Unterschied zwischen einer selbstverwalteten und einer autonomen Cloud-Datenbank und gehen Sie auf Vor- und Nachteile ein.

4. Nennen Sie drei Cloud-Datenbankanbieter.

5. Lesen Sie sich nachfolgenden englischen Text durch und erfassen Sie die Kernaussagen. Machen Sie sich dazu Notizen. Diskutieren Sie im Anschluss im Klassenverband die Aussagen in dem Text und Ihre Erfahrungen mit Cloud-Datenbanken.

Data Security in Cloud-Based Databases

One of the most common arguments made in the context of cloud databases is the lack of trust in the security of online data storage. In many cases, the people responsible for protecting the company's data are very sceptical about such solutions. The best data security for them is when the data is stored on their own servers under their control. However, the results of studies reveal something different.

Aside from malware attacks, most security issues arise in connection with the company's internal systems and processes. Hacking attacks, such as SQL injections or other types of more complex attacks, are not among the top 10 attacks. Most of the problems are more likely to arise from public GitHub repositories that deal with user logins and passwords, publicly accessible drives with unsecured and unencrypted data, or lost or stolen laptops with unencrypted sensitive data. This means that the risk to the data on on-premises systems is much higher than on cloud-based systems for any of the reasons mentioned. Still, people see a higher risk in the in cloud and cloud-based databases.

NOTIZEN

Lernsituation 7: Wir testen unsere Softwarelösung und führen eine Projektabnahme durch

S Das Projektteam hat die Softwarelösung fertiggestellt und möchte nun abschließende Tests und eine Projektabnahme durchführen. Herr Lübberstedt bespricht mit den Auszubildenden die nächsten Punkte.

Holger Lübberstedt: Wie Ihnen schon aus dem ersten Ausbildungsjahr bekannt ist, stellen das Testen und die Dokumentation von Software wichtige Prozessschritte im Prozess der Softwareentwicklung dar. Heutzutage spielen Unittests eine große Rolle bei der Erstellung von Software. Besonders bei Vorgehensmodellen wie Scrum erleichtern Unittests das Erweitern und das Anpassen der Software an neue Anforderungen enorm. Mit ihrer Hilfe können beispielsweise unbeabsichtigte Auswirkungen von Änderungen im Programm sehr schnell gefunden werden.

Jannik Brunke: Aber dazu benötigen wir auch entsprechende Daten zum Testen.

Holger Lübberstedt: Dazu gibt es verschiedene Vorgehensweisen, wie Testdaten gewonnen werden können. Diese werden wir uns auch ansatzweise ansehen. Natürlich müssen wir dabei zwischen Testdaten für Unittests und Testdaten für Datenbanken unterscheiden.

Jürgen Pollina: Die Erstellung und Eingabe von Testdaten in Datenbanken dauern meistens sehr lange. Das kenne ich schon aus dem ersten Ausbildungsjahr.

Holger Lübberstedt: Das kann heutzutage schon automatisiert werden. Dafür gibt es sogenannte Testdatengeneratoren. Die können Sie auch einsetzen.

3.8 Software testen und dokumentieren

S Herr Lübberstedt erläutert die weitere Vorgehensweise.

Holger Lübberstedt: Nachdem Sie sich die Grundlagen zu Unittests und die Bereitstellung von entsprechenden Testdaten erarbeitet haben, werden Sie Ihr Wissen anwenden. Dazu werden Sie Testdaten zum Testen Ihrer Software bestimmen und die Tests dann durchführen. Zum Schluss erfolgt ein Abnahmetest für Ihr Projekt und die Ergebnisse vom diesem werden im Annahmeprotokoll festgehalten. Die Testergebnisse und das Abnahmeprotokoll werden dann am Projektende den restlichen Projektdokumenten hinzugefügt. Zum Abschluss Ihres Scrum-Projekts werden Sie ein Project Review durchführen und den Entwicklungsprozess evaluieren.

Aufgabe 1: **Überprüfen Sie Ihr Wissen über das Testen von Software.**

3.8.1

Lösen Sie folgendes Kreuzworträtsel.

(1) Statisches Testverfahren, welches in der Regel ohne den Softwareentwickler stattfindet und nicht vorher streng geplant wurde
(2) Qualitätsmerkmal von Software, welches am meisten getestet wird
(3) Teststufe, in der das fehlerfreie Zusammenwirken voneinander abhängigen Systemkomponenten überprüft wird. Der Testschwerpunkt sind die Schnittstellen zwischen den einzelnen Komponenten
(4) Verfahren für die Gewinnung von Testdaten für Blackbox-Tests
(5) Teststufe, bei der ein Teil der Software der Zielgruppe zum Testen überlassen wird
(6) Dynamisches Testverfahren, bei dem der Quellcode und dessen Struktur nicht bekannt sind
(7) Dokument, in dem alle Ergebnisse des entsprechenden Tests festgehalten werden
(8) Erster Prozessschritt im Testprozess
(9) Statisches Testverfahren nach Prüfkatalog, bei dem der Softwareentwickler mit dabei ist

Aufgabe 2: **Bestimmen Sie Testwerte.**

3.8.1

Es liegt ein Programm vor, welches u. a. nach der Eingabe der Gesamtpunktzahl für ein Lebensmittel den Buchstaben und die entsprechende Farbe des Nutri-Scores ermittelt und ausgibt. Die Werte dafür wurden in der Anforderungsanalyse wie folgt festgelegt:

Gesamtpunktzahl des Lebensmittels	Buchstabe	Farbe
–15 bis –1	A	
0 bis 2	B	
3 bis 10	C	
11 bis 18	D	
19 und mehr	E	

1 Bilden Sie gültige und ungültige Äquivalenzklassen von Testwerten. Bestimmen Sie für jede Äquivalenzklasse mindestens zwei Testwerte und die erwarteten Ergebnisse.

Nummer der Äquivalenzklasse	Kurzbeschreibung	Testwerte	Erwartete Ergebnisse (Buchstabe + Farbe)
1.			
2.			
3.			
4.			
5.			
6.			
7.			
8.			
9.			
10.			

2 Bestimmen Sie nun, inwieweit eine Grenzwertanalyse Ihre Testdaten verändern würde und geben Sie für die Bereiche A und B gültige Testdaten an, welche einer Grenzwertanalyse genügen.

Bereich	Gültige Testdaten
A	
B	

Aufgabe 3: Schreiben Sie ein Programm und testen Sie dieses mithilfe eines Blackbox-Tests.

Entwickeln Sie im Team für nachfolgende Aufgabenstellung ein Java- oder ein Python-Programm. Bestimmen Sie Testdaten für einen Blackbox-Test und testen Sie Ihre Lösung.

3.8.1

Anforderungen:

- Das Programm soll nach Eingabe der Geschwindigkeitsüberschreitung (nur innerorts) das Bußgeld laut dem aktuellen Bußgeldkatalog ermitteln und anzeigen.
- Hinweis: Die Punkte und die Länge des Fahrverbots werden für die Aufgabe vernachlässigt.
- Das Programm kann als Konsolenprogramm oder mit einer grafischen Oberfläche umgesetzt werden.

1 Ermitteln Sie im Internet alle notwendigen Werte aus dem aktuellen Bußgeldkatalog.

NOTIZEN

2 Schreiben Sie ein entsprechendes Programm in Java oder in Python. Lagern Sie dabei die Funktionalität der Bußgeldermittlung in eine eigene Funktion aus, welche später getestet wird.

3 Bilden Sie zum Testen der Funktion Äquivalenzklassen und leiten Sie daraus entsprechende Testdaten ab. Hinweis: Zur Vereinfachung der Aufgabe wird davon ausgegangen, dass der Funktion nur Zahlenwerte übergeben werden.

Nr.	Kurzbeschreibung	Testwerte	Erwartetes Ergebnis

Nr.	Kurzbeschreibung	Testwerte	Erwartetes Ergebnis

4. Testen Sie das Programm und erstellen Sie ein Testprotokoll.

Aufgabe 4: Testen Sie im Rahmen des Projektes Ihre Softwarelösung.

3.8.1

Bestimmen Sie und Ihr Projektteam im Rahmen der einzelnen Sprints die Testdaten für Ihr Projekt und testen Sie Ihre Anwendung. Arbeiten Sie folgende Schritte ab:

1. Bestimmen Sie die Funktionalität, welche Sie testen wollen.
2. Bestimmen Sie entsprechende Testdaten.
3. Führen Sie die Blackbox-Tests durch und bewerten Sie das Ergebnis.
4. Bei jeder Änderung an dem bisherigen Quellcode führen Sie die Blackbox-Tests wieder aus.
   Hinweis: Passen Sie die Testdaten eventuell an neuen Anforderungen an.

Aufgabe 5: Generieren Sie für ein relationales Datenmodell Testdaten mithilfe eines Testdatengenerators.

3.8.2

Im Rahmen eines Kundenauftrages wurde ein relationales Datenmodell erstellt. Für dieses Datenmodell sollen nun mithilfe eines Testdatengenerators Testdaten generiert und in das Datenmodell eingefügt werden. Gegeben ist folgendes Datenmodell:

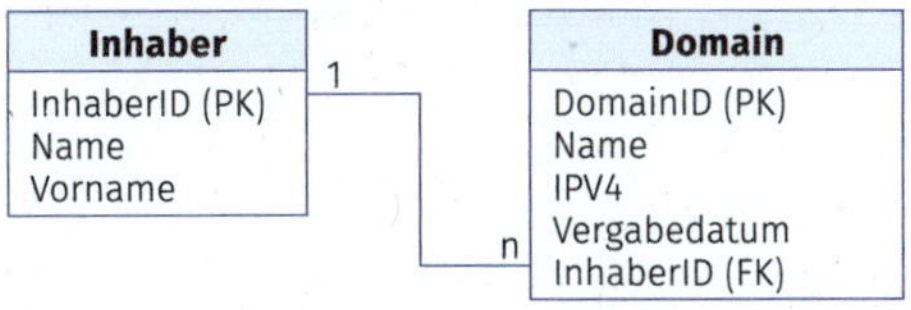

Bearbeiten Sie in Partner- oder Gruppenarbeit die nachstehenden Aufgaben.

1. Erstellen Sie eine Datenbank mit dem gegebenen Datenmodell mithilfe eines relationalen Datenbankmanagementsystems, z. B. SQLite oder MySQL.

2. Wählen Sie sich einen geeigneten Testdatengenerator aus und erzeugen Sie die Testdaten. Beachten Sie dabei folgende Kriterien:
   - Die Testdaten für die beiden Tabellen sind separat zu erzeugen.
   - Speichern Sie die Testdaten in zwei CSV-Dateien.
   - Es sind 40 Inhaber und 100 Domains als Testdaten zu generieren.
   - Bei den Domains sollen 10 % der Daten der IPV4-Adresse, 15 % des Vergabedatums und 8 % der InhaberID leer bleiben.
   - Bei der InhaberID in der „Domain"-Tabelle sollen auch zu Testzwecken zehn Werte verwendet werden, welche in der „Inhaber"-Tabelle nicht aufgelistet sind.
     Hinweis: Wenn möglich setzen Sie den Maximalwert der zu vergebenden Zahlen höher.

3. Schreiben Sie ein Programm in Java oder Python, welches die Daten aus den CSV-Dateien ausliest und in die Datenbank schreibt, und führen Sie dieses aus.
   Alternative: Importieren Sie die CSV-Daten mithilfe eines Datenbankeditors, z. B. dem „DB-Browser for SQLite", in die Datenbank.

4. Sehen Sie sich nun die Daten in der Datenbank an und vergleichen Sie diese stichprobenartig mit den Daten in den CSV-Daten.

Aufgabe 6: Überprüfen Sie Ihr Wissen über die Dokumentation von Software im Allgemeinen und über Abnahmeprotokolle im Speziellen.

3.8.3

Frischen Sie Ihre Kenntnisse über die Dokumentation von Software aus dem ersten Ausbildungsjahr auf und bearbeiten Sie folgende Aufgaben.

1. Nennen Sie fünf Kriterien einer guten Dokumentation.

2. Beschreiben Sie kurz die Inhalte der in der Tabelle aufgeführten Dokumentationsunterlagen und welche Personengruppen diese hauptsächlich verwenden.

Dokumentation	Beschreibung (Inhalte, Personengruppen)
Projekt-dokumentation	
Test-dokumentation	
Installations-anleitung	
Marketing-unterlagen	

3. Zur Dokumentation der Projektabnahme wird in der Regel ein Abnahmeprotokoll erstellt. Nennen Sie mindestens fünf Inhalte, welche im Abnahmeprotokoll erfasst werden sollten.

Aufgabe 7: Führen Sie eine Projektabnahme durch und reflektieren Sie im Anschluss Ihre Arbeit in dem Projekt.

3.8.3

Ihr Projekt ist nun fertiggestellt und soll dem Kunden übergeben werden. Im Anschluss daran möchte Ihr Projektteam noch zusammenkommen und die Arbeit in diesem Projekt reflektieren. Bearbeiten Sie und Ihr Projektteam dazu nachfolgende Punkte.

1. Kontrollieren Sie, ob alle notwendigen Dokumentationen für den Kunden erstellt wurden. Notfalls stellen Sie diese bis zum Abnahmetest fertig.
2. Planen Sie den Abnahmetest (Zeit, Tests, Abnahmeteam usw.) und bereiten Sie ein Abnahmeprotokoll vor.

NOTIZEN

3. Führen Sie den Abnahmetest durch und erstellen Sie das Abnahmeprotokoll.
4. Wenn Mängel aufgetreten sind, beseitigen Sie diese.
5. Übergeben Sie die Software mit allen notwendigen Dokumenten dem Kunden.
6. Vervollständigen Sie Ihre Dokumentationsunterlagen, z. B. die Projekt- oder die Testdokumentation.

7 Evaluieren im Anschluss das Projekt und dessen Verlauf im Rahmen eines Project Review des Scrum-Prozesses. Sprechen Sie dort alle Aspekte an, welche die Zusammenarbeit und den Entwicklungsprozess vorangebracht oder behindert haben.

Sachverhalte, welche im Project Review unbedingt geklärt werden sollten

Lernfeld 9: Netzwerke und Dienste bereitstellen

S **Die JIKU IT-Solutions vereinbart mit dem Kunden NISO AG, einem Industrieunternehmen von über 600 Mitarbeitern und insgesamt ca. 60 Auszubildenden, ein Onlineportal für die Ausbildung aufzubauen. Dazu soll eigene Hard- und Software beschafft werden. Herr Lübberstedt diskutiert das Vorhaben, solche Netzwerke und Dienste für die NISO AG bereitzustellen, mit den Auszubildenden der JIKU IT-Solutions.**

Holger Lübberstedt: Im zweiten Ausbildungsjahr vertiefen wir das Thema „Netzwerkbereitstellung". Die NISO AG ist ein guter Kunde von uns und hat angefragt, ob wir sie bei dem Aufbau eines Serversystems für ihre Ausbildungsabteilung unterstützen können. Es geht dabei um ein pädagogisches System für die Ausbilder und die ca. 60 Auszubildenden.

Laura Meier: Es wäre doch schön, wenn wir dieses Projekt gemeinsam begleiten. Dabei können wir herausfinden, ob dieses System auch etwas für die Ausbildung bei JIKU IT-Solutions ist.

Julian Markus: Ich finde, dass es ein gutes Praxisprojekt für uns ist. Wir können eigene Erfahrungen einbeziehen.

Levi Kramer: Wir sollten auf jeden Fall die Projektmethode berücksichtigen, wenn möglich uns als DevOPs einbringen, Scrum und Kanban einbeziehen.

Holger Lübberstedt: Ich merke, grundsätzlich findet dieses Projekt Anklang bei Ihnen. Wir müssen dabei beachten, dass wir konzentriert arbeiten, einen Arbeits- und Zeitplan erstellen und unsere Vorgaben einhalten.

Saahil Arora: Da ich nun im dritten Ausbildungsjahr bin, könnte ich die Projektleitung übernehmen und das Projekt für meine Projektarbeit verwenden. Bezogen auf meine Fachrichtung könnte ich ein besonderes Gewicht auf die digitale Vernetzung und den Datenschutz legen.

Holger Lübberstedt: Im dritten Ausbildungsjahr sollten schon eigenverantwortlich Projekte übernommen werden. Wenn keine Einwände von Ihnen als mitwirkendes Team bestehen, würde ich mir die Zustimmung von der Geschäftsleitung holen und dann kann Herr Arora das Projekt als Projektleiter und Scrum-Master übernehmen. Als Ihr Ausbilder werde ich die Aufsicht als Product Owner behalten.

Jannik Brunke: Als Anwendungsentwickler würde mich interessieren, ob hier auch etwas zu programmieren ist.

Holger Lübberstedt: Nach der Anfrage geht es um die Bereitstellung eines Anwendungsservers mit entsprechenden Diensten und Anwendungen. Dabei soll geprüft werden, ob eine Bare-Metal oder Cloud-Lösung zu bevorzugen ist. Das System soll ständig auf dem neuesten Stand gehalten werden. Kosten spielen natürlich auch eine Rolle.

Julian Markus: Alles, was mehr kaufmännisch ist, übernehme ich gerne vorbereitend.

Laura Meier: Im ersten Jahr haben wir schon viel über nachhaltige Systeme diskutiert. Es wäre doch schön, wenn wir dazu auch eine Ausarbeitung machen.

Holger Lübberstedt: Es ist immer wieder schön zu sehen, welches Engagement Sie für die Projekte einbringen. Ich bin überzeugt, wir werden ein gutes Projektergebnis präsentieren und die Ausbildungsabteilung der NISO AG begeistern. Es besteht auch die Möglichkeit, sich in zwei oder drei Projektgruppen aufzuteilen und mehrere Lösungsvorschläge auszuarbeiten und diese am Schluss der NISO AG zur Entscheidung zu präsentieren. Wir hätten dann gleich mehrere Referenzmodelle, die wir bei ähnlichen Kundenanfragen einbringen können.

Ich werde der Geschäftsleitung berichten und wir werden voraussichtlich in der nächsten Sitzung unser Kick-Off-Meeting haben. Dazu werde ich einen Vertreter der NISO AG einladen.

Lernsituation 1: Wir unterscheiden Netzwerkbereitstellungen nach Unternehmensanforderungen

S **Herr Lübberstedt hat die Bewilligung für eine Projektinitiierung mit der NISO AG entsprechend der Anfrage erhalten. Saahil soll die Projektleitung übernehmen, falls das Projekt zustande kommt, und dieses in der Prüfung als Projektarbeit vorstellen. Herr Lübberstedt hat zusammen mit Saahil zum Kick-off-Meeting folgende Begrüßungsfolie entworfen und zum Meeting eingeladen.**

Holger Lübberstedt: Ich begrüße als Ausbilderin der NISO AG, Jana Jankowsky, ganz herzlich zu dieser Sitzung, dazu als Vertreter der Auszubildenden Alexander Insterburg, angehender Fachinformatiker Digitale Vernetzung. Wir haben intern schon über Ihre Anfrage gesprochen und würden Sie sehr gerne bei der Umsetzung Ihrer Anforderungen unterstützen. Einbezogen sind von uns die Auszubildenden des zweiten und dritten Jahrgangs, die für Ihre Anfrage schon einige Ideen eingebracht haben. Ich würde mich freuen, wenn Sie, Frau Jankowsky und Herr Insterburg, sich kurz vorstellen.

Jana Jankowsky: Gerne! Ich bin seit etwa zehn Jahren Ausbilderin dieses innovativen Technologieunternehmens. Wir entwickeln und stellen cyber-physische Komponenten für die industrielle Fertigung her und wachsen jährlich um ca. 10 %, was uns personell sehr stark fordert. Mit derzeit 60 Auszubildenden, davon 40 in technischen Ausbildungsberufen und allein fünf in den IT-Berufen, sind wir selbst gut aufgestellt, um ein solches System zu entwickeln und bereitzustellen. Wir haben über die Make-or-Buy-Entscheidung diskutiert und waren schließlich der Meinung, dass wir aus zeitlichen Gründen gerne eine Unterstützung von JIKU IT-Solutions hätten, aber auch gerne eine externe und neutrale Expertise einholen würden. Ob es besser ist, Sie als Beratungsdienstleistung zu engagieren oder Ihrem Unternehmen im Rahmen eines Werkvertrages die gesamte Verantwortung für das gewünschte System zu geben, das werden wir noch diskutieren müssen. Entsprechend wird damit wohl die Entscheidung getroffen, ob im Auftragsfall die Projektleitung bei uns installiert wird oder in Ihrem Systemhaus. Wir haben natürlich schon mit unseren Auszubildenden darüber diskutiert. So wurde die Idee geboren, eine Anfrage an das Systemhaus JIKU IT-Solutions zu stellen. Herr Insterburg als Vertreter unserer Auszubildenden wird gerne weiter ergänzen.

Alexander Insterburg: Ich bin als Auszubildender zum Fachinformatiker Digitale Vernetzung gebeten worden, Sprecher der Auszubildenden in einem eventuellen Projekt zu sein und freue mich auf eine Zusammenarbeit. Sie fragen sich sicher, warum wir das Projekt nicht selbst durchführen. Wir haben den großen Wunsch nach einem innovativen Ausbildungssystem geäußert, haben aber selbst nicht die zeitlichen Kapazitäten, um ein System nach unseren Vorstellungen zu entwickeln und bereitzustellen. Darüber hinaus fanden wir es gut, externe Unterstützung zu erhalten und sehen darin eine Möglichkeit der Qualitätsverbesserung. Von der Ausbildungsseite ist es auch wichtig, kooperativ mit externen Unterstützern zu arbeiten.

Wir freuen uns natürlich sehr, dass es bei JIKU IT-Solutions insbesondere die Auszubildenden sein sollen. Wir haben unser System *Azubi-Connect* genannt und als besondere Anforderungen die Stichworte „disruptiv", „kooperativ", „kollaborativ", „frei", „sicher" und „reversibel" formuliert. Über diese Stichworte sollten wir schnell in eine erste Anforderungsanalyse kommen können.

Es stellen sich auch die anderen teilnehmenden Auszubildenden vor.

Holger Lübberstedt: Ich habe mit Frau Jankowsky und Herrn Insterburg die Gesprächspunkte abgestimmt und für Sie zusammengefasst. Wir sollten kurz darüber sprechen. Ich sehe für die nächsten Sitzungen zwei große Bereiche. Hierbei geht es einmal zunächst um das „Was" und in der Folge um das „Wie". Zunächst sollten die Auszubildenden den nachfolgenden Test bearbeiten, um die Kompetenzen aus Lernfeld 3 zu überprüfen.

NISO-Motto:
Technologie smarter, automatisiert vernetzt im Ecosystem!

JIKU

Projekt: Ausbildungssystem NISO „Azubi-Connect"
– disruptiv, kommunikativ, kollaborativ, offen, reversibel, sicher

Kick-Off:
1. Vorstellungsrunde
2. Projektvorstellung des Kunden, Zusammenarbeit, Projektleitung
3. JIKU-Unterstützungsangebot
4. Erstgespräch bei NISO
5. Anforderungsanalyse, Lastenheft, Projektmethoden
6. Going-On

Die Teilnehmer diskutieren über die Gesprächspunkte und einigen sich auf zunächst zwei weitere Sitzungen.

Einstiegstest: Überprüfen Sie Ihr Grundlagenwissen aus dem Lernfeld 3 - Clients in Rechnernetzwerke einbinden (siehe auch Jahrgangsband 1, Lernfeld 3, Kapitel 3).

1 Ordnen Sie die Fachbegriffe den Beschreibungen zu (max. 10 Punkte).

(1) Wireless Local Area Network
(2) Virtual Private Networks
(3) Virtual Local Area Network
(4) Local Area Network
(5) Global Area Network
(6) Router
(7) Client-Server-Network
(8) Off-Premise
(9) Bring Your Own Device
(10) Terminal-Server

Beschreibung	Nummer
Mitarbeiter können eigene Geräte mit zur Arbeit bringen und diese produktiv im Firmennetzwerk verwenden.	
Koppelelement, das Netzwerke miteinander verbindet.	
Ein Netzwerk, das weltweit aufgespannt ist.	
Virtuelle Netzwerke, die über ein gemeinsames physisches Netzwerk aufgespannt sind.	
Typisches „Heimnetzwerk" eines privaten Anwenders.	
Server, der einen virtuellen Arbeitsplatz zur Verfügung stellt.	
Server, der von einem externen Rechenzentrum zur Verfügung gestellt wird.	
Kabelloses Netzwerk.	
Logisches Netzwerk, das über ein öffentliches Netzwerk aufgespannt wird. Es wird verwendet, um Schutzziele umzusetzen.	
Netzwerk, in dem ein System einen Dienst zur Verfügung stellt und andere Systeme den Dienst in Anspruch nehmen.	

Erreichte Punktzahl	

2 Ein Datenbank-Dump soll gesichert werden. Die Sicherungsdatei besitzt eine Größe von 3 GiB (max. 6 Punkte/je Teilaufgabe 3 Punkte).

a) Zunächst soll die Datei über das Netzwerk auf den Sicherungsserver übertragen werden. Das Netzwerk hat eine Datenrate von 1Gbit/s. Davon stehen für die Übertragung 80 % zur Verfügung. Berechnen Sie die Zeitdauer der Übertragung in Sekunden.

b) Anschließend soll die gesicherte Datenbank vom Sicherungsserver auf ein Sicherungsspeicher in einer externen Cloud übertragen werden. Hier steht ein DSL-Anschluss mit einer Datenrate von 25 Mbit/s zur Verfügung. Berechnen Sie die Zeitdauer der Übertragung.

Erreichte Punktzahl	

3 Bestimmen Sie, ob die Aussage wahr oder falsch ist (max. 10 Punkte).

Aussage	wahr	falsch
Eine IP-Adresse wird durch die Subnetzmaske in Host- und Netzanteil aufgeteilt.		
Ein Switch liest die IP-Adresse eines Datenpakets aus.		
Ein Multicast ist eine Nachricht an eine vorher definierte Gruppe von Teilnehmern.		
Bei der Übertragungsart simplex wird in beide Richtungen übertragen.		
CSMA/CD sorgt dafür, dass jeder nacheinander auf das Übertragungsmedium zugreifen kann.		
Das Zugriffsverfahren CSMA/CD kann eine Kollision erkennen.		
Im Ethernet-Rahmen kommen MAC-Adressen zum Einsatz.		
UDP arbeitet verbindungsorientiert.		
Bei TCP bekommt der Sender vom Empfänger eine Empfangsbestätigung.		
Unter IaaS versteht man die Bereitstellung von Anwendungssoftware, wie z.B eine Online-Textverarbeitung.		

Erreichte Punktzahl	

4 Unterscheiden Sie die Bereiche der Strukturierten Verkabelung. Geben Sie dabei auch die eingesetzten Kabeltypen an (max. 6 Punkte).

Bereich	Erklärung	Kabeltyp
Primär		
Sekundär		
Tertiär		

Erreichte Punktzahl	

5 Gegeben ist die Netzadresse 192.168.2.0/23. Sie werden aufgefordert, vier gleich große Subnetze zu bilden.

a) Geben Sie die neue Subnetzmaske in VLSM-Schreibweise und Dezimaler-Punkt-Schreibweise an (max. 2 Punkte).

VLSM-Schreibweise (z. B. /20)	Dezimale-Punkte-Schreibweise (z. B. 255.255.240.0)

b) Geben Sie die Anzahl möglicher Host-Systeme pro Subnetz an (max. 2 Punkte).

c) Berechnen Sie die Netz- und Broadcast-Adressen der vier Subnetze (max. 8 Punkte).

Subnetz	Netzadresse	Broadcast-Adresse
1		
2		
3		

Erreichte Punktzahl	

6 Benennen Sie die ersten vier Schichten des ISO/OSI-Modells (max. 4 Punkte).
Ordnen Sie den Schichten immer drei Begriffe zu (max. 12 Punkte).

(1) Hub
(2) IPv4-Adresse
(3) Kabel
(4) MAC-Adresse
(5) Paket
(6) Port
(7) Rahmen
(8) Router
(9) Segment
(10) Signal
(11) Switch
(12) TCP

Schicht	Name	Begriffsnummern
Schicht 1		
Schicht 2		
Schicht 3		
Schicht 4		

Erreichte Punktzahl	

7 Ein Dienst im Internet, der über die IP-Adresse 11.22.33.44 ansprechbar ist, kann nicht erreicht werden.
a) Formulieren Sie einen Befehl, um die Erreichbarkeit der IP-Adresse zu überprüfen (max. 2 Punkte).

____

b) Formulieren Sie einen Befehl, der die IP-Adressen der Router auf dem Weg zum Ziel anzeigt (max. 2 Punkte).

____

Erreichte Punktzahl	

8 Sie sollen einen Server mit einer Speicherkapazität von 10TiB aufbauen. Ihnen stehen dazu 2 TiB SSD zur Verfügung (max. 4 Punkte).
Berechnen Sie die Anzahl der eingesetzten SSD bei a) RAID 5 und b) RAID 10 (je max. 2 Punkte).

Erreichte Punktzahl	

Notenschlüssel						
Note	sehr gut	gut	befriedigend	ausreichend	mangelhaft	ungenügend
Punkte	ab 58 P.	ab 52 P.	ab 43 P.	ab 32 P.	ab 19 P.	darunter
					Eigene Punktzahl	

4.1 Netzwerkbereitstellung nach unterschiedlichen Unternehmensanforderungen unterscheiden

Kundenanforderungen formulieren

S **In der ersten gemeinsamen Sitzung der Auszubildenden der JIKU IT-Solutions und der NISO AG im Projektteam sollen Kundenanforderungen erörtert werden.**

Holger Lübberstedt: Herr Arora und ich haben mit Frau Jankowsky das weitere Vorgehen besprochen. Die Auszubildenden von NISO haben drei Teammitglieder festgelegt, die unser Auswahl- und Bereitstellungsteam erweitern werden. Von NISO möchte ich als Auszubildende Frau Schepp (FI Fachrichtung Anwendungsentwicklung), Aki Gislason (FI Fachrichtung Systemintegration) und Alexander Insterburg, der sich schon vorgestellt hat, begrüßen.

Laura Meier: Ich freue mich über die übergreifende Teambildung, vielleicht bekommen wir auch ein Ecosystem hin.

Saahil Arora: Ich freue mich jedenfalls auf eine gemeinsame Projektleitung und will alles für ein gutes Projekt tun.

Holger Lübberstedt: Ich hatte Sie gebeten, sich etwas auf die Thematik vorzubereiten, sodass wir in das Gespräch Auftragnehmer-Kunde eintreten können. Wir sollten einen Gesprächskreis aufmachen. Saahil sollte heute die Rolle des Gesprächsleiters übernehmen und gleich auch für die Visualisierung der Beiträge sorgen.

Saahil Arora: Gut, wir bilden einen Gesprächskreis und ich würde zunächst unseren Kunden das Wort geben, um noch einmal herauszustellen, was ihnen wichtig ist. Ziel wäre es m. E., gemeinsam ein Lastenheft zu formulieren.

Die Teilnehmer bilden einen Gesprächshalbkreis, Saahil übernimmt die Gesprächsführung.

Aufgabe 1: **Bearbeiten Sie folgende Teilaufgaben.**

4.1.1

1. Überprüfen Sie mit folgendem Test, ob Sie für das Gespräch mit dem Kunden gut vorbereitet sind. Geben Sie an, welcher der genannten Ausdrücke am besten zu der Aussage passt.

(1) LAN und Cloud Computing
(2) Horizontale Skalierung (Scale Out)
(3) LAN
(4) WLAN
(5) Lastenheft
(6) Live-Migration
(7) Meilenstein
(8) Migration
(9) On-Premise-to-Cloud-Migration
(10) Pflichtenheft
(11) Projektstrukturplan
(12) Redundanz
(13) Vertikale Skalierung (Scale Up)

Aussagen	Nr.
a) Netzwerk mit eigenen Servern vor Ort	
b) Virtuelle Vernetzung	
c) Hybride Vernetzung	
d) Aufrüstung durch Hinzufügen von Speicherressourcen	
e) Grundlegende Veränderung einer Systemlandschaft	
f) Wechsel auf ein anderes System im laufenden Betrieb	
g) Wechsel vom eigenen Server zu Serverdienstleistungen	
h) User Requirement Specifications	
i) Functional Specifications	
j) Mehrfacher oder paralleler Einsatz	
k) Darstellung der Teilprojekte	
l) Ein Ereignis besonderer Bedeutung im Projekt	

2 Erarbeiten Sie Vorschläge zum Projekt mit der NISO AG für das nächste Kundengespräch.

a) Machen Sie stichpunktartig Vorschläge zum Projekt in der folgenden Tabelle.

Prozess der Anforderungsanalyse

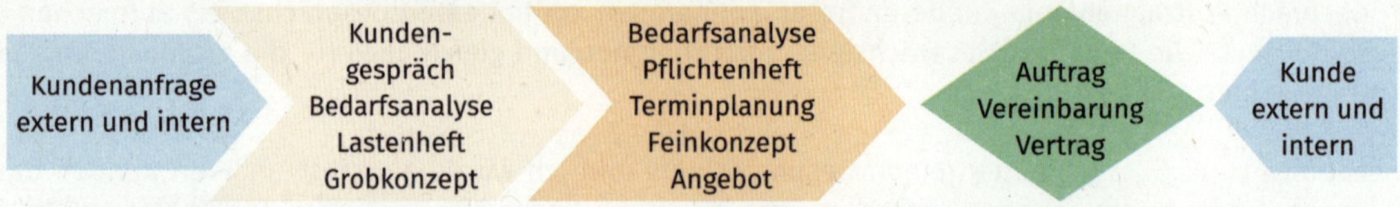

Wichtig aus der Kundenanfrage:	Konkrete Fragen für das Kundengespräch:

Handlungsprodukte/Ergebnisse:

Vorschläge für ein Lastenheft:

b) Vergleichen und stimmen Sie die Vorschläge vor der Sitzung ab und erstellen Sie gemeinsam eine Check- oder Fragenliste als gesondertes Dokument oder Präsentation.

c) Nennen Sie Aspekte, die bei den Anforderungen der NISO AG an das Ausbildungssystem „Azubi-Connect" wichtig sein könnten. Vergleichen und diskutieren Sie Ihre Anmerkungen.

Anforderungen	Anmerkungen zur Anforderungen der NISO AG
disruptiv	
kommunikativ	
kollaborativ	
offen	z. B. freie Software, offen für zusätzliche Apps

Anforderungen	Anmerkungen zur Anforderungen der NISO AG
reversibel	z. B. Vorhaben umkehrbar, d. h., Fehlentwicklungen müssen schnell korrigierbar sein, dürfen den Erfolg nicht groß mindern
sicher	

Aufgabe 2: **Beschäftigen Sie sich mit dem Grundgedanken, sich in Partnerschaften zu verflechten und ein Ecosystem für die Ausbildung aufzubauen.**

1 Was versteht man grundsätzlich unter einem Ecosystem (siehe auch Jahrgangsband 1, Lernfeld 1, Kapitel 1.3.5 (2)) 4.1.1

2 Welche Ideen und Kooperationspartner für ein Ecosystem gibt es für *„Azubi-Connect“*?

NOTIZEN

3 Im Downloadbereich finden Sie ein Glossar und eine Formularsammlung zum Projektmanagement. Erarbeiten Sie damit Aspekte zum Projekt „Azubi-Connect“ in Stichworten. Besprechen Sie diese Aspekte zu den Begriffen und klären Sie Fragen im Klassenverband.
Diskutieren Sie dies gemeinsam und erstellen Sie daraus als gesondertes Dokument eine Check- oder Fragenliste.

Mit DevOps Netzwerkbereitstellung unterstützen

S **An der zweiten Sitzung nehmen Auszubildende von JIKU IT-Solutions und der NISO AG teil. Man hat sich darauf geeinigt, dass Saahil Arora zusammen mit Karla Schepp (Auszubildende im Ausbildungsberuf Anwendungsentwicklung) die Projektleitung übernehmen. Außerdem übernimmt Herr Lübberstedt zunächst die Rolle des Product Owner. Es soll ein gemeinsames Verständnis der Arbeitskultur festgelegt werden.**

Holger Lübberstedt: Ich freue mich, dass unser Projekt genehmigt ist und nun Frau Schepp und Herr Arora gemeinsam das Projekt leiten werden. Beide sind im 3. Ausbildungsjahr und werden damit auch ihre Projektarbeit verbinden. Herr Arora will dabei seinen Schwerpunkt beim Datenschutz und bei der Datensicherheit setzen und für die Projektarbeit zusätzlich 40 Arbeitsstunden einbringen und dokumentieren. Frau Schepp will als angehende Fachinformatikerin Anwendungsentwicklung ihren Schwerpunkt in der Projektarbeit bei den Serverdiensten, dem Berechtigungs- und Rollensystem sowie Applikationen setzen. Beide müssen genau angeben, was ihre eigenständigen Leistungen sind.

Saahil Arora: Ich freue mich auf eine Zusammenarbeit im Team und die Zusammenarbeit mit Karla.

Karla Schepp: Auch ich freue mich, dass wir gemeinsam auf dem Weg zu einem der besten Ausbildungssysteme sind. Heute treffen wir uns, um die Rahmenbedingungen der Projektarbeit und die Kultur der Zusammenarbeit zu finden. In unserer Vorabfrage wurde der DevOps-Ansatz angeregt, den wir hier vertieft besprechen wollen. Wir können einen DevOps für die Bereitstellung und die weitere Betreuung des Systems festlegen. Dieser muss jedoch aus dem zur Verfügung gestellten Investitionsbudget und jährlich aus dem verfügbaren Bereitstellungsbudget finanziert werden.

Saahil Arora: Wir müssen also genau überlegen, was unter Nutzen-/Kosten-Aspekten für uns das Beste ist.

Jürgen Pollina: Ich finde den DevOps-Ansatz gut. Wir könnten genau festlegen, was dieser zu tun hat, das zeitliche Volumen pro Woche einschätzen und wissen dann ja, was dieser Ansatz kostet.

Karla Schepp: Nachdem wir uns eingearbeitet haben, können wir uns einmal eine Auswahl von DevOps-Anzeigen anschauen und überlegen, ob dies auch etwas für uns ist.

Aufgabe 3: Bearbeiten Sie zur Vorbereitung und Unterstützung folgende Teilaufgaben (siehe auch Lernfeld 7, Kapitel 2.4.2).

2.4.2
4.1.2

1. Testen Sie zunächst Ihr erarbeitetes Wissen zu folgenden Begriffen und ordnen Sie diese den Aussagen richtig zu:

(1) CALMS
(2) Continuous Delivery
(3) DevOps
(4) Orchestrierung
(5) PCBTRDOM
(6) SCIM
(7) Shift-Left
(8) SOI

Aussagen	Nr.
a) Zusammenwirken von Entwicklung und Einsatz	
b) Modell, um DevOps erfolgreich anzuwenden	
c) Einbindung möglichst früh in der Entwicklung	
d) DevOps-Phasen *(englische Anfangsbuchstaben)*	
e) Praktik zur kontinuierlichen Bereitstellung	
f) Modell für Cloud IaaS	
g) Offener Standard für Benutzerkonten-Bereitstellung	
h) Komposition und automatisierte Konfiguration	

2 Diskutieren Sie, welche Rahmenbedingungen im Team gegeben sein sollten, und erstellen Sie dazu gemeinsam eine Präsentation (siehe auch Jahrgangsband 1, Lernfeld 1, Kapitel 1.5).
Entwerfen Sie ggf. auch einen ersten Projektstrukturplan und einen Zeitplan mit Milestones als Gantt-Diagramm (Balkendiagramm) oder auch einen Netzplan (siehe auch Jahrgangsband 1, Lernfeld 2, Kapitel 2.5.3).

3 Diskutieren Sie die eventuelle Beschäftigung eines DevOps Engineer und die interne Ausschreibung einer Teilzeitstelle für DevOps unter den Auszubildenden für die laufende Bereitstellung des Ausbildungssystem „Azubi-Connect".

a) Skizzieren Sie die zu erwartenden Aufgaben anhand einer Mindmap.
b) Entwerfen Sie dazu eine interne Stellenanzeige. Die Beispiele helfen Ihnen dabei.

Stellenanzeigen zu DevOps-, System Engineer (Auszüge)

DevOps Engineer (m/w/d)
Sie sind in unserem Rechenzentrum zuständig für das Aufsetzen und die Automatisierung von Infrastrukturen unserer Kunden in der Cloud. Dabei unterstützen Sie die Entwicklerteams unserer Kunden und bilden die Schnittstelle zwischen Softwareentwicklung und dem Infrastrukturteam. Sie unterstützen Deployments (Softwareinstallation, -verteilung) und führen diese auch durch, optimieren das Monitoring und stehen unseren Kunden bei Problemstellungen zur Verfügung. Weiterhin unterstützen Sie unser Infrastrukturteam im Betrieb unserer Cloud-Infrastrukturen auf Basis von OpenStack und Kubernetes.

DevOps Engineer (m/w/d)
Um die Digitalisierung im Industrieproduktehandel aktiv zu gestalten und unsere Unternehmensprozesse weiter zu optimieren, suchen wir nach Verstärkung für unseren IT-Bereich.
Als DevOps Engineer (m/w/d) sind Sie Teil der IT-Systemadministration, mit Orientierung hin zu unserem Entwicklungsteam. Hier haben Sie die Chance, eine neue Umgebung für Microservices von Grund auf zu errichten und in unsere IT-Landschaft zu integrieren.
Zu Ihren Aufgaben zählen der Aufbau und die Administration der gesamten Microservice-Infrastruktur und die Betreuung des gesamten Zyklus, von der Entwicklung bis zum Betrieb der Anwendungen.
Dank der hohen Dynamik im Unternehmen erwarten Sie spannende Aufgaben und eigenverantwortliches Arbeiten. Sie helfen uns, unsere strategischen IT-Ziele zu erreichen und haben gleichzeitig die Möglichkeit, die Infrastruktur und unsere IT-Prozesse mitzugestalten.

DevOps Engineer/Cloud Operator (m/w/d)
- Verantwortung für den operativen Betrieb unserer Cloudlösung sowie Cloud-Infrastruktur
- Durchführung von SQL-Abfragen im Zusammenhang mit dem Monitoring
- Analyse und Behebung von Störungen
- Beratung der Kunden hinsichtlich Architektur und Aufsetzung der gewünschten Cloudlösung
- Automatisierung von Prozessen und Optimierung der Betriebsabläufe
- Umsetzung von Kundenwünschen und individuellen Lösungen
- Enge Zusammenarbeit mit den Abteilungen Entwicklung und Support

Verwendete Tech Stacks: Linux, Shell Scripting, Kubernetes, SQL Databases, Kibana, Prometheus, Grafana

IT DevOps Engineer (m/w/d) – Linux System Administrator
- Planen, Designen, Installieren und Entwickeln der Linux-Serverlandschaft
- Verantwortung und Administration der skalierbaren Cloud-Architektur (unter dem Einsatz von Azure und Kubernetes)
- Definition sowie Implementierung von Automatisierungs-Workflows (unter Ansible oder Puppet)
- Sicherstellung eines hochverfügbaren Betriebs der gesamten IT-Infrastruktur
- Mitarbeit in der Planung und Durchführung von Infrastrukturprojekten (z. B. Continuous Integration unter dem Einsatz von Jenkins, GitLab)

DevOps Engineer – IT Security (m/f/d)

What you will do

- Develop & maintain cloud security solutions and integrate security services into company processes
- Patch management across the whole infrastructure and tech stacks
- Log collection and analysis in the cloud/potentially implementing a SIEM solution
- Work closely with the team on other projects, which cover every information security topic in the company

Who you are

- At least 2 years of experience as a DevOps within the field of IT Security
- Experience with one of the major cloud technologies and knowledge in cloud security
- Hands-on experience with cloud security and understanding of the key security risks of running a cloud infrastructure
- Proficiency in Linux OS and the ability to read and write code in Python
- Self-organization with strong task management skills and experience of working in an agile scrum based culture is an advantage

System Engineer Network & Infrastructure (m/f/d)

Your Tasks

- Design, installation, configuration and monitoring of a highly available and secure network infrastructure, as well as the optimization and automation of operating processes
- Establishing connections to new remote sites or external partners and service providers
- Troubleshooting and efficient problem solving in the event of network and IT infrastructure failures
- Support in change, incident and problem management
- Cooperation with external IT service providers, in day-to-day business as well as for the implementation of projects
- SSL and DNS management
- Technical contact person in 3rd level support with rotating 24/7 on-call and travel willingness

4 Diskutieren Sie, ob der DevOps-Ansatz für das Projekt „Azubi-Connect“ sinnvoll ist und beschlossen werden sollte. Sammeln Sie Vor- und Nachteile verschiedener Ansätze. Erstellen Sie ggf. eine eigene Präsentation bzw. Visualisierung Ihrer Ergebnisse.

DevOps-Varianten		Vorteile	Nachteile
DevOps-Ansatz	sorgt für eine entsprechende Kultur, sorgt für laufende Aktualisierung des Systems entsprechend den Wünschen der Auszubildenden		
No-DevOps-Ansatz	kein Einsatz von DevOps, aber Auswahl und Realisierung einer Systemumgebung eines Anbieters/Providers, die automatisiert immer aktuell ist		
Kein DevOps-Einsatz	es wird keine DevOps-Kultur entwickelt, sondern klassisch ein System im Projekt ausgewählt und bereitgestellt		

Lernsituation 2: Wir führen Ist-Analysen durch und erstellen Lastenhefte

S Um einen Überblick über das bestehende System zu erhalten, wird zunächst eine Ist-Analyse durchgeführt.

Holger Lübberstedt: Bevor wir mit der Umsetzung unseres Projekts „Azubi-Connect“ beginnen können, ist es wichtig, dass wir für Lastenhefte auch Netzpläne erstellen können und über die technischen Anforderungen sprechen. Wir haben ja in den letzten Stunden über Kundengespräche, Lasten- und Pflichtenhefte gesprochen. Das sollten wir uns einmal für verschiedene Unternehmensgrößen vorstellen.

John Steinbach: Wir können ja zu verschieden großen Unternehmen Netzpläne erstellen.

Laura Meier: Netzpläne kann man gut mit Tools wie Microsoft Visio oder Open-Source-Tools wie draw.io oder Dia erstellen.

Holger Lübberstedt: Das stimmt – sehr gut. So etwas habe ich mir vorgestellt.

John Steinbach: Es gibt auch die Möglichkeit, Extensions für LibreOffice oder andere Programme zu installieren.

Saahil Arora: Wir können ja mal nach Möglichkeiten recherchieren.

Laura Meier: Für Lastenhefte reichen aber Netzpläne nicht aus.

Holger Lübberstedt: Ich schlage vor, dass wir bezogen auf unterschiedliche Unternehmensgrößen Netzpläne und Kurzbeschreibungen für Lastenhefte entwerfen.

4.2 Ist-Analysen durchführen und Lastenhefte erstellen

S Die Auszubildenden sollen für verschiedene Unternehmensanforderungen Netzpläne und Lastenhefte erstellen. Auch für das Projekt „Azubi-Connect“ werden eine Istanalyse durchgeführt und ein Lastenheft erstellt. Laura Meier führt dazu mit Karla Schepp und Alexander Insterburg ein Gespräch.

Laura Meier: Damit wir bei unserem Projekt „Azubi-Connect“ eine passende Serversoftware auswählen können, müssen wir zunächst die Anforderungen dafür definieren.

Karla Schepp: Das stimmt. Nur wenn die Anforderungen klar definiert sind, kann eine ideale Software aus verschiedenen Alternativen ausgewählt werden.

Alexander Insterburg: Die Anforderungsanalyse ist nicht einfach. Wir müssen dabei an alle Anwendungsfälle denken. Wir sollten die zukünftigen Benutzer dazu befragen.

Karla Schepp: In Lastenheften werden i.d.R. auch Netzpläne im Istzustand und auch Wünsche zu Veränderungen angegeben.

Alexander Insterburg: Wir können uns ja einmal unabhängig vom Projekt zur Erstellung von Netzplänen austauschen.

Holger Lübberstedt: Genau. Zur Erstellung von Netzplänen kann ich die erste Aufgabe anbieten.

Aufgabe 1: Erstellen Sie in Arbeitsgruppen zu folgenden Beschreibungen einen Netzplan und ein Lastenheft.

4.2.1
4.2.2
4.2.3

Weitere Infos aus der Istanalyse/Kundenbefragung zur Erstellung des Lastenheftes	Netzplanbeschreibung
Kunde 1 – Familie Köhler	
Familie Köhler erhält in vier Wochen einen Glasfaseranschluss inklusive Router im Keller ihres Hauses. Im Erdgeschoss wurden beim Bau bereits zwei Netzwerkdosen installiert und an TVs angeschlossen. Das Büro von Frau Köhler kommt in das Dachgeschoss. Das WLAN des alten Routers reichte nur bis in das Erdgeschoss. Es ist ein Lastenheft zu erstellen, sodass Frau Köhler im Dachgeschoss Telefon und Internet nutzen kann. Das Angebot umfasst zwei Power-LAN Adapter, einen WLAN-Access-Point für das Dachgeschoss, einen DECT-Repeater für das Erdgeschoss und einen Router inklusive Firewall zur Absicherung des Büronetzes.	Im Keller befindet sich der Glasfaseranschluss. Der neue Router (inklusive Firewall und DECT-Station) soll hier mit den zwei Netzwerkkabeln für das Wohnzimmer verbunden werden. Das Büro im Dachgeschoss wird über einen Power-LAN Adapter im Keller und eines im Dachgeschoss erreicht. Die Adapter müssen so platziert werden, dass sie ungestört von anderen technischen Geräten arbeiten können.
Kunde 2 – Architekturbüro	
Das Architekturbüro benötigt einen neuen NAS-Server mit RAID 6, 12 TB Plattenplatz und 2,5GbE-Konnektivität. Dieser soll folgende Dienste bereitstellen: Dateisynchronisation und Datensicherung (nur bürointern), Webseite und Nextcloud für die Zusammenarbeit mit Kunden (aus dem Internet nutzbar).	Das Architekturbüro besteht derzeit aus folgenden Netzwerkkomponenten: PC, Drucker, Router inklusive Firewall und WLAN-Access-Point, Switch, NAS und per WLAN erreichbar: Tablet, Smartphone und Notebook.
Kunde 3 – Gemüsescheune Meier	
Familie Meier ist dabei, auf ihrem Hof ein separates Gebäude als „Gemüsescheune" auszubauen. Das Gebäude ist bereits mit einem Netzwerkkabel an das Hauptgebäude angeschlossen. Netzwerkdosen sind bereits installiert. Webseite, E-Mail, Kassensoftware und Telefonie-Server werden als SaaS bei entsprechenden Anbietern genutzt. Familie Meier soll bei der Lastenhefterstellung für Hardware und Einrichtung zweier Kassensysteme, eines Switches und zwei IP-Telefonen unterstützt werden. Ein Wartungsvertrag ist hinzuzufügen.	Im Hauptgebäude ist ein DSL-Anschluss mit einer 100 000er Leitung und ein Router mit integrierter Firewall vorhanden. In der Scheune müssen der Switch, zwei Kassensysteme inklusive POS-Drucker und zwei VoIP-Telefone installiert und eingerichtet werden.
Kunde 4 – Gebäudereinigung	
Die Gebäudereinigung möchte lokal ein CRM-System einsetzen. Die Firma besteht aus zehn internen Büromitarbeitern inklusive Geschäftsführung, die in zwei Schichten arbeiten, sowie 50 Außendienst-Mitarbeitern. Im ersten Schritt soll das CRM für den Innendienst eingeführt werden. Im zweiten Schritt sollen die Außendienstmitarbeiter über datenschutzkonforme Smartphones per Browser auf ihre Aufträge im CRM zugreifen können.	Im Büro befinden sich fünf Arbeitsplatzrechner, zwei Drucker, eine USV, ein Buchhaltungsserver, ein NAS-Server, fünf VoIP-Telefone und ein DSL-Router.
Kunde 5 – Softwarehaus	
Das Softwarehaus besitzt zehn Standorte. Zur Erhöhung der Sicherheit sollen am Entwicklungsstandort VLANs eingeführt werden. Die Remote-Entwickler, z. B. verbinden sich über das Internet mit dem VPN-Gateway. Mittels der VLANs sollen sie nur noch auf spezielle Dienste der Development Server, z. B. das interne git-Repository, zugreifen können. Ebenso sollen die Netzwerkkomponenten der Buchhaltung in ein Subnetz gekapselt werden. Managed Switch inklusive Einrichtung sind erforderlich.	Am Entwicklungsstandort befinden sich ein VPN-Gateway, eine Firewall, ein Router und ein 24-Port Layer 2 Switch. Daran sind angeschlossen: fünf Workstations der Entwickler, zwei Development-Server, zwei PCs der Buchhaltung, ein Drucker für die Buchhaltung, die Workstation des Geschäftsführers, ein Drucker allgemein, ein CRM- und ein Buchhaltungsserver.
Kunde 6 – Bäckerei	
Die Bäckerei besitzt bereits 40 Filialen und möchte zwei weitere Filialen eröffnen. Dazu müssen die neue Filiale in Lüneburg und die neue Filiale in Hamburg mit jeweils einer Firewall inklusive Router, zwei Kassensystemen und je einem Drucker ausgestattet werden. Firewalls und Router müssen so konfiguriert werden, dass sie mit der Zentrale kommunizieren.	In der Zentrale sind ein DHCP-Server, ein DNS-Server, ein Domain-Controller, ein Proxy-Server und die Arbeitsplätze 1 bis N eingerichtet. Zudem gibt es dort in einem geschützten Bereich (DMZ) einen Reverse Proxy, einen Webserver und einen Mailserver.

Übersicht Netzwerksymbole:

Internet	Firewall, Router	Firewall, Router, WLAN AP	Power LAN Adapter	TVs	DECT	DECT Repeater	WLAN AP

LAN	Power-LAN	Bürorechner	DECT-Telefon	Firmennetz	Drucker	IP-Telefon
Arbeitsplatz-rechner	NAS	Server	USV	Switch	Switch	VPN

Zur Unterstützung für die Erstellung der Netzpläne können unvollständige Vorlagen über den Downloadbereich aufgerufen werden (weitere Informationen über Lastenhefte siehe auch Jahrgangsband 1, Lernfeld 2, Kapitel 2.6.2 und Lernfeld 5, Kapitel 5.4).

Aufgabe 2: Erstellen Sie ein Lastenheft für das Projekt „Azubi-Connect".

4.2.3

Folgende Rahmenparameter sind vorgegeben:

Ausbilder und Auszubildende von fünf Unternehmen benötigen Zugang, in Summe ca. 100 Personen. Langfristig soll ein „Azubi-Connect"-Ecosystem entstehen, d.h., weitere Partner wie die berufsbildenden Schulen und sonstige Kooperationspartner sollen hinzukommen.

Folgende Anwendungsfälle sollen mindestens abgedeckt werden:
- Dateiaustausch
- E-Mail-Client
- Chat
- Videokonferenz
- Benutzerverwaltung
- Benutzer können eigene Freigaben erstellen
- Kanban-Boards

JIKU IT-Solutions übernimmt die Administration.

1. Legen Sie weitere Rahmenparameter in Ihren Arbeitsgruppen fest.

2. Sortieren Sie den folgenden Kriterienkatalog nach Wichtigkeit der Kriterien. Füllen Sie dazu die Spalte „Reihenfolge nach Wichtigkeit" aus. Nennen Sie je ein Beispiel für die Nutzung.

Kriterium	Reihenfolge nach Wichtigkeit	Beispiel für die Nutzung
a) Aufbau eines offenen Systems, erweiterbar über Apps und Extensions		Das System soll per „One-Klick" über die Weboberfläche erweiterbar sein, z.B. um Adressbuch, Notizbuch, Passwortmanager.
b) Benutzer können eigene Dateifreigaben erstellen		
c) Benutzerverwaltung		

Kriterium	Reihenfolge nach Wichtigkeit	Beispiel für die Nutzung
d) ca. 100 Anwender, Zugang für Ausbildende und Auszubildende aus fünf Unternehmen		
e) Clients für PC und Smartphones		
f) Dateiaustausch		
g) E-Mail-Client		
h) JIKU IT-Solutions übernimmt Administration		
i) Kanban-Boards		
j) Videokonferenz		

3 Erstellen Sie über die Vorlage zum Lastenheft im Downloadbereich einen Entwurf für das Projekt „Azubi-Connect". Legen Sie Kriterien für die Anforderungen fest.

4 Wählen Sie die passende Server-App aus. Als Plattform für „Azubi-Connect" fällt die Wahl auf „Nextcloud". Wählen Sie aus dem Angebot der Webseite zwei Apps aus und begründen Sie Ihre Entscheidung.
Hinweis: Auf https://apps.nextcloud.com gibt es eine Vielzahl an Server-Apps, die sich über die „Nextcloud"-Weboberfläche auf dem Server hinzufügen lassen.

NOTIZEN

Lernsituation 3: Wir berücksichtigen technische Anforderungen in Netzwerken

S **Das Lastenheft wurde von den Auszubildenden erstellt. Nun sollen die technischen Anforderungen an das Netzwerk und die Server geklärt werden. Es werden Internetprotokolle und deren Einsatzgebiete betrachtet. Weiterhin sollen die Anforderungen an die Server und deren Speicheranbindung untersucht werden. Neben den rein funktionalen Anforderungen sind auch die Aspekte des zuverlässigen Betriebs in Form einer kontinuierlichen Stromversorgung zu beachten. Die gesamte Infrastruktur soll über das Internet erreichbar sein.**

Holger Lübberstedt: Für den Aufbau der Serverumgebung werden wir uns mit der Vernetzung beschäftigen. Sie sollten sich tiefgehend mit den verwendeten Protokollen auseinandersetzen. Ich schlage vor, dass sich die Systemintegratoren damit beschäftigen.

Jürgen Pollina: Ja, das fällt genau in unseren Bereich. Ich werde mich mit Stefan darum kümmern.

Saahil Arora: Sehr gut. Dann solltet ihr auch die benötigten Netzwerkkomponenten betrachten. Das liegt inhaltlich nah beieinander.

Stefan Köhler: Prima, dann kann ich meine Erfahrungen aus der Client-Anbindung weiter vertiefen.

Holger Lübberstedt: Dann muss noch der große Bereich der Server und der Anbindung des Speichers an die Server bearbeitet werden. Das könnten sich Levi Kramer und Laura Meier ansehen. Sie sollten dabei sowohl die Anforderungen an die Software als auch an die Hardware untersuchen.

Laura Meier: Gerne. Das wird sicherlich interessant zu sehen, was bei Servern alles zu beachten ist.

Saahil Arora: Um die Anforderungen an die Stromversorgung könnte sich John kümmern.

John Steinbach: Ich habe schon ein paar Dinge über Stromversorgungen gelernt. Das wird mir helfen, dies zu vertiefen.

Patric Bauer: Die Anbindung an das Internet würde ich mir gerne genauer ansehen. Ich kenne zwar einige Technologien, aber leider nicht die genauen Unterschiede.

Holger Lübberstedt: Perfekt. Dann sollten jetzt alle Aufgaben verteilt sein.

4.3 Technische Anforderungen für das Bereitstellen von Netzwerken berücksichtigen

Internet-Protokolle unterscheiden

S **Die Auszubildenden diskutieren die Unterschiede einiger Internet-Protokolle.**

Jürgen Pollina: Ich kann mich aus dem ersten Ausbildungsjahr noch erinnern, dass wir uns intensiver mit IPv4 auseinandergesetzt haben.

Stefan Köhler: Ist denn IPv6 nicht viel zukunftssicherer? Ich habe mitbekommen, dass IPv4-Adressen nicht mehr verfügbar sind.

Holger Lübberstedt: Da haben Sie vollkommen recht. Ich schlage vor, dass Sie sich das IPv6-Protokoll etwas genauer ansehen sollten. Es ähnelt dem IPv4-Protokoll zwar im Bereich Subnetting, aber die Schreibweise ist eher ungewohnt.

Jürgen Pollina: Wir sollten in unserem Projekt möglichst viele Netzwerkoptionen zentral konfigurieren.

Stefan Köhler: Wie kann man das machen?

Jürgen Pollina: Soweit ich weiß, wird die IP-Adresse über einen DHCP-Server bereitgestellt. Vielleicht kann man noch mehr Parameter über einen DHCP-Server im Netz bereitstellen.

Stefan Köhler: Ich habe einige Netzwerkkarten bekommen. Leider sind die Typenschilder nicht mehr vollständig lesbar. Ich würde mir gerne die Spezifikation der Netzwerkkarten bei den jeweiligen Herstellern ansehen. Können Sie mir ein Tipp geben, wie ich die Hersteller herausfinden kann?

Holger Lübberstedt: Ja, gerne. Sie können über die MAC-Adresse den Hersteller ermitteln. Dazu benötigen Sie die OUI der entsprechenden Netzwerkkarte.

Stefan Köhler: Das schaue ich mir genauer an. Danke.

4.3.1

Aufgabe 1: Untersuchen Sie die Schreibweise und den Umgang mit IPv6-Adressen.

In der Ausbildungsrunde wurde über die Unterschiede zwischen IPv4 und IPv6 gesprochen. Neben dem sehr viel größeren Adressbereich von IPv6-Adressen stellen die Auszubildenden fest, dass die bekannten Adresstypen wie private und öffentliche Adressen zunächst ungewohnt aussehen.
Die folgende Adresse enthält die bereits bekannten IPv4-Adresstypen und den Netzbereich.

IPv4-Adresstyp	Adressbereich	Bemerkung
loopback/localhost	127.0.0.0/8	eigene Schnittstelle; nur innerhalb des Clients gültig
private lokale Adressen	10.0.0.0/8 172.16.0.0/12 192.168.0.0/16	nur innerhalb lokaler Netze gültig
Multicast-Adressen	224.0.0.0/4	adressiert Gruppen von Clients
APIPA-Adressen	169.254.0.0/16	nicht routingfähige Adresse; wird nach fehlgeschlagenem DHCP-Prozess vergeben
öffentliche Adressen	–	öffentlich gültig und routingfähig; alle weiteren Adressen ohne besondere Funktion

1. Ihnen werden die folgenden IPv6-Adressen vorgelegt. Sie sollen mithilfe des Internets herausfinden, um welche Adressbereiche es sich dabei handelt.

IPv6-Adresstyp	Adressbereich	Bemerkung
	fe80::/10	
	fc00::/7	
	ff00::/8	
	2000::/3	
	::1/128	

Finden Sie auch heraus, welchen Scope (Gültigkeitsbereich) die Adressen besitzen.

2. Recherchieren Sie, ob weitere Adresstypen neben Unicast- und Multicast-Adressen existieren.

3. Für das anstehende Projekt sollen Sie einen IP-Adressplan aufbereiten.
Zu besseren Übersicht werden Sie gebeten, die vorliegenden IPv6-Adressen einfacher lesbar darzustellen. Dazu sollen Sie die folgenden Regeln nach RFC 5952 anwenden.

Regeln aus RFC5952 – Abschnitt 4

1. Allgemeines Format IPv6-Adresse: x:x:x:x:x:x:x:x Jedes x stellt einen 16-Bit-Block dar und enthält vier Hexadezimal-Ziffern (0-f).
2. Bei IPv6-Adressen werden kleine Buchstaben für die Hexadezimal-Ziffern verwendet.
3. Führende „0“ müssen weggelassen werden:
   0020 → 20 oder 0004 → 4 oder 0000 → 0
4. „::“ wird zu Kürzung von mindestens zwei „0“-Blöcken verwendet:
   2000:0:0:1:1:1:1:1 → 2000::1:1:1:1:1
5. „::“ muss immer auf die längste Folge von „0“-Blöcken angewendet werden:
   2000:0:0:1:0:0:0:1 → 2000:0:0:1::1
6. „::“ darf genau einmal in einer IPv6-Adresse angewendet werden, damit die Eindeutigkeit der Adresse gewahrt bleibt:
   2000::1::1 ist nicht erlaubt, da 2000:0:0:1:0:0:0:1 oder 2000:0:0:0:1:0:0:1 gemeint sein könnte.
7. „::“ wird bei gleicher Anzahl von „0“-Blöcken auf den ersten (linken) Abschnitt angewendet:
   2000:0:0:1:2:0:0:1 → 2000::1:2:0:0:1

Hinweis: Die erste Zeile stellt die localhost-Adresse dar und dient als Beispiel.
Wenden Sie die Regeln auf die folgenden IPv6-Adressen an und ergänzen Sie die Tabelle.

Nr.	Ungekürzte IPv6-Adresse	Gekürzte IPv6-Adresse
1	0000:0000:0000:0000:0000:0000:0000:0001	::1
2	fe80:0000:0000:0000:dacb:8aff:fea1:b8f7	
3	2001:0db8:0c29:0001:0000:0000:0000:4efe	2001:db8:c29:1::4efe
4	fc00:0000:0100:0020:0000:0000:1234:02f0	
5		2001:0:0:1::c030
6		fe80::7e0:4302:0:0:a26
7	fc00:0000:0000:0000:6700:0000:0000:0a00	

4 Um später eine Abschottung per Firewall vornehmen zu können, soll das neue Netz für das Projekt als Subnetz in das gegebene IPv6-Netz eingeplant werden.

Es wird der folgende IPv6-Adressbereich zur Verfügung gestellt:
2001:abcd:0:3200::/58

Berechnen Sie das neue Präfix für die zu bildenden acht Subnetze.

Teilen Sie dieses Netz in acht Subnetze auf. Tragen Sie hierzu die jeweilige Netzadresse der acht Netze in die folgende Tabelle ein.

Netz	Netzadresse
0	2001:abcd:0:3200:: /61
1	____:____:____:____:: /61
2	____:____:____:____:: /61
3	____:____:____:____:: /61
4	____:____:____:____:: /61
5	____:____:____:____:: /61
6	____:____:____:____:: /61
7	____:____:____:____:: /61

5 In den Unterlagen zum DHCP-Server finden Sie die folgende Tabelle mit DHCP-Parametern. Erklären Sie die Parameter in eigener Sprache.
Welche der Optionen sind für Ihr Projekt „Azubi-Connect“ nützlich? Welche Optionen sind nicht mehr relevant?
Ergänzen Sie die Liste durch weitere Parameter, die Sie im RFC 2132 finden können.

DHCP-Optionen aus RFC 2132		
Option	**Name**	**Erklärung**
1	Subnet Mask	Diese Option gibt die Subnetzmaske des Client an.
3	Router	Diese Option definiert eine Liste von Router-IP-Adressen im Subnetz des Clients.
4	Time Server	Mit dieser Option lässt sich dem Client eine Liste von Zeitservern zur Verfügung stellen.
5	Name Server	Die Option definiert eine Liste von IEN 116 Namensserver.
6	Domain Name Server	Mit dieser Option werden die Domain-Name-Server-Adressen (DNS-Adressen) angegeben.
71	Network News Transport Protocol	Diese Option definiert eine Liste mit Network News Server (NNTP).

6 Ermitteln Sie für jede Netzwerkkarte den entsprechenden Hersteller.
Nutzen Sie die folgende Tabelle mit OUI-Herstellercodes (OUI = Organizationally Unique Identifier).

Hersteller	OUI
Hewlett Packard	00011100 11000001 11011110
Cisco	11001100 01000110 11010110
Intel	01001100 01111001 01101110
Apple	11110000 01110110 01101111

Auf den Netzwerkkarten sind die folgenden MAC-Adressen abgedruckt:

Karte	MAC-Adresse	Hersteller
1	4c:79:6e:a1:a7:e6	
2	f0:76:6f:1c:d1:de	
3	1c:c1:de:a1:a7:e6	

Tragen Sie für jede Netzwerkkarte den entsprechenden Hersteller in die Tabelle ein.

Netzwerkkomponenten unterscheiden

S Die Auszubildenden werden mit der Auswahl von Netzwerkkomponenten beauftragt.

Holger Lübberstedt: Die Auswahl der Komponenten ist entscheidend, damit das Netzwerk wie geplant funktioniert. Welche Netzwerkkomponenten kennen Sie bereits?

Stefan Köhler: Wir haben im Unterricht über den Switch und dessen Aufgaben gesprochen. Außerdem haben wir auch schon die Aufgaben von Router und Firewall kennengelernt.

Jürgen Pollina: Im zweiten Ausbildungsjahr wurden bei uns die Funktionsweise eines Routers und die Aufgaben von Routing-Protokollen erarbeitet. Damit kenne ich mich aus.

Holger Lübberstedt: Das ist gut. Ich würde vorschlagen, dass sie sich gemeinsam mit John Steinbach einige Koppelelemente genauer anschauen.

Aufgabe 2: **Unterscheiden Sie Netzwerkkomponenten (siehe auch Jahrgangsband 1, Lernfeld 3, Kapitel 3.2.1 und 3.2.2 sowie Jahrgangsband 2, Lernfeld 9, Kapitel 4.5.2).**

4.3.2

1. Welche Ziele erreichen Sie mit einem VPN? Kreuzen Sie die richtigen Aussagen an.

Ziele eines VPNs	
Ein VPN verschlüsselt die Eingaben im Browser.	☐
Ein VPN schützt die Internetverbindung vor dem Mitlesen durch Fremde.	☐
Ein VPN anonymisiert den Anwender durch Anpassen der Cookies.	☐
Ein VPN ermöglicht Malware von Homeoffice-PCs die Ausbreitung im Unternehmensnetzwerk.	☐
Ein VPN verschleiert den Standort des PCs.	☐
Ein VPN bindet das TOR-Netzwerk ein.	☐
Ein VPN weist dem Client eine IP-Adresse aus dem VPN-Subnetz zu.	☐

2. Sie suchen nach einen Switch-Modell und haben exemplarisch einen Hersteller ausgewählt. Dieser Hersteller unterscheidet die angebotenen Managed Switches gemäß der Übersicht auf S. 204.
Beantworten Sie einem Kunden folgende Fragen:

Hauptmerkmale	Plus Management	Smart Management	Smart und Insight Remote Management
MANAGED LAYER	L2	L2/L2+/L3 Lite	L2+/L3
NETZWERKSTEUERUNG Einfaches VLAN, QoS, IGMP, Link-Aggregation	✔	✔	✔
NETZWERKSICHERHEIT Storm Control, Auto-DoS	✔	✔	✔
ERWEITERTES VLAN UND QoS wie MAC, protokoll-, sprachbasiert, Auto-Voice, Auto-Video-LAN		✔	✔
ERWEITERTE SICHERHEITSOPTIONEN		✔	✔
STATISCHES L2+-ROUTING, IPV6-UNTERSTÜTZUNG		✔	✔
ÜBERWACHUNG UND VERWALTUNG PER FERNZUGRIFF ÜBER DIE INSIGHT APP ODER DAS CLOUD-PORTAL			✔

Switches im Vergleich (Beispiel)

a) Nennen Sie den Unterschied zwischen Managed Switches und Unmanaged Switches.

____

____

____

____

b) Erläutern Sie QoS und nennen Sie mindestens zwei Anwendungsfälle für den Einsatz von QoS.

____

____

____

____

c) Entscheiden Sie, welche Parameter durch QoS verbessert werden können. Kreuzen Sie diese an.

☐ Übertragungsrate

☐ Latenzzeit

☐ Paketgröße

☐ Reduktion der Hop-Anzahl

☐ Jitter (Verzögerungsschwankung, also die zeitliche „Taktschwankung", unterschiedliche Laufzeit von Paketen)

3 Ein Kunde möchte eine moderne „Next Generation Firewall“ erwerben und benötigt dazu eine Beratung. Moderne Firewalls bieten eine grafische Übersicht über das zu schützende Netzwerk.

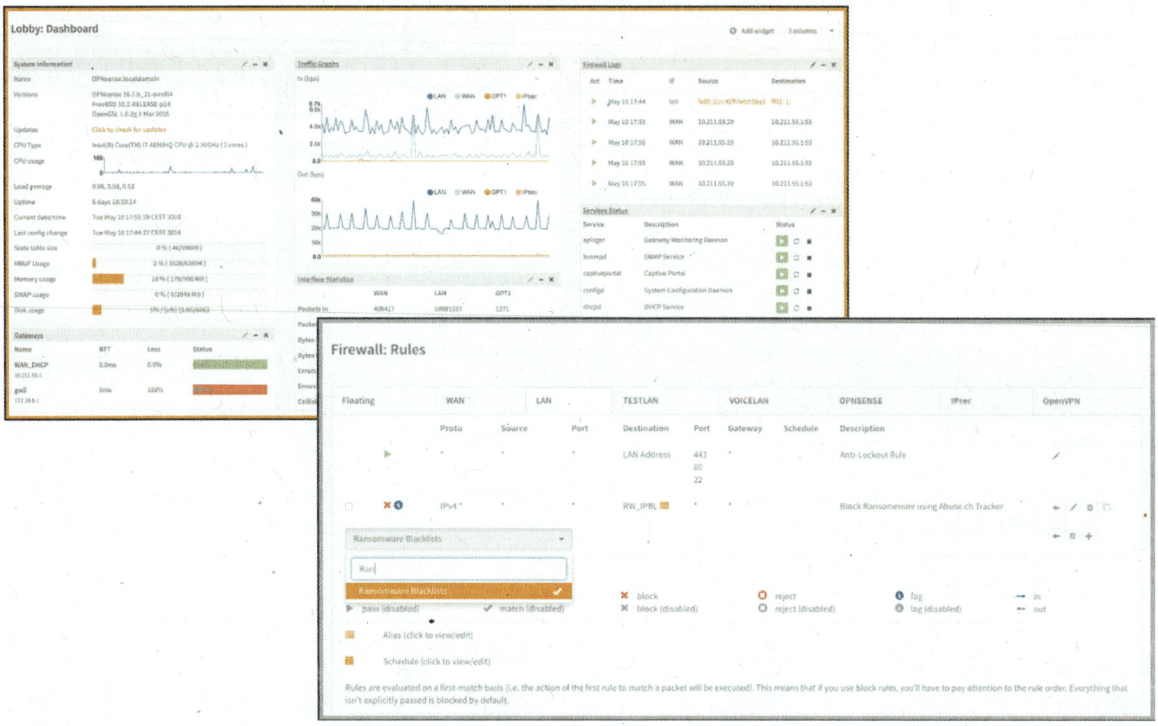

Management-Oberfläche einer Firewall mit verschiedenen Zonen.

Erklären Sie dem Kunden bei der Beratung die nachfolgenden Begriffe.

a) Deep Packet Inspection

____

____

____

____

b) Intrusion Prevention

____

____

____

____

c) Next Generation Firewall

____

____

____

____

4 Für das Auszubildenden-Labor soll ein neuer 24-Port Managed Switch angeschafft werden. Dieser soll über Gigabit Ethernet Ports, QoS und VLANs verfügen und möglichst lüfterlos betrieben werden.
Zwei Angebote stehen für den 24-Port Managed Switch zur Wahl.

Produkt A	Produkt B
Fully Managed Switch 24-Port Gigabit PoE+ 480 W Uplink 2 · Gigabit und 4 · SFP+ Multicast sofort einsatzbereit für AV-over-IP-Installationen Web based GUI telnet und ssh Layer 2 und Layer 3 Switching VLAN QoS lüfterlos	Fully Managed Switch 24-Port Gigabit Uplink 4 · SFP L2 Managed Netzwerk LAN Switch zentrales Cloud-Management SDN QoS lüfterlos

Diskutieren Sie die Vor- und Nachteile der beiden Produkte. Entscheiden Sie sich begründet für eins der beiden Geräte.

____

____

____

____

____

5 In Teilaufgabe 4 haben Sie einen Switch ausgewählt. Für das Labor soll ebenfalls ein WLAN-Access-Point angeschafft werden. Dieser soll den Auszubildenden ein Gastnetz zur Verfügung stellen. Wichtige Rahmenparameter sind eine möglichst gute Sendeleistung und ein hoher Datendurchsatz.
Zwei Angebote stehen für den Access Point (AP) zur Wahl.

Produkt A	Produkt B
WLAN Access Point PoE WiFi 6 Dualband 1800 Mbit/s 2.4 GHz/5GHz 1 × GB PoE LAN-Port 802.11AX mit WPA3-Sicherheit bis zu 4 separate WLAN-Netzwerke PoE-powered (Netzteil optional) 175 m² Abdeckung	WLAN Access Point PoE WiFi 6 Dualband 6000 Mbit/s 1 × GB PoE LAN-Port 802.11AX mit WPA3-Sicherheit bis zu 600 Clients PoE-powered (Netzteil optional) 225 m² Abdeckung

Diskutieren Sie die Vor- und Nachteile. Wählen Sie ein Gerät aus und begründen Sie Ihre Entscheidung.

____

____

____

____

____

Server-Software unterscheiden

S **Die Auszubildenden untersuchen verschiedene Umsetzungen von Virtualisierung.**

Holger Lübberstedt: Für die Planung der Umsetzung müssen wir uns Gedanken machen, mit welcher Art von Virtualisierung wir das Projekt umsetzen wollen und welche weiteren Fragen sich daraus ergeben. Ich habe einige Fragen dazu gesammelt, die Sie bitte im Projektteam bearbeiten.

Aufgabe 3: Unterscheiden Sie Server-Software.

4.3.3

1. Um Arbeitsspeicher für virtuelle Maschinen effizient zu nutzen, wird sogenanntes Memory Ballooning verwendet. Recherchieren und beschreiben Sie, wie mithilfe von Memory Ballooning Arbeitsspeicher für VMs verwaltet wird.

2. Es soll ein Server mit dem Betriebssystem Ubuntu 20.04 LTS (Focal Fossa) aufgesetzt werden. Als Container Template LXC hat die Datei „ubuntu-20.04-1_amd.tar.gz" eine Größe von 214 MiB, als Image für eine virtuelle Maschine hat sie eine Größe von 3,7 GiB.
Nennen Sie mindestens drei Vorteile von Containern wie LXC gegenüber virtuellen Maschinen.

3. Recherchieren Sie zu Marketing-Service-Modellen.
Das National Institut of Standards and Technology hat in der Empfehlung SP 800-145 unter Service Models folgende drei Dienste definiert:

- Platform as a Service (PaaS)
- Infrastructure as a Service (IaaS)
- Software as a Service (SaaS)

Literaturhinweis

Zur Abgrenzung von häufig im Marketing verwendeten Ableitungen der *as-a-Service*-Terminologie hat das NIST die Publikation „Evaluation of Cloud Computing Services Based on NIST SP 800-145" veröffentlicht.

Simmon, Eric: Evaluation of Cloud Computing Services Based on NIST SP 800-145, Special Publication (NIST SP), National Institute of Standards and Technology, Gaithersburg, MD, veröff. 2018 unter https://doi.org/10.6028/NIST.SP.500-322 [17.08.2022].

a) Recherchieren Sie drei Marketing-Service-Modelle, die der Nomenklatur „as a Service" folgen, aber nicht den drei definierten Diensten entsprechen.

b) Die drei Service-Modelle werden durch die verschiedenen Ebenen von Cloud-Systemen beschrieben. Ordnen Sie die drei Dienste den folgenden Technologien zu:

(1) Platform as a Service (PaaS)
(2) Infrastructure as a Service (IaaS)
(3) Software as a Service (SaaS)

Der Dienst stellt eine Virtualisierungsumgebung zur Verfügung, vom Kunden können beliebige Betriebssysteme darauf installiert werden.	
Der Dienst stellt Datenbanken mit entsprechendem administrativem Zugang zur Verfügung.	
Über einen Webzugang kann ein Buchhaltungsdienst genutzt werden.	
Der Dienst stellt eine IP-basierte Telefonvermittlung zur Verfügung. Kunden können die Telefone an ihrem Standort konfigurieren, z. B. Weiterleitungen, Anrufbeantworter etc.	

Server-Hardware unterscheiden

S **Für die Umsetzung im Ausbildungssystem „Azubi-Connect“ werden die Auszubildenden unterschiedliche Server-Hardware und Speichersysteme betrachten.**

Holger Lübberstedt: Die NISO AG kennt noch vier weitere Unternehmen, die Interesse an unserem Projekt haben. Zwei der Firmen haben aber Bedenken, aus datenschutzrechtlichen Gründen die „Nextcloud“ auf geteilter Hardware umzusetzen. Eine Firma ist bereit, die Server in einem Rechenzentrum in einem Kollokationsraum zu betreiben. Das zweite Unternehmen hat einen eigenen Serverraum und benötigt Unterstützung, die Hardware entsprechend anzupassen. Die Gruppe aus dem 2. Ausbildungsjahr soll sich mit der Ausstattung beschäftigen. Dabei sind einige Fragen aufgekommen, die Sie beantworten sollten, bevor Sie weitermachen.

Aufgabe 4: **Unterscheiden Sie Serverhardware (siehe auch Jahrgangsband 1, Lernfeld 3, Kapitel 3.8.1).**

4.3.4

1 Unterscheiden Sie die Begriffe VPS, VDS und Bare Metal.

a) VPS

____

____

b) VDS

____

____

c) Bare Metal Server

____

____

2 Für die Server der Firma mit eigenem Serverraum soll ein extra Speichersystem angeschafft werden. Dazu müssen vorab Unterschiede zwischen verschiedenen Alternativen herausgearbeitet werden. Kreuzen Sie an, was richtig ist.

	Software-RAID	Hardware-RAID
a) Performance	☐ niedrig ☐ hoch	☐ niedrig ☐ hoch
b) Kosten der Implementierung	☐ niedrig ☐ hoch	☐ niedrig ☐ hoch
c) Betriebssystemabhängigkeit	☐ niedrig ☐ hoch	☐ niedrig ☐ hoch

3 Für die Speicherung der Serverdaten soll ein RAID-System eingesetzt werden. Es ist nicht klar, ob eine RAID 5 oder RAID 6 als RAID-Verbund zum Einsatz kommen soll (Siehe auch Jahrgangsband 1, Lernfeld 3, Kapitel 3.8.1.).

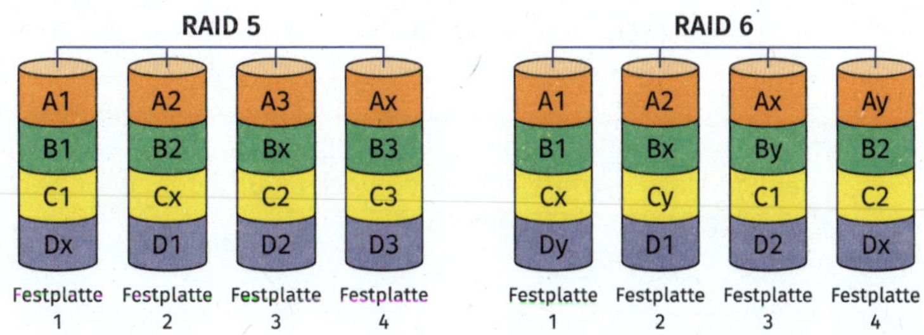

a) Worin unterscheiden sich RAID-5-Systeme von RAID-6-Systemen?

____

____

____

b) Wie groß ist die verfügbare Kapazität bei dem dargestellten RAID-5- und RAID-6-Verbund, wenn jeweils 4 · 2 TiB SSDs zum Einsatz kommen sollen?
Annahme: Alle vier Datenblöcke orange, grün, gelb, blau sind gleich groß, Ax, Bx, Cx, Dx, Ay, By, Cy, Dy enthalten Paritätsinformationen.

____

____

____

4 Stellen Sie einen ausgefallenen Speicher wieder her.

Beim RAID-5-Verbund (siehe Abbildung S. 209) mit drei Speichern werden Datenblöcke von z. B. 64 KiB Datengröße in zwei Datenblöcke zu je 32 KiB Größe aufgeteilt (striped). Über die beiden Datenblöcke wird eine Parität berechnet, die als dritter Datenblock mit 32 KiB Größe auf dem dritten Speicher abgelegt wird.

Die Paritätsberechnung wird beispielsweise mit der binären Exklusiv-ODER-Funktion durchgeführt. Das folgende Beispiel zeigt das Schaltsymbol und die weite Tabelle für ein Exklusiv-ODER. Die beiden Eingänge A und B können in Kombination die Zustände 0 und 1 annehmen. Der Ausgang Y hat dann den entsprechenden Wert.

A	B	Y
0	0	0
0	1	1
1	0	1
1	1	0

Das Beispiel zeigt, wie z. B. die Daten „Hallo“ am Anfang des „striped“ Blocks A und die Daten „Die Sonne“ am Anfang des Datenblocks B stehen. Die UTF-8-Kodierung in hexadezimaler und binärer Form der Daten zeigt die folgende Tabelle.

Datenblock A					Datenblock B				
H	a	l	l	o	D	i	e		S
48	61	6c	6c	6f	44	69	65	20	53
0100 1000	0110 0001	...	...	...	0100 0100	0110 0101	...	...	...

In der folgenden Tabelle werden beispielhaft die ersten zwei Datenwörter Exklusiv-ODER-verknüpft. Von Datenblock A ist das die binäre Repräsentation der Buchstaben „H" und „a". Vom Datenblock B ist das die binäre Repräsentation der Buchstaben „D" und „i".

	Y = A EXOR B	
A	0100 1000	0110 0001
B	0100 0100	0110 0101
Y	0000 1100	0000 0100

Der Speicher mit dem Datenblock B fällt aus.
Zeigen Sie, dass mithilfe des Datenblocks A und der zuvor berechneten Parität die Daten des Datenblocks B wiederhergestellt werden können.

NOTIZEN

5 Untersuchen Sie den Betriebsmodus eines USB-Festplattengehäuses.
Ein externes USB-Festplattengehäuse hat zwei Schächte für die Aufnahme von SATA-Speicher. Über externe Schalter kann der Betriebsmodus der beiden Speicher festgelegt werden. Dem Gehäuse liegt folgende Erklärung bei.

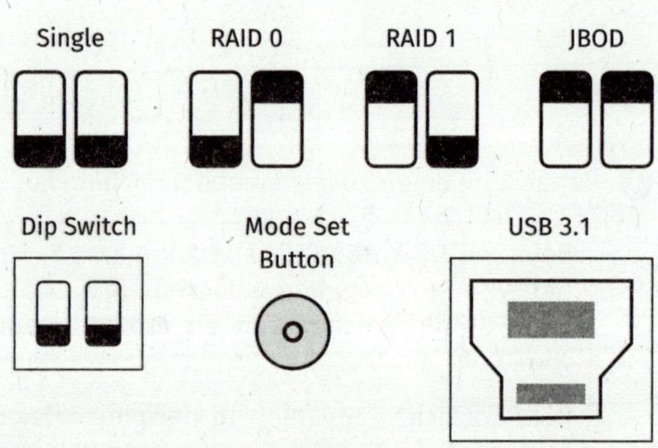

The operation mode of the USB drive housing can be set via a dip switch at the back of the housing. The figure shows the back of the housing and the possible combinations of the dip switch.
Please note that changing the operation mode requires formatting the storage, which leads to a loss of existing data.

Changing the mode requires the following steps:
1. power on the device
2. move the dip switch to the desired position
3. press the **set mode** button for 10 seconds
4. the attached storages appear as a new volume in the computer

Operation modes are:
- **Single** – both storage devices appear as separate volumes.
- **RAID 0** – both storage devices are in RAID 0 mode. Blocks of data are striped to the two storage devices. Read and write operations are performed with the accumulated datarate of read and write operations of each of storage devices.
- **RAID 1** – both storage devices are in RAID 1 mode. Data are mirrored to the two storage devices.
- **JBOD** – both storage devices appear as one volume, data are written sequential to the combined storage devices.

a) Beschreiben Sie, welcher Unterschied zwischen einem RAID-0-Verbund und JBOD (Just a Bunch of Disks) besteht.

b) In dem Gehäuse sind zwei 2 TiB-Festplatten mit einer Schreib-/Lesegeschwindigkeit von 220 MB/s verbaut. Der USB 3.1-Anschluss kann Daten mit einer Rate von 10 Gbit/s übertragen.
Berechnen Sie, mit welcher Geschwindigkeit Daten im RAID-0-Modus geschrieben werden können.

Technische Anforderungen der Rechenzentren kennen

S **Rechenzentren habe sehr hohe Anforderungen hinsichtlich Speichersysteme und Stromversorgung. Daher weist Herr Lübberstedt die Auszubildenden darauf hin, diese Anforderungen genauer zu betrachten.**

Holger Lübberstedt: Für die beiden Firmen, deren „Nextcloud"-Instanzen selbst gehostet werden, müssen Fragen zum Storage-System geklärt werden. Ich habe einen Fragenkatalog zusammengestellt, für den Sie bitte einen Lösungskatalog erstellen.

Aufgabe 5: **Ermitteln Sie die Anforderungen an ein Rechenzentrum.**

4.3.5

1 Um Vorlagen für Virtuelle Maschinen und Container zu speichern, soll ein Network Attached Storage (NAS) eingesetzt werden.
Folgendes Modell wurde dafür ausgewählt:

- bis zu 4 Datenträger, maximale Speicherkapazität: SSDs: 15.36 TiB, HDD: 64 TiB
- Quad-Core-Prozessor mit AES-NI-Verschlüsselungsmodul
- erweiterbar bis zu 18 GiB RAM
- mit aktivierter Link-Aggregation in einer 10 GbE Umgebung über 1621 MB/s Lesen- und 599 MB/s Schreibgeschwindigkeit
- 10 GbE Netzwerk- oder M.2 SSD-Erweiterungskarte optional
- mit einem identischen Zweitsystem als HA-Cluster einsetzbar
- hohe Verfügbarkeit durch redundantes Netzteil

a) Erläutern Sie den Unterschied zwischen NAS und SAN.

b) Erläutern Sie die Vorteile der Datenverschlüsselung durch den Einsatz eines Hardware-Verschlüsselungsmoduls im NAS wie beispielsweise AES-NI.

2 Berechnen und planen Sie zusätzlichen Speicherplatz.
Da der Datenspeicher für die „Nextcloud" eine Kernfunktion darstellt, sollen die Server im Kollokationsraum mit zusätzlichem Speicher ausgestattet werden. Eine Lösung ist es, Storage Racks direkt an die Server anzuschließen.

Im Angebot sind folgende drei Geräte:

2HE JBOD	3HE JBOD	4HE JBOD
12 · 3,5"/2,5"	16 · 3,5"/2,5"	44 · 3,5"/2,5"
bis zu 216 TiB HDD	bis zu 288 TiB HDD	bis zu 792 TiB HSD
bis zu 92 TiB SSD	bis zu 122 TiB SSD	bis zu 337 TiB SSD
SAS-3 (12Gb/s)	SAS-3 (12Gb/s)	SAS-3 (12Gb/s)
2 099,00 €	2 500,00 €	3 500,00 €

Weitere Komponenten
- RAID-Controller: 750,00 €
- 18 TiB SAS HDD: 550,00 €

Benötigt wird etwa 500 TiB zusätzlicher Speicher, von der Geschwindigkeit reicht HDD-Speicher aus.

a) Berechnen Sie die Kosten für ein DAS, welches als ein RAID-1 Festplattensystem betrieben wird.

b) Die Firma mit dem eigenen Serverraum möchte Speicher für die bestehenden und neu zu installierenden Server für die „Nextcloud" hinzufügen. Um flexibel zu sein, planen Sie ein Speichernetzwerk auf iSCSI-Basis. Benennen Sie Vor- oder Nachteile eines iSCSI-SAN gegenüber einem Fibre-Channel-SAN.

____

____

____

____

____

Holger Lübberstedt: Für das Projekt müssen die Anforderungen an das Rechenzentrum klar definiert sein. Da wir die Dienstleistung langfristig auch anderen Firmen zur Verfügung stellen möchten, müssen die Anforderungen bereits zu Beginn abgeklärt sein.

John Steinbach: Ich würde mich gerne um die Stromversorgung des Rechenzentrums kümmern. Aus dem ersten Ausbildungsjahr weiß ich, dass hier sehr viele Details wichtig sind.

Holger Lübberstedt: Sehr gut, dann fassen Sie die wesentlichen Punkte zur Stromversorgung eines Rechenzentrums bitte für den Rest zusammen.

3 Bewerten Sie die folgenden Aussagen zu den Anforderungen an ein Rechenzentrum (siehe auch Jahrgangsband 1, Lernfeld 3, Kapitel 3.9.1).
Hinweis: Die Stromversorgung großer Rechenzentren wird mittels unterbrechungsfreier Stromversorgung (USV) gegen Ausfall abgesichert.

Kreuzen Sie an, was richtig ist.

Anforderungen an ein Rechenzentrum	
Eine USV für eine Rechenzentrum kann ohne Überwachung des Zustandes betrieben werden.	☐
Eine USV nach Klassifizierung VFI-SY-123 entspricht der höchsten Klassifizierung.	☐
Bei den Kosten für eine Stromversorgung sollte der Wirkungsgrad einer USV berücksichtigt werden.	☐
Unterbrechungsfreie Stromversorgungen werden durch die drei Hauptklassen VFI, VI und VFL unterschieden.	☐
Zur Überwachung einer USV kommen meist serielle Schnittstellen zum Einsatz.	☐
UPS und USV haben dieselbe Bedeutung.	☐

WAN-Infrastrukturen unterscheiden

S **Holger Lübberstedt erklärt den Auszubildenden, dass für die Anbindung des Rechenzentrums unterschiedliche WAN-Infrastrukturen infrage kommen.**

Holger Lübberstedt: Unser Kunde, die NISO AG, wird über das Internet auf „Azubi-Connect" zugreifen. Um dies zu gewährleisten, müssen Sie sich mit den möglichen WAN-Infrastrukturen auseinandersetzen.

Patric Bauer: Ich kenne nur ein paar Abkürzungen in diesem Bereich. Leider verliert man sehr schnell den Überblick.

Jürgen Pollina: Wir sollten uns die wesentlichen Abkürzungen notieren, um den Überblick zu behalten.

Laura Meier: Welche Anschlusstechnologie ist denn die richtige für unsere Zwecke?

Holger Lübberstedt: Ich schlage vor, Sie untersuchen das Thema genauer.

Aufgabe 6: Unterscheiden Sie WAN-Strukturen (siehe auch Jahrgangsband 1, Lernfeld 3, Kapitel 3.2.2, 3.3.1, 3.4.2, 3.4.3 und 3.7.2).

4.3.6

1. Geben Sie die möglichen Anschlusstechnologien an, über die ein Rechenzentrum an das Internet angebunden werden kann. Führen Sie zu jeder Technologie je einen Vorteil und Nachteil an.

Technologie	Vorteil	Nachteil
Glasfaser		
Kabelnetz		
Mobilfunk		
DSL		

2. Geben Sie für die folgenden Abkürzungen die entsprechenden Anschlusstechnologien an. Erklären Sie die Bedeutung der Abkürzung in eigenen Worten.

Abkürzung	Technologie	Bedeutung
CAT7	Kupferleitungen	Kategorie 7; spezifiziert die Übertragungsrate und Einsatzgebiete von Kupferleitungen
DOCSIS-3.1		
UMTS		
ONT		
PPPoE		
FTTH		
GSM		
CMTS		

Abkürzung	Technologie	Bedeutung
VDSL2		
GPRS		
S/FTP		
DSLAM		
LTE		

3 Ein Standort soll mit unterschiedlichen Technologien angebunden werden. Es soll ein Backup auf die Server der Zentrale übertragen werden. Berechnen Sie für die angegebenen Technologien die jeweilige Dauer eines Backups von 2 TiB.
Hinweis: Gehen Sie davon aus, dass weder Lese- noch Schreibzugriffe betrachtet werden.

Technologie	Durchschnittliche Übertragungsrate im Upload in MBit/s
VDSL	37
LTE	50
LWL	400

Lernsituation 4: Wir berücksichtigen wirtschaftliche und sicherheitsrelevante Anforderungen sowie Nachhaltigkeit in Netzwerken

S **Der Ausbilder Herr Lübberstedt hat die Auszubildenden der Fachstufe I (2. Ausbildungsjahrgang) und der Fachstufe II (3. Ausbildungsjahrgang) an drei Terminen für Ausbildungssitzungen (jeweils nachmittags) zusammengerufen, um wirtschaftliche und sicherheitsrelevante Anforderungen sowie Nachhaltigkeit in Netzwerken zu besprechen.**

Holger Lübberstedt: Während wir derzeit in den Teams an der Vorbereitung der Lasten- und Pflichtenhefterstellung arbeiten, wollen wir die Zeit nutzen und uns auch auf wirtschaftliche und sicherheitsrelevante Anforderungen sowie unsere Vorstellungen eines nachhaltigen Systems abgleichen.

Laura Meier: Müssen sich denn die technischen IT-Berufe mit kaufmännischen Anforderungen beschäftigen?

Holger Lübberstedt: Spätestens in der Projektarbeit für die Prüfung werden Sie feststellen, dass Sie alle auch über wirtschaftliche Anforderungen vortragen müssen. Wenn Sie das auslassen, bekommen Sie Punktabzüge.

Saahil Arora: Ich beschäftige mich gerade mit der Projektarbeit. In allen Projektarbeiten, die ich gesehen habe, gibt es einen Gliederungspunkt, der sich mit Wirtschaftlichkeitsanalysen oder wirtschaftlichen Entscheidungen beschäftigt. Ich bin dafür, dass wir das genauer ausarbeiten.

Levi Kramer: In Kundenprojekten geht es immer auch ums Geld. Ich habe gehört, dass kaufmännisches Hintergrundwissen auch in den mündlichen Prüfungen gefragt ist. Zum Beispiel wie sich der hohe Stundensatz begründet und wie sich die hohen Kosten der Vernetzung erklären lassen.

Jürgen Pollina: Ich bin dafür zu klären, ob wir uns aufteilen. Ich würde mich dann schwerpunktmäßig mit sicherheitsrelevanten Anforderungen bei Netzwerken beschäftigen.

Holger Lübberstedt: Wir haben insgesamt max. neun Ausbildungsstunden dafür vorgesehen. Sie können das gerne über einen IPERKA-Plan selbst organisieren.

Jürgen Pollina: Da ist ja nicht viel Zeit. Ich würde vorschlagen, wir stimmen schnell ab, ob wir arbeitsteilig oder gemeinsam die Themenbereiche bearbeiten und machen uns dann an die Arbeit bzw. die Aufgaben.

4.4 Wirtschaftliche und sicherheitsrelevante Anforderungen sowie Nachhaltigkeit in Netzwerken berücksichtigen

Wirtschaftliche Anforderungen berücksichtigen

S **Im Rahmen der Planung wird eine Anforderungsanalyse mit Akzeptanzkriterien gefordert. Karla Schepp von der NISO AG, die parallel ähnliche Aufgaben dort einbringen möchte, nimmt auch an der Sitzung teil.**

Holger Lübberstedt: Wir sollten uns für organisatorische und wirtschaftliche Aufgaben vorbereiten, damit wir bei solchen Anforderungen schnell Lösungsvorschläge erarbeiten können. Wir begrüßen wieder Frau Schepp von der NISO AG, die parallel ähnliche Aufgaben dort einbringen möchte.

Karla Schepp: Vielen Dank, dass ich vorab schon mal hier dabei sein kann.

Laura Meier: Wir haben im letzten Ausbildungsjahr bereits organisatorische und wirtschaftliche Aufgaben besprochen.

Holger Lübberstedt: Darauf sollten wir aufbauen.

Saahil Arora: Zur Organisation ging es um Aufbauorganisation und Projektmanagement.

Julian Markus: Wir mussten auch eine Zeitplanung mit einem Balkendiagramm erstellen.

Levi Kramer: Ja, es hieß glaube ich Gantt-Diagramm.

Jürgen Pollina: Ja, etwas schwieriger war das Netzplandiagramm.

Jannik Brunke: Wir mussten auch kalkulieren.

Holger Lübberstedt: Gut, fangen wir mit der zeitlichen Planung eines Projektes an.

Aufgabe 1: **Überprüfen Sie Ihre bisher erarbeiteten Kompetenzen (siehe auch Jahrgangsband 1, Lernfeld 2, Kapitel 2.5, 2.7, 2.8, 2.9 und Jahrgangsband 2, Lernfeld 6, Kapitel 1.1.4).**

4.4.1

1. Überprüfen Sie zunächst Ihre bisher erarbeiteten Kompetenzen aus den Lernfeldern 2 und 6, indem Sie eine Selbsteinschätzung durchführen:
Einschätzung: 1: schon gut und besser, 2: eingearbeitet/Vertiefung sinnvoll, 3: gerade mal ausreichend/ Vertiefung notwendig, 4: zu geringe Kompetenzen/keine Unterstützung des Teams zu erwarten

Checkliste zur Selbsteinschätzung wirtschaftlicher Grundlagen, insb. Band 1	Einschätzung
2.5 Kundenanforderungen im Leistungsprozess berücksichtigen und Projektmanagement vorbereiten	
2.5.1 Anforderungen zur Kundenzufriedenheit in den Leistungsprozess einbeziehen	
2.5.2 Marketing- und Verkaufsförderungsmaßnahmen unterstützen	
2.5.3 Auftragsbearbeitung mit Projektmanagement unterstützen	
2.7.4 Desktop as a Service, Miete, Finanzierung und Leasing als Dienstleistungen berücksichtigen	
2.8 Angebote und Stundensätze kalkulieren und die Rendite berücksichtigen	
2.8.1 Umsätze, Kosten, Gewinn und Buchführungsarten unterscheiden	
2.8.2 Handelskalkulationen durchführen	
2.8.3 Stundensatzkalkulationen bei Dienstleistungen durchführen	
2.8.4 TCO und ROI beachten	
2.9 Angebotsvergleiche bei Beschaffungsmaßnahmen durchführen	
2.9.1 Beschaffungsprozess und Beschaffungsplanung erläutern	
2.9.2 Quantitative Angebotsvergleiche vornehmen	
2.9.3 Nutzwertanalysen durchführen	
2.9.4 Vertragsarten und AGB unterscheiden	
Bd 2: 1.1.4 Rechtliche Anforderungen im Servicebereich unterscheiden	

2 Sie sollen eine zeitliche Planung für ein Projekt diskutieren. Dazu hat ein Teammitglied folgende Vorgangsliste erstellt.
Hinweis: Vortage (siehe Tabelle) sind die zur Vorbereitung notwendigen Tage. Geben Sie kurz eine Stellungnahme ab.

____

____

____

____

____

____

____

____

Vorgänge				
Nr.	**Bezeichnung**	**Nr. Vorgänger**	**Vor-tage**	**Arbeits-tage**
1	Kick-off-Meeting		0	1
2	1. Gesprächsrunde	1	5	1
3	2. Gesprächsrunde	2	5	2
4	Team1-Sitzung Hard/Soft	2	3	2
5	Team2-Sitzung Personal	2	3	1
6	Lastenheft-Sitzung	4, 5	4	2
7	Team1-Sitzung Hard/Soft	6	3	3
8	Team2-Sitzung Personal	6	3	1
9	Pflichtenheft-Sitzung	7, 8	1	4
10	Ausschreibung	9	2	1
11	Angebotsvergleich	10	4	2
12	Bestellung	11	1	1
13	Installation, Test	12	2	1
14	Übergabe	13	0	1

3 Berücksichtigen Sie im folgenden Diagramm die Daten der Vorgangsliste und zeichnen Sie für vorbereitende Tage ein O ein und je Arbeitstag ein X. Ermitteln Sie, wann danach die Übergabe erfolgen würde.

Gantt-/Balkendiagramm Projekt NISO „Azubi-Connect“

Arbeitstage – Hinweis: ab 15.00 Uhr (Soll max. 3 Std.)

Vorgänge Nr.	1	2	3	4	5	6	7	8	9	10	11	12	13	14	15	16	17	18	19	20	21	22	23	24	25	26	27	28	29	30	31	32	33	34	35	36	37	38	39	40	41	42	43	44	45	46	47	48	49	50	51	52	53	54	55
1	X																																																						
2		O	O	O	O	O	X																																																
3																																																							
4																																																							
5																																																							
6																																																							
7																																																							
8																																																							
9																																																							
10																																																							
11																																																							
12																																																							
13																																																							
14																																																							

4 Erstellen anhand der Vorgangsliste aus Aufgabenteil 2 einen Netzplan (siehe auch Jahrgangsband 1, Lernfeld 2, Kapitel 2.5.3), nach der angegebenen Legende ein und zeichnen Sie rot den kritischen Pfad ein. Verwenden Sie ein Programm für Netzpläne bzw. alternativ wie gezeigt ein Tabellenkalkulationsblatt. Ermitteln Sie den freien Puffer (FP) und auch den verfügbaren Gesamtpuffer (GP).

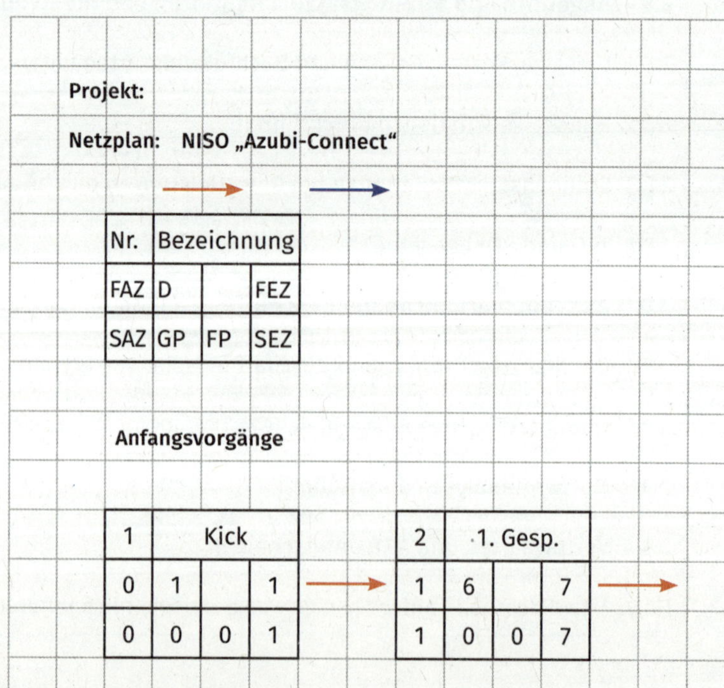

5 Nehmen Sie Stellung zum Ergebnis und geben Sie an, welche Diagrammart für diesen Fall am besten geeignet ist.

Aufgabe 2: **Unternehmen müssen kostenorientiert entscheiden und handeln (siehe auch Jahrgangsband 1, Lernfeld 2, Kapitel 2.8 und 2.9). Führen Sie Kostenberechnungen durch.**

4.4.1

1 Auch den Arbeitseinsatz der Auszubildenden müssen Sie unter wirtschaftlichen Aspekten planen. Berechnen Sie den durchschnittlichen Selbstkostenstundensatz.

Berechnung der direkt verrechenbaren Arbeitsstunden pro Monat

a) Arbeitsstunden inkl. Berufsschulunterricht nach Vertrag	160
b) Abzug für Berufsschulunterricht	25
c) Abzug für interne Ausbildung	15
d) Abzug für interne praktische Lernarbeiten und indirekte Arbeiten	30
e) Abzug für Urlaub, Krankheit und sonstige Freitage	25
gesamt:	

Kosten Ausbildungsvergütung im 2. Ausbildungsjahr (brutto):	1 100,00 €
+ Kosten Arbeitgeberbeitrag Sozialversicherung und Anteil Unfallversicherung	170,00 €
+ Direkte Kosten anteilmäßig für die Ausbildung pro Monat	230,00 €
gesamt:	
+ Prozentualer Aufschlag für Gemeinkosten des Systemhauses 50 %	
= Selbstkosten Auszubildender pro Monat:	
= Kalkulatorischer Selbstkostenstundensatz:	
gerundet:	

2 Kalkulieren Sie 12 % Gewinnzuschlag auf den Selbstkostensatz und berechnen Sie den Nettostundensatz von JIKU-Auszubildenden im 2. Ausbildungsjahr. Erläutern Sie einem Kunden mit eigenen Worten, warum der Stundensatz für einen internen Kunden mit dem Selbstkostensatz und bei einem externen Kunden mit dem Nettostundensatz so hoch ist.

3 Es kommt im Rahmen der Beschaffung bei Lieferanten die Diskussion auf, dass beim Einkauf Rabatte und Bezugskosten zu vernachlässigen seien, da sie relativ gering sind.

a) Kalkulieren Sie anhand der Bezugskalkulation einen Hardware-Einkauf von 5 000,00 € bei 5 % Lieferrabatt und 2 % Skonto sowie 20,00 € Lieferkosten (Bezugskosten). Berechnen Sie den Bezugspreis sowie Rabatte und Nebenkosten (Frachtkosten u. Ä.) in € und % zum Bezugspreis.

Zuschlagskalkulation	Eingabe % / €	Ausgabe
Listeneinkaufspreis		
– Liefererrabatt		
= Zieleinkaufspreis		
– Liefererskonto		
= Bareinkaufspreis		
+ Bezugskosten		
= Bezugspreis		
Rabatte in € und %		
Nebenkosten in € und %		

b) Nehmen Sie schriftlich Stellung zu der Behauptung, dass beim Einkauf Rabatte und Bezugskosten zu vernachlässigen seien, da sie relativ gering sind.

4 Die Angebote von TopServer und NextServer sollen verglichen werden. Dabei sollen folgende Angebotsbedingungen berücksichtigt werden.

Angebotsvergleich				
Hardwarebeschaffung	TopServer		NextServer	
Kalkulation	Eingabe % / €	Ausgabe	Eingabe % / €	Ausgabe
Listeneinkaufspreis Stück	5 000,00 €		5 500,00 €	
– Liefererrabatt	8 %		12 %	
= Zieleinkaufspreis				
– Liefererskonto	3 %		2 %	
= Bareinkaufspreis				
+ Bezugskosten	– €		50,00 €	
= Bezugspreis (Einstandspreis)				
Differenz in € und in %				

Produkt-/Lieferantenbewertung:	**Top-Server = (x)**		**Next-Server = (y)**	
Vorgabekriterien	**schlechter 1: –**	**mittel 2: O**	**besser 3: +**	**bester 4: ++**
Leistung, Qualität			(y)	(x)
Nachhaltigkeit	(x)			(y)
Service		(x)	(y)	

Preis: Bester = 4 Abzug je höherer Preis bis 5 % 1 P., bis 10 % 2 P., bis 15 % 3 P.

a) Erfassen Sie die genannten Entscheidungskriterien und erfolgten Bewertungen in der Nutzwerttabelle. Bezüglich des Bezugspreises soll der günstigste Anbieter 3 Punkte und der teurere Anbieter 2 Punkte erhalten.

Nutzwerttabelle					
Bewertung: quantitativer/qualitativer Vergleich					
		TopServer		**NextServer**	
Entscheidungskriterien	Gewichtung in %	Punkte	Gewichtete Punkte	Punkte	Gewichtete Punkte
Preis	40				
Leistung, Qualität	30				
Nachhaltigkeit	15				
Service	15				
Summe	100				

b) Begründen Sie kurz die Entscheidung des Anbieters mit dem nach der Nutzwerttabelle höchsten Nutzwert.

5 Es sollen die Kosten der Eigenentwicklung und die Bezugspreise von drei Anbietern von Fremdlösungen verglichen werden. Dabei müssen folgende zusätzliche Kriterien mit den genannten Bewertungen hinzugezogen werden.

Bewertung Make or Buy: Eigenentwicklung/Fremdbezug für das Ausbildungssystem *Azubi-Connect*									
Kriterien	**Gewichtung**	**Eigenentwicklung**		**Fremdbezug Anbieter 1**		**Fremdbezug Anbieter 2**		**Fremdbezug Anbieter 3**	
		Punkte	Gewichtung · Punkte	Punkte	Gewichtung · Punkte	Punkte	Gewichtung · Punkte	Punkte	Gewichtung · Punkte
Preis bzw. Kosten	30	4		5		6		4	
Schnelligkeit der Realisierung	20	5		8		9		10	
Eignung für ein Ecosystem	20	8		7		7		5	
Offenes System, Open Source, Schnittstellen	10	10		6		6		4	

Bewertung Make or Buy: Eigenentwicklung/Fremdbezug für das Ausbildungssystem *Azubi-Connect*									
Kriterien	**Gewichtung**	**Eigenentwicklung**		**Fremdbezug Anbieter 1**		**Fremdbezug Anbieter 2**		**Fremdbezug Anbieter 3**	
		Punkte	Gewichtung · Punkte	Punkte	Gewichtung · Punkte	Punkte	Gewichtung · Punkte	Punkte	Gewichtung · Punkte
Eignung für DevOps-Ansatz	8	9		6		6		4	
Qualität/Professionalität des Systems	5	6		6		7		8	
Eigene Kapazitäten werden ausgelastet	5	7		2		3		1	
Unabhängigkeit	2	8		4		5		4	
Summe									
Bewertungsmaßstab: 1 bis 10 (je mehr Punkte desto besser)									

b) Ermitteln Sie in der Bewertungstabelle die beste Variante und erläutern Sie kurz die Entscheidung für die beste Variante.

____

____

____

____

____

6 In einem Team wird folgender Kostenvergleich von Bare-Metal-Lösung mit fixen Kosten (einzelne Hardwarebeschaffungen geschätzt) und variable Kosten (insbesondere Dienstleistungskosten geschätzt) und Cloud-Lösung mit Dienstleistungskosten erstellt und soll grafisch dargestellt werden.

a) Vervollständigen Sie die Tabellen und geben Sie im Diagramm die Kostenverläufe an.

Kostenvergleich Bare-Metal-Lösung zu Cloud-Lösung

1)	**Bare-Metal-Lösung**					**Cloud-Lösung**		
Jahr	**Fixe Kosten**	**Variable Kosten**	**Gesamtkosten**	**Kumuliert**	**Risiko**	**Pro Jahr**	**Kumuliert**	**Risiko**
1	10 000,00 €	3 000,00 €				3 000,00 €		
2	400,00 €	2 000,00 €				5 000,00 €		
3	400,00 €	2 000,00 €				6 000,00 €		
4	400,00 €	2 000,00 €				6 200,00 €		
5	7 000,00 €	3 000,00 €				6 400,00 €		
6	500,00 €	2 000,00 €				6 600,00 €		
7	500,00 €	35,00 €				7 000,00 €		
8	6 000,00 €	40,00 €				7 500,00 €		
9	600,00 €	45,00 €				8 000,00 €		
10	600,00 €	50,00 €				9 000,00 €		
gesamt								

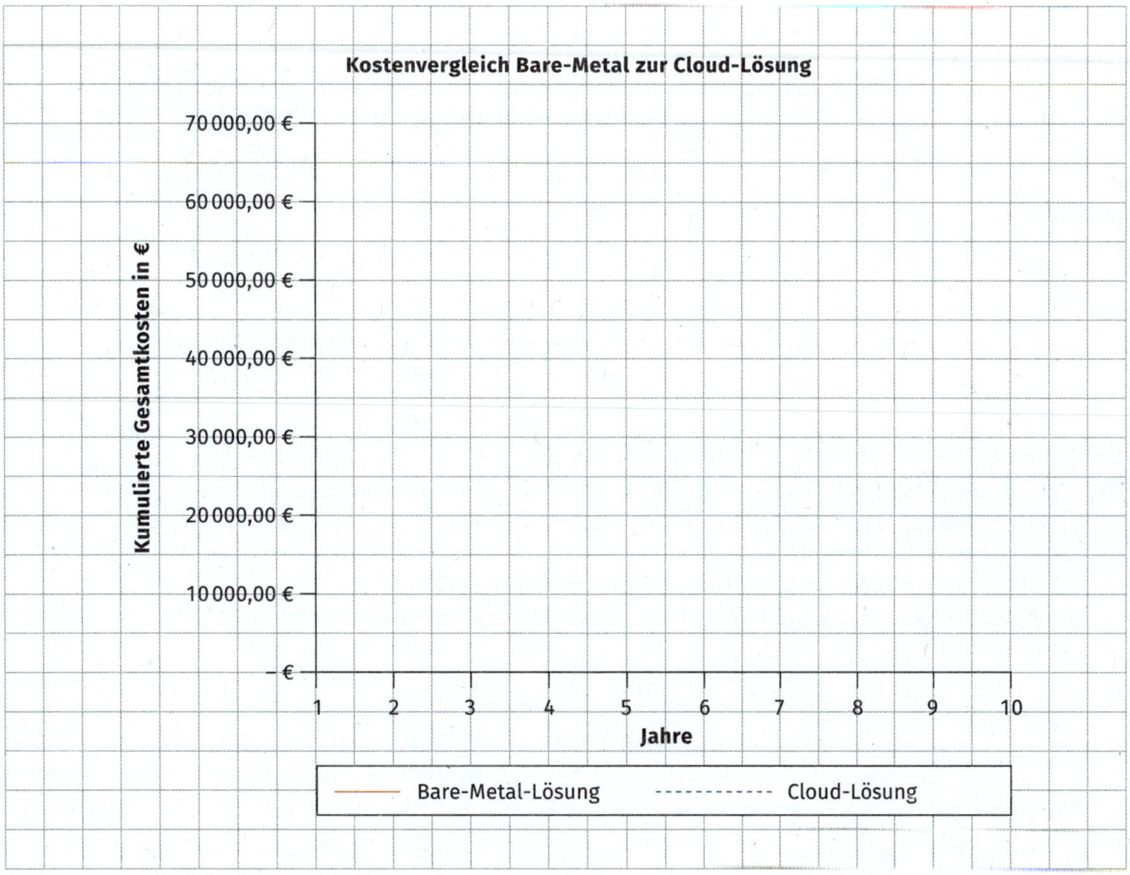

b) Geben Sie eine Stellungnahme ab, welche Lösung günstiger ist und nach Ihrer Begründung gewählt werden sollte. Erläutern Sie dabei auch die Werte, die in der Tabelle mit unterschiedlichen Farben dargestellt sind.

Aufgabe 3: **Bearbeiten Sie Aufgaben zur Finanzierung und zur Kostenanalyse.**

Die Geschäftsleitung von JIKU IT-Solutions bittet das Projektteam, ein Costcenter zu entwickeln. JIKU IT-Solutions würde dem Ausbildungssystem 50 000,00 € Startkapital als internes Tilgungsdarlehen zur Verfügung stellen, das jährlich am Ende anteilig innerhalb von fünf Jahren zu tilgen und mit 7 % p. a. zu verzinsen ist (siehe auch Jahrgangsband 1, Lernfeld 2, Kapitel 2.7.4).

4.4.1

1 Vervollständigen Sie die Tabelle und ermitteln Sie die Kreditraten.

Tilgungsdarlehen aus Anfangsbeschaffung (Hard-/Software, Dienste)					
Jahr	**Restschuld Anfang d. J.**	**Zinsen 7 % p. a.**	**Tilgung Ende d. J.**	**Kreditrate**	**Restschuld Ende d. J.**
1	50 000,00 €	3 500,00 €	10 000,00 €	13 500,00 €	40 000,00 €
2					
3					
4					
5					
	gesamt				

2 Vier weitere Partnerunternehmen der NISO AG wären bereit, das Ausbildungssystem „Azubi-Connect“ ebenfalls als Ecosystem einzusetzen, damit zum Vorteil aller sogenannte Synergien (Vorteile aus dem Zusammenwirken) entstehen. Jedes Unternehmen wäre bereit, monatlich 400,00 € (netto) an JIKU IT-Solutions zu überweisen, um das Ausbildungssystem „Azubi-Connect“ zu nutzen.
Im Kostenvergleich sollen die Erlöse der fünf Partner gegenübergestellt werden. Ermitteln Sie eine Über- bzw. Unterdeckung in € und %. Teillösung Über-/Unterdeckung vorgegegeben.

Kostenanalyse und Ermittlung der Deckung aus den erzielten Erlösen							
	I. Laufende Kosten im Jahr	**II. Laufende Kosten bei 35 € SKS**		**Laufende Gesamt-kosten**	**Erlöse fünf Partner im Ecosystem**	**Über-/ Unterdeckung**	
		Stunden	**Kosten**			**in €**	**in %**
Jahr	Anfangsbeschaffung	JIKU		I. und II.	je 400,00 € monatlich		
1	13 500,00 €	250	8 750,00 €	JIKU			
2		275				1.750,00 €	7,9 %
3		300					
4		325					
5		350					
gesamt							

3 Geben Sie dazu eine Stellungnahme für die Geschäftsleitung ab. Berücksichtigen Sie in der Stellungnahme auch sonstige Vor- und Nachteile sowie Risiken.

Sicherheitsrelevante Anforderungen berücksichtigen

S **In einer Ausbildungssitzung sollen sicherheitsrelevante Themen im Allgemeinen und speziell für das Projekt „Azubi-Connect" besprochen werden.**

Holger Lübberstedt: Wir haben bei JIKU IT-Solutions den Grundsatz, sicherheitsrelevante Anforderungen schon in der frühen Projektphase zu stellen. Wir gehen nach dem sogenannten Shift-Left-Ansatz vor.

Saahil Arora: Wir hatten Sicherheitsthemen schon in einigen Lernfeldern vorher.

Holger Lübberstedt: Ja, der Ausbildungsplan legt Wert darauf, dass wir uns in allen Ausbildungsjahren mit sicherheitsrelevanten Fragen beschäftigen.

Levi Kramer: Und was ist mit Sicherheitsanforderungen für unser Projekt?

Jürgen Pollina: Ja, gerade wenn Auszubildende von mehreren Unternehmen zusammenarbeiten, müssen wir uns besondere Gedanken machen.

Jannik Brunke: Meines Erachtens sollten wir dabei auch über Cloud-Sicherheit sprechen.

Aufgabe 4: **Bereiten Sie sich auf diesen Test vor, testen Sie Ihr Vorwissen und lösen folgende Aufgaben (siehe auch Jahrgangsband 1, Lernfeld 3, Kapitel 3.6 sowie Lernfeld 4, Kapitel 4.1.4, 4.1.5 und 4.2)**

4.4.2

Bearbeiten Sie die nächsten Aufgaben in Partnerarbeit oder Kleingruppen und tauschen Sie sich über die Ergebnisse aus.

1 Ordnen Sie die Begriffe den Aussagen passend zu (max. 20 Punkte).

(1) Angriffsvektor
(2) APT
(3) BSI
(4) DoS
(5) DSGVO
(6) Echtheit/Überprüfbarkeit
(7) Malware
(8) Man-in-the-Middle
(9) PDCA
(10) Ping Flooding
(11) PUA
(12) Ransomware
(13) S/MIME
(14) Single-Sign-on
(15) Spam
(16) Trojaner
(17) Verfügbarkeit
(18) Vertraulichkeit
(19) Whitelisting
(20) Würmer

Aussagen	Nr.
a) Bundesamt für Cybersicherheit (Kurzform)	
b) Gesetzliches Regelwerk zum Schutz persönlicher Daten	
c) Grundwert Availability im Deutschen	
d) Grundwert Confidentiality im Deutschen	
e) Grundwert Authenticity im Deutschen	
f) Deming-Zyklus	
g) Kombination aus Angriffsweg und Angriffstechnik	
h) Allgemeiner englischer Begriff für Schadsoftware	
i) Schadsoftware, die sich von selbst übertragen kann	
j) Schadsoftware, die Hintertüren im System öffnet	
k) Englische Kurzform für ungewünschte Anwendung	

Aussagen	Nr.
l) Schadprogramme, die alles verschlüsseln und erpressen	
m) Angriff, der Server durch viele Anfragen überlastet	
n) Server sind durch diesen Angriff außer Betrieb, gestört	
o) Andauernder Cyberangriff auf das Netzwerk	
p) Serverangriffe durch Erreichbarkeitsüberprüfungen	
q) Angriffe durch Einmischung in Kommunikationen	
r) Vereinfachte Anmeldung im System	
s) Asymmetrisches Verschlüsselungsverfahren	
t) Zusammenstellung vertrauenswürdiger Quellen/Apps	

Erreichte Punktzahl	

2 Nennen Sie weitere fünf Gebote für Datensicherheit zu den bereits aufgeführten (max. 5 Punkte).

Zugangskontrolle, Eingabekontrolle, Verfügbarkeitskontrolle, Wirksamkeit, Trennbarkeit,

Erreichte Punktzahl	

3 Nennen Sie je eine passende TOM zu den folgenden Geboten (max. 5 Punkte).

a) Zugangskontrolle	
b) Eingabekontrolle des Zugriffs	
c) Verfügbarkeitskontrolle	
d) Wirksamkeitskontrolle	
e) Trennbarkeit/Trennungskontrolle	

Erreichte Punktzahl	

4 Erläutern Sie die folgenden sieben Begriffe (max. 7 · 2 Punkte).

Begriffe	Erläuterung oder zwei Beispiele
Aktive Netzwerk-komponenten	
DHCP	
DMZ	

Begriffe	Erläuterung oder zwei Beispiele
DNS	
Firewall	
IPS	
Proxy	

Erreichte Punktzahl	

5 Erläutern Sie folgende drei Befehle der Betriebssystem-Kommandozeile (max. 3 · 2 Punkte).

Befehl der Kommandozeile	Erläuterung
ping	
nslookup	
tracert/traceroute	

Erreichte Punktzahl	

Notenschlüssel						
Note	sehr gut	gut	befriedigend	ausreichend	mangelhaft	ungenügend
Punkte	ab 46 P.	ab 40 P.	ab 34 P.	ab 25 P.	ab 15 P.	darunter
					Eigene Punktzahl	

Aufgabe 5: Bearbeiten Sie die Teilaufgaben zum Projekt „Azubi-Connect“ (siehe auch Jahrgangsband 1, Lernfeld 2, Kapitel 2.10.3 sowie Lernfeld 4, Kapitel 4.1.3 und 4.2).

4.4.2

1 Führen Sie eine Risikoanalyse und eine Gefährdungsbeurteilung (eigene Einschätzung) für den Server durch.

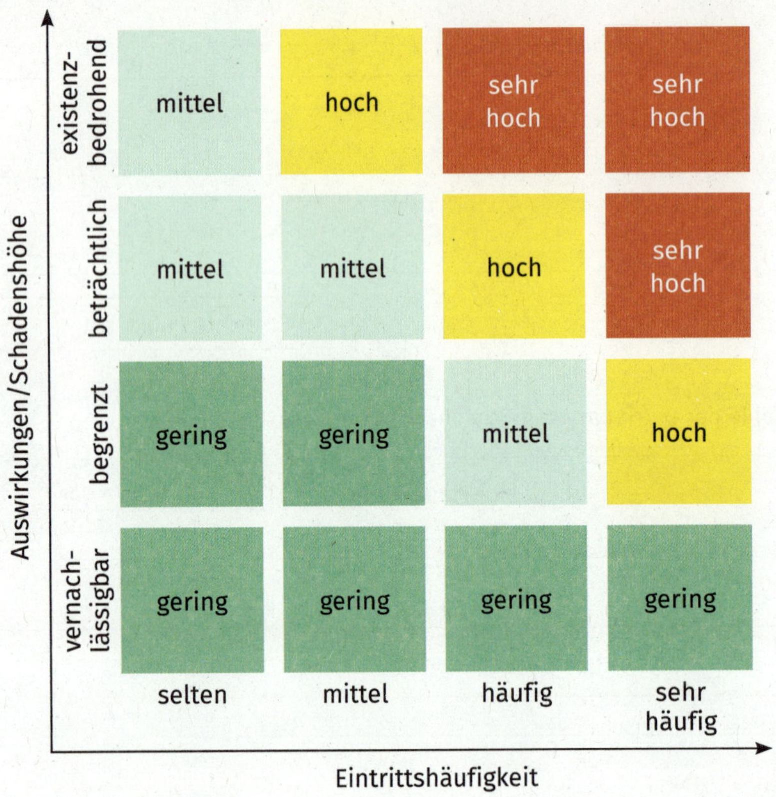

Eintrittshäufigkeit:		Auswirkungen:		Risiko:	
selten	(s)	vernachlässigbar	(v)	gering	(g)
mittel	(m)	begrenzt	(bg)	mittel	(m)
häufig	(h)	beträchtlich	(bt)	hoch	(h)
sehr häufig	(sh)	existenzbedrohend	(ex)	sehr hoch	(sh)

Tragen Sie die Kürzel aus der Übersicht/Tabelle oben in die drei Spalten der folgenden Gefährdungsbeurteilung ein. Ergänzen Sie max. drei Gefährdungen aus dem BSI-Katalog. Diskutieren Sie die Ergebnisse.

Gefährdungsbeurteilung für Server des Projekts Azubi-Connect JIKU IT-Solutions			
Basiseinstellung zur Beurteilung entsprechend BSI zur Diskussion mit dem Kunden			
Gefährdung (bedrohte Grundwerte)	**Eintritts-häufigkeit**	**Auswir-kungen**	**Risiko**
G 0.8 Ausfall oder Störung der Stromversorgung			
G 0.9 Ausfall oder Störung von Kommunikationsnetzen			
G 0.11 Ausfall oder Störung von Dienstleistern			
G 0.14 Ausspähen von Informationen (Spionage)			
G 0.15 Abhören			
G 0.16 Diebstahl von Geräten, Datenträgern oder Dokumenten			
G 0.18 Fehlplanung oder fehlende Anpassung			

G 0.19 Offenlegung schützenswerter Informationen			
G 0.20 Informationen oder Produkte aus unzuverlässiger Quelle			
G 0.21 Manipulation von Hard- oder Software			
G 0.22 Manipulation von Informationen			
G 0.23 Unbefugtes Eindringen in IT-Systeme			
G 0.25 Ausfall von Geräten oder Systemen			
G 0.26 Fehlfunktion von Geräten oder Systemen			
G 0.27 Ressourcenmangel			
G 0.29 Verstoß gegen Gesetze oder Regelungen			
G 0.30 Unberecht. Nutzung o. Administration von Geräten, Systemen			
G 0.31 Fehlerhafte Nutzung oder Administration von Geräten, Systemen			
G 0.32 Missbrauch von Berechtigungen			
G 0.36 Identitätsdiebstahl			
G 0.37 Abstreiten von Handlungen			
G 0.38 Missbrauch personenbezogener Daten			
G 0.39 Schadprogramme			
G 0.40 Verhinderung von Diensten (Denial of Service)			
G 0.41 Sabotage			
G 0.43 Einspielen von Nachrichten			
G 0.45 Datenverlust			
G 0.46 Integritätsverlust schützenswerter Informationen			

2 Erstellen Sie in parallelen Arbeitsgruppen (Partnerarbeit oder Dreigruppen) für das Sicherheitssystem eines Kunden einen Angebotsentwurf (ohne Kopfbogen) nach folgenden Angaben. Verwenden Sie die folgenden Kalkulationsvorgaben.

Projektname	Anforderungen des Kunden und Kalkulationen der Vertriebsabteilung in Stichworten
Auftrag **Kunde: Müller** **Sicherheitssystem**	Firewall-System erneuern, drei neue Firewall-Geräte in das Rack einbauen, an das Netz anschließen und hochfahren, Interface-Konfiguration, Failover-Verkabelung des neuen Systems, Konfiguration der DHCP, DNS und Proxy-Anbindung, Hochverfügbarkeit des Systems testen, Security-Funktionen: Web- und Malware Protection, DPI, IPS, QoS, Application Control, Hochverfügbarkeitsverbund im Active/Passive Mode, Graphical-User-Interface (Weboberfläche), Unterscheidung Anschaffungskosten und laufende Kosten, Terminierung
Kalkulation	Arbeitsstundenkalkulation: 35 Stunden (Analyse: 3, Konzeption: 4, Realisierung: 24, Abschluss: 4), kalkulatorische Stundensätze (Selbstkosten netto): Fachkraft: 50,00 € (25 Std.), Auszubildender: 30,00 € (10 Std.) netto, Gewinnaufschlag: 10 %
Beschaffung	Firewall Systeme SONIX 3 Stück für je 4 500,00 € (netto), 36 Monate Lizenz für 21 000,00 €, Fremddienstleistungen: 4 Stunden a 80,00 € (netto), Handlungskostenaufschlag 30 %

Risiken	Migration auf das neue System: Ausfall des Systems minimieren, Klären mit Auftraggeber, ob Wartungsvertrag o. Ä.
Lessons Learned	...

3 Vergleichen Sie die verschiedenen Entwürfe im Anschluss und diskutieren Sie, welchen gemeinsamen Entwurf Sie verwenden würden. Ergänzen Sie zum Schluss auch Angaben zum „Lessons Learned".

4 Informieren Sie sich mithilfe des folgenden Schaubilds und des englischen Informationstextes über SDN und Netzwerkvirtualisierung und bearbeiten Sie folgende Teilaufgaben.

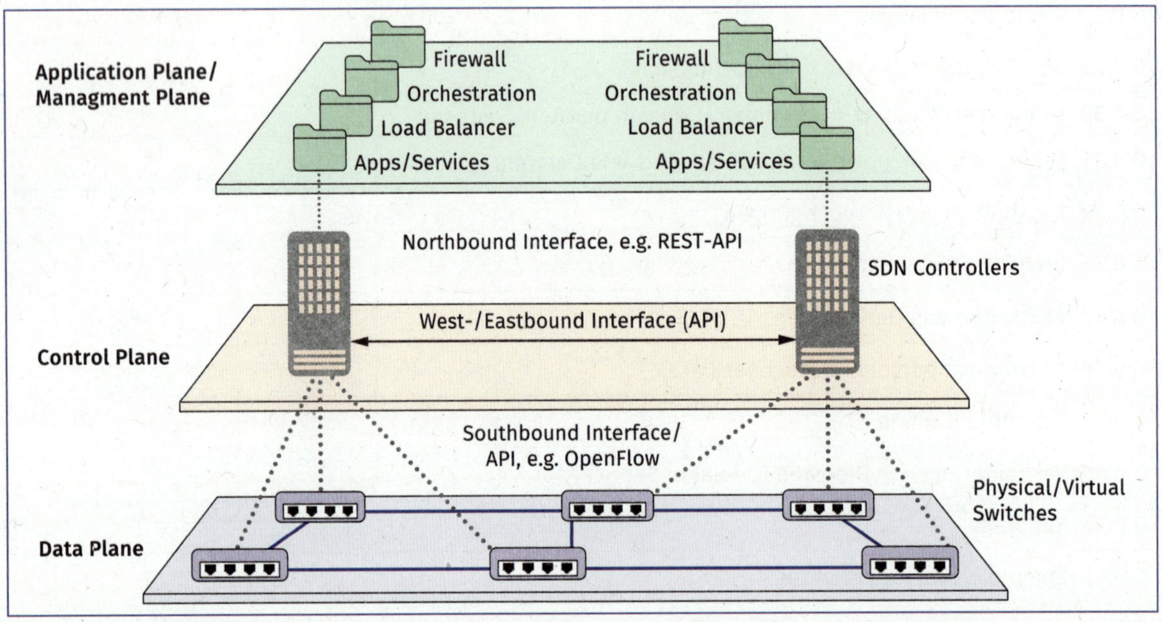

Software-defined networking (SDN) describes a decoupling of the network control logic from the executing devices such as routers, bridges, gateways or switches that control information in the underlying network. To avoid network administrators having to use flexible hardware to support network services, virtualization replaces hardware with physical network connectivity.
The aim of the SDN architecture is to provide fast and reliable access to business applications. In software-defined networks, a software application controller manages the network and its activities. With SDN, engineers and administrators can manage network services centrally and based on software, so they can react quickly to changing business requirements.
Network virtualization is realized in three layers – the application layer, the control layer and the infrastructure levels. Connectivity between the layers is enabled by northbound and southbound APIs.
The application layer includes a set of applications and network functions to improve the applications. Virtualization helps here to enable more performance, simplify IT and increase security. Examples are application wide area networks (WAN), firewalls, load balancing, WAN Optimization Controllers (WOCs), Authentication and Application Delivery Controllers (ADCs). With software-defined virtualization of hardware components, less flexible and hardware-specific controllers can be replaced.
The control layer manages policies and traffic flow across the network. It consists of the SDN Controller, which connects the application layer with the infrastructure layer. This layer handles the requests that are sent from the application layer via the southbound API to the actual network.
The infrastructure is connected via the northbound API. It also communicates information back to the application layer extracted from the infrastructure to optimize functionality.
The infrastructure layer contains the physical devices such as switches and routers. These network devices control important routing functions and data processing capabilities. They are responsible for providing critical information for network usage and topology to collect and send back to the control layer.
The northbound API enables communications between the control and application layers.
The southbound API enables communications between the control and infrastructure layers.

a) Geben Sie dem Schaubild auf S. 230 eine Überschrift.

b) Was ist der Grundansatz von SDN hinsichtlich des Geräts und der Netzwerksteuerung?

c) Aus welchen Schichten besteht die Netzwerkvirtualisierung?

d) Welche Netzwerkfunktionen werden in der Anwendungsschicht bereitgestellt?

e) Was leistet die Steuerungsschicht?

f) In welcher Schicht sind die physischen Switches und Router angesiedelt?

g) Was ist der Unterschied zwischen der Northbound-API und der Southbound-API?

4.4.2

Aufgabe 6: Bearbeiten Sie Aufgaben zur Cloud-Sicherheit.

1 Besprechen Sie folgende Checkliste zur Cloud-Sicherheit, verbessern oder erweitern Sie diese.

Cloud-Sicherheit	ja	nein
a) Sind die Verantwortlichkeiten für Sicherheit mit dem Cloud-Provider geklärt?	☐	☐
b) Werden Zugriffe kontrolliert? Sind nur Load Balancer und Bastion Hosts öffentlich vom Internet erreichbar? Werden Tools für Identitäts- und Zugangskontrolle genutzt? Werden Rollen im Identitäts- und Zugriffsmanagement (IAM) und Berechtigungen passend vergeben?	☐	☐
c) Werden Daten in der Cloud durch Verschlüsselung geschützt, Verschlüsselungsdienste genutzt, Provider keinen Zugriff auf die Schlüssel gegeben, Schlüssel regelmäßig ausgetauscht?	☐	☐
d) Kommt Multi-Faktor-Authentifizierung (MFA) beim Zugriff auf Management-Konsolen, Dashboards und privilegierte Accounts zum Einsatz?	☐	☐
e) Erfolgen ein Security-Logging und Monitoring, um unautorisierte Zugriffe und Probleme sichtbar zu machen, hat Sichtbarkeit vor der Kontrolle hohe Bedeutung?	☐	☐
f) Gilt der Grundsatz „Shift Left" für Security, werden damit Security-Anforderungen von Anfang an mit hoher Priorität berücksichtigt?	☐	☐
g) Werden regelmäßig aktuelle Sicherheitspatches installiert?	☐	☐
h) Ist ein den Sicherheitsanforderungen gemäßes Backup-System installiert?	☐	☐
i) Ist die WiFi-Sicherheit im öffentlichen Netz anforderungsgerecht?	☐	☐
Weitere Fragen/Maßnahmen		
	☐	☐
	☐	☐
	☐	☐
	☐	☐
	☐	☐

2 Prüfen Sie arbeitsteilig Cloud-Security-Analyse-Tools und -Plattformen sowie MS Windows hinsichtlich ihrer Sicherheitsfeatures.

- Recherchieren Sie zu Security-Tools wie beispielsweise www.alcide.io, www.tenable.io, www.portshift.io.
- Testen Sie diese zeitlich beschränkt über Testversionen, soweit kostenloser Download möglich.
- Rufen Sie in Windows 10 oder 11 den Echtzeitschutz (Windows-Suchleiste: „Sicherheit"), Viren- und Bedrohungsschutz „Ransomware-Schutz" auf und aktivieren Sie den „überwachten Ordnerzugriff".
- Geben Sie in Stichworten wichtige Features an.
- Erstellen Sie in parallelen Kleingruppen Präsentationen, tragen Sie vor, vergleichen und diskutieren Sie dazu. Sprechen Sie sich evtl. zum Arbeitsauftrag genauer ab.

NOTIZEN

3 Prüfen Sie arbeitsteilig die Wissensdatenbank auf Verwendung zur Netzwerksicherheit.
Recherchieren Sie arbeitsteilig in der englischsprachigen Wissensdatenbank:

MITRE ATT&CK (https://attack.mitre.org)

Stellen Sie wichtige Netzwerkattacken und Abwehrmaßnahmen (Techniques) für Netzsicherheit heraus (hier: Stichworte der Einzelrecherche).

NOTIZEN

Nachhaltigkeit sicherstellen

S **In einer Ausbildungssitzung soll das Thema „Nachhaltigkeit bei IT-Systemen“ vertieft werden.**

Holger Lübberstedt: Wir haben im Laufe Ihrer Ausbildung bereits über Green-IT bei Arbeitsplatzrechnern gesprochen. Nun geht es um Netze und Netzwerk-Devices sowie Server und RZ. Wir wollen einmal feststellen, wo Möglichkeiten für Green-IT zu finden sind.

Laura Meier: IT und Netze benötigen über 10 % der gesamten Energie auf der Welt und produzieren viel CO_2.

Julian Markus: Wir sollten Berechnungen durchführen.

Saahil Arora: Ich habe einen krassen Fall eines Kunden vorbereitet, an dem wir weiterarbeiten können und feststellen werden, wie groß das Verbesserungspotenzial in € ist und die Einsparungsmöglichkeiten von CO_2.

Levi Kramer: Wir sollten unbedingt erreichen, dass unser System so energieeffizient wie möglich ist.

Aufgabe 7: **Bearbeiten Sie folgende Aufgaben (siehe auch Jahrgangsband 1, Lernfeld 1, Kapitel 1.3.3, Lernfeld 2, Kapitel 2.3.2, 2.10.4 und Lernfeld 3, Kapitel 3.9.2).**

4.4.3

1. Wenn ein Server statt einer Leistungsaufnahme von 3 000 Watt nur 1 000 Watt pro Stunde benötigt, wie viel Energie (kWh) und Geld (in €) kann man bei 40 Cent pro kWh in einem Jahr bei einer durchgehenden Serverlaufzeit einsparen?

2. Wie viel ließe sich zusätzlich einsparen, wenn der Server nur fünf Tage die Woche zwölf Stunden läuft?

3. Wie viel CO_2 wird durch beide Maßnahmen eingespart, wenn gilt: Pro eingesparter kWh werden 559 g CO_2 weniger erzeugt?

4. Welches Gütesiegel steht für hohe Energieeffizienz?

5 a) Erläutern Sie folgendes Schaubild anhand der englischen Erläuterung.

PUE – (Power Usage Effectiveness) eines vorbildlichen RZ

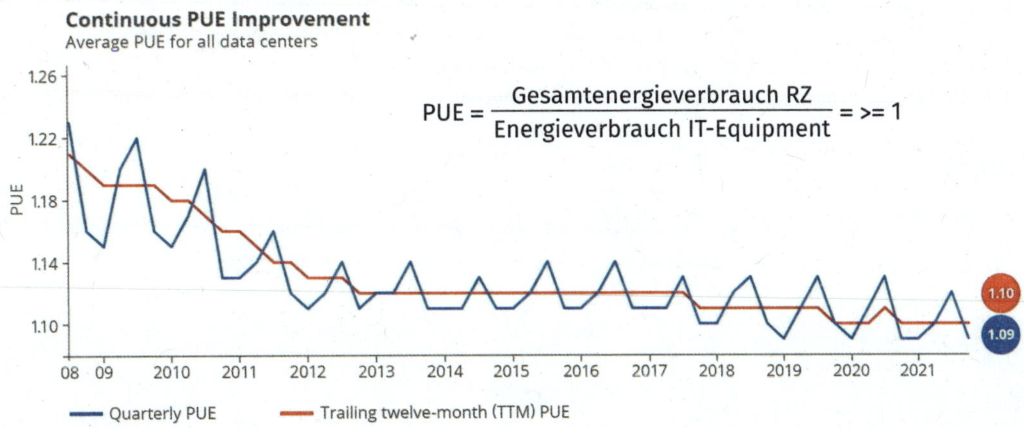

Explanation: A PUE value of 2.0 means that for every watt used to power IT equipment, another watt must be used to cool the IT equipment and distribute power. The closer the PUE approaches a value of 1.0, the more energy is spent on the computing activity itself. Siehe auch Erläuterung der Formel unten unter c).

b) Beurteilen Sie die Entwicklung des Referenz-RZ anhand der gezeigten Statistik.
Der durchschnittliche PUE-Wert 2021 der in einer Statistik geführten großen RZ lag bei 1,5, viele kleinere RZ hatten Werte z. T. weit über 2,5. Wie entwickelte sich der PUE-Wert des Benchmark-RZ insgesamt und im Jahresverlauf?

c) Berechnen Sie den PUE-Wert für ein Prüf-RZ nach folgender Formel:

$$PUE = \frac{VINF + VIT + VTrans + VKAB + VEnergie}{VIT - VKlima - VUSV + ESelbst} = \frac{0{,}3 + 1{,}2 + 0{,}2 + 0{,}2 + 0{,}4}{1{,}2 - 0{,}4 - 0{,}3 + 0{,}1} =$$

Erläuterungen der Werte (V=Value), individuelle Berechnung für RZ der JIKU GmbH:

VINF: Energieverbrauch für die Infrastruktur, über die allgemeine Klimaanlagen ohne die IT-Klimatisierung, Beleuchtung, Büroräume und einige Netzwerkgeräte versorgt werden

VIT: Energieverbrauch für die IT, über die Server, Netzwerk, Speicherkomponenten und Klimaanlagen in den Computerräumen versorgt werden
VTrans: Transformatorverluste bei Mittel- und Hochspannung
VKAB: Kabelverluste bei Hoch- und Niederspannung
VEnergie: Energieverbrauch am Standort in Form von Betriebsstoffen, einschließlich Erdgas und Heizöl
VKlima: Energieverbrauch der Klimaanlagen in den Computerräumen
VUSV: Energieverlust an unterbrechungsfreien Stromversorgungen (USV), die Server, Netzwerk und Speicherkomponenten versorgen
ESelbst: selbstgewonnener Energie-Ertrag über CO_2-neutrale Technologie, z. B. Photovoltaik

d) Was muss nach dieser Rechnung geschehen, um den PUE-Wert auf möglichst 1 zu senken?

____

____

____

____

____

6 Erstellen Sie eine Präsentation zum Thema „Nachhaltigkeit".

a) Stellen Sie fest, welche Bemühungen Google für CO_2-freie Rechenzentren aufwendet.
www.google.com/intl/de/about/datacenters/
www.google.com/intl/de/about/datacenters/cleanenergy/

b) Stellen Sie fest, was die Initiative „carbon-free energy" leisten will?
https://gocarbonfree247.com/

c) Ergänzen Sie eine weitere bedeutende Initiative, z. B. unter https://www.bitkom.org.

7 Bringen Sie die vorgeschlagenen Maßnahmen zur Verbesserung der Nachhaltigkeit bei der JIKU IT-Solutions in eine Reihenfolge. Nummerieren Sie die Maßnahmen aufsteigend nach Wichtigkeit von (1) bis (15). Vergleichen Sie Ihre persönlichen Ergebnisse und diskutieren Sie zur Priorisierung der Maßnahmen. Stellen Sie evtl. eine gemeinsam abgestimmte Liste auf.

Maßnahmen und Fragen zur Verbesserung der Nachhaltigkeit	
a) Ersatz alter Netzwerk-Devices mit schlechten Energiewerten	
b) Energiemanagement/-optionen der Server und Devices überprüfen	
c) BIOS-optimieren, z. B. Grafikchip abschalten/managen	
d) Energiemanagementapps prüfen und Energiesparplan aufstellen	
e) Turbo-Boost im Prozessor abstellen/managen	
f) Dafür sorgen, dass Geräte-Lüfter nicht so oft anspringen/arbeiten	
g) Akku-Verbrauch der mobilen Devices optimieren	
h) Strommessgeräte	
i) Mitarbeiter über energiesparende Möglichkeiten informieren und prüfen	
j) Möglichkeiten eigener Stromerzeugung und Wärmeweitergabe prüfen	
k) Netzteile mit hoher 80-Plus-Zertifizierung (Gold, Platinum, Titanium) wählen	
l) Bei Servern mit Leerlaufzeiten Energiemanagement anpassen.	
m) Bei Festplatten, RAID-Laufwerken Energiemanagement prüfen	
n) Bei redundanten Lüftern und Netzteilen das Energiemanagement prüfen	
o) Sind Server und Devices zur Nachhaltigkeit zertifiziert?	

Maßnahmen und Fragen zur Verbesserung der Nachhaltigkeit
Ermitteln Sie durch Recherche, welche Watt-Kennwerte aktuell die besten Server haben. Stand-By ______________________ Leerlauf: ______________________ Dauer-Volllast: ______________________
Ermitteln Sie durch Recherche, welche TDP-Werte, auf deren Grundlage die Kühlung (falls erforderlich) sowie die Stromzufuhr ausgelegt werden, aktuell optimal sind. (Hinweis: Thermal Design Power (TDP) ist die thermische Verlustleistung elektrischer Bauteile wie CPU oder Grafikkarte, abhängig vom Typ des Bauteils, Kühlsystems und der Umgebungstemperatur.) CPU: ______________________ Grafikkarten: ______________________

8 Prüfen Sie Maßnahmen zur Energiekostenoptimierung.
Die RAMI GmbH hat sich an JIKU IT-Solutions gewandt, um eine Energieoptimierungsberatung für die IT durchzuführen. Sowohl Arbeitsplatzrechner als auch Server im Unternehmen sind z. T. weit mehr als fünf Jahre alt und nicht mehr auf dem aktuell geforderten Leistungsstand. Mit über 8000 € im Monat sind die Energiekosten zu hoch. Eine Istaufnahme gab die Daten der Tabelle der folgenden Seite aus.

a) Vervollständigen Sie die Tabelle der folgenden Seite und berechnen Sie daraus den aktuellen Energiebedarf und einen möglichen Soll-Bedarf durch Neubeschaffung der Hardware sowie das Einsparvolumen. Verwenden Sie möglichst ein Tabellenkalkulationsprogramm (Vorlage im Downloadbereich).

b) Listen Sie Maßnahmen auf, die zur Energiekostenoptimierung ergriffen werden sollen.

____

____

____

____

Nachhaltigkeit																
Gerätetyp	Anzahl		Watt je Stunde		Betriebsdauer in Stunden pro Tag		kWh insgesamt		Betriebstage 5 Jahre		kWh auf 5 Jahre		Stromkostensatz in €		Stromkosten	Stromkosten
	Ist	Soll	Ist	Soll	Ist	Soll	Ist	Soll	Ist	Soll	Ist 70 %	Soll 70 %	Ist	geschätzt	Ist insgesamt	Soll insgesamt
Standard-PC	10	15	300	16	8	6			1 250	1 000			0,4	0,28		
Business-PC	8	4	700	65	8	6			1 250	1 000			0,4	0,28		
Workstation	5	4	1 400	120	12	10			1 250	1 000			0,4	0,28		
Server	4	4	3 500	350	24	15			1 820	1 400			0,4	0,28		
										gesamt:				gesamt:		
										Einsparung:						

Pro Monat

Mindestoptimierung –10 %	
Ökostrom-Zusatzkosten 20 %	
Sonst. Optimierungsmögl. –30 %	

Gesamt

Einsparung kg CO_2 bei 559 g/kWh	

	gesamt 5 Jahre	**pro Monat**
Einsparung:		

Lernsituation 5: Wir erstellen Pflichtenhefte und unterstützen die Vertragserstellung

S **Das Ausbildungsteam von JIKU IT-Solutions hat die Federführung übernommen, Karla Schepp und Saahil Arora haben die Projektleitung inne. Die Geschäftsleitungen von weiteren fünf Unternehmen haben beschlossen, sich dem Projekt „Azubi-Connect" anzuschließen und zu einem Ecosystem weiterzuentwickeln. Dabei sollen, wenn möglich, auch die berufsbildenden Schulen und die zuständige Industrie- und Handelskammer einbezogen werden.**

Holger Lübberstedt: Wir haben aus Kundensicht Lastenhefte erstellt, einfache Netzpläne erstellt und mit dem Kunden besprochen. Nun legen wir unseren Fokus auf die fachliche Spezifikation.

Saahil Arora: Wir haben ja bereits mitbekommen, dass nun die Pflichtenhefte oder fachlichen Leistungsbeschreibungen kommen.

Karla Schepp: Während im Lastenheft das Was und Wofür aus Kundensicht steht, erstellen die Leistungserbringer eine genaue Leistungsbeschreibung und damit das Wie und Womit.

Laura Meier: Die Netzpläne müssen weiter fachlich konkretisiert werden.

Holger Lübberstedt: Richtig. Zum Pflichtenheft haben wir ja eine Gliederungsvorschrift besprochen. Jetzt wollen wir tiefer einsteigen.

Levi Kramer: Bezogen auf unser Projekt „Azubi-Connect" müssen wir also unsere Hardware bzw. virtualisierte Hardware, das Cloud-Portal und die Applikationen genauer beschreiben.

Jürgen Pollina: Wir sollten uns dabei aber nicht bloß nach dem Projekt „Azubi-Connect" richten. Das engt uns eventuell zu sehr ein.

Holger Lübberstedt: Ich hätte auch Aufgaben, die nicht direkt mit dem Projekt zu tun haben, aber wichtige Komponenten tiefer einbeziehen.

Jürgen Pollina: Diese Aufgaben sollten wir also auch einbeziehen.

Holger Lübberstedt: Gut, dann arbeiten wir in Arbeitsgruppen parallel daran, fachliche Leistungsbeschreibungen oder Pflichtenhefte für das Projekt „Azubi-Connect" zu erstellen. Daneben arbeiten wir auch an genaueren und fachlichen Leistungsbeschreibungen für andere Komponenten und Anforderungen aus Lastenheften.

4.5 Pflichtenhefte nach Unternehmensanforderungen erstellen

Ausschreibungs- und Vergabeplanung

S **Alle sechs Partner des Ecosystems „Azubi-Connect" wollen Hard- und Software, Cloud-Dienste etc. bündeln und in einer gemeinsamen Aktion beschaffen und bereitstellen. Das Beschaffungsvolumen in € wird für alle sechs Partner zusammen und über fünf Jahre auf insgesamt über 250 000,00 € eingeschätzt, unabhängig von der Entscheidung für Bare Metal oder Cloud. JIKU IT-Solutions soll die Federführung in der Beschaffung bekommen. Es muss darüber diskutiert werden, ob Anfragen öffentlich ausgeschrieben werden sollen.**

Holger Lübberstedt: Wir haben es geschafft, ein gemeinsames Projekt mit nunmehr sechs Partnern unter Federführung der JIKU IT-Solutions einzurichten. Das finanzielle Auftragsvolumen wird sich dabei auf einige hunderttausend Euro erhöhen. Heute diskutieren wir darüber, ob wir eine Ausschreibung durchführen wollen oder konkret Angebote bei ausgewählten Lieferanten einholen möchten.

Laura Meier: Ich habe für öffentliche Kunden schon einmal Ausschreibungsunterlagen gesehen. Öffentliche Betriebe müssen alles sehr transparent durchführen.

Karla Schepp: Wir müssen bei der NISO AG bei Beschaffungen über 100 000,00 € prüfen und begründen, ob wir eine Ausschreibung über eine Ausschreibungsplattform durchführen sollten oder nicht.

Saahil Arora: Bisher liegen wir mit unseren Lieferanten eigentlich ganz gut.

Julian Markus: Aber über Ausschreibungen erhalten wir eventuell ganz neue Ansätze.

Levi Kramer: Ich fände es interessant, uns einmal Ausschreibungsplattformen anzusehen. Vielleicht kann man kostenlos einen Zugang erhalten.

Jürgen Pollina: Wir sollten einmal eine Aufstellung machen, was wir den potenziellen Lieferanten als Pflichtenheft oder Leistungsbeschreibung zur Verfügung stellen und in welcher Form das passiert.

Jannik Brunke: Ich habe auch gesehen, dass Unternehmen zu Ausschreibungen Preisblätter mit der Tabellenkalkulation beifügen. Dann erspart man sich das vergleichende Rechnen.

Holger Lübberstedt: Gut, versuchen wir uns einmal an einem Entwurf der Ausschreibungsunterlagen.

Aufgabe 1: **Bearbeiten Sie folgende Teilaufgaben zur Entscheidung, welcher Art die Anfragen bei Unternehmen sein sollen.**

4.5.1

1 Es soll über Vor- und Nachteile einer freihändigen Vergabe gegenüber einer Ausschreibung über ein öffentliches Portal diskutiert werden.

a) Notieren Sie zur Vorbereitung für sich Vor- und Nachteile (ggf. in Partnerarbeit).

NOTIZEN

b) Sammeln, präsentieren, clustern und priorisieren Sie die gesammelten Vor- und Nachteile gemeinsam und fällen Sie eine begründete Entscheidung.

Vorteile: ______________________________

Nachteile: ______________________________

Entscheidung: ______________________________

2 Geben Sie Bestandteile an, die eine nicht öffentliche (nö) oder öffentliche (ö) Ausschreibung haben sollten, welche Unterlagen nur auf konkrete Anmeldung einer Beteiligung herausgegeben (B) werden sollten und ergänzen Sie folgende Liste z. B..

- Bekanntmachung (Titel, Auftragsgegenstand, Kurzerläuterung) z. B. (ö)
- Unterteilung in 6 Lose nach Unternehmen mit Detailbeschreibung z. B. (nö)
- Leistungsbeschreibungen z. B. (B)

3 Prüfen Sie verschiedene Ausschreibungsportale und geben Sie an, ob diese sich für eine Ausschreibung zu „Azubi-Connect“ eignen, welche Unterlagen in den Portalen eingestellt werden, ob eine öffentliche Ausschreibung nicht öffentlichen Anfragen bei Lieferanten vorzuziehen ist.

a) Beschreibung von Unterlagen, die in Ausschreibungsportalen für die möglichen teilnehmenden Lieferanten bereitgestellt werden

b) Kurzstellungnahme zur Ausschreibung über Portal oder Anfragen bei ausgewählten Lieferanten

Funktionale Anforderungen planen

S **Die Auszubildenden der NISO AG verfügen im Unternehmen über eigene Räume, das sogenannte Ausbildungszentrum. Hier können sie, neben der Arbeit in den Abteilungen, Ausbildungsinhalte bearbeiten und zur Vertiefung eigene Projekte realisieren. In den vier Räumen ist zurzeit eine strukturierte Verkabelung verlegt.**

Holger Lübberstedt: Die Auszubildenden der NISO AG haben mit dem Verantwortlichen für das Ausbildungszentrum gesprochen. Sie möchten dort gerne ein WLAN zur Verfügung haben, um flexibel mit dem Ausbildungssystem „Azubi-Connect“ arbeiten zu können. Idealerweise sollen sogar zwei WLANs verfügbar sein. Ein Netzwerk für die Auszubildenden und ein Netzwerk für Ausbildungsprojekte. Außerdem möchten die Auszubildenden das „Azubi-Connect“-System auch aus dem externen Netzwerk erreichen.

John Steinbach: Das klingt zunächst einfach, aber ich glaube, es gibt hierbei viele Teilaspekte zu beachten.

Laura Meier: Das denke ich auch. Wir müssen das WLAN planen. Dazu gehört z. B. die Auswahl passender Access Points, die Positionierung und Verkabelung der Access Points und natürlich die Konfiguration.

Saahil Arora: Außerdem muss das Firewall-System entsprechend konfiguriert werden. Die IT-Sicherheit der NISO AG darf nicht beeinträchtigt werden.

Holger Lübberstedt: Bitte befassen Sie sich mit den Teilaspekten der Planung. Vergessen Sie nicht, dass die Access Points zwei Netzwerke anbieten sollen. Den Verkehr der beiden WLANs müssen Sie mit VLAN-Technik trennen. Die Gäste dürfen nur Zugriff auf das Internet haben.

Aufgabe 2: Bearbeiten Sie die nachfolgenden Teilaufgaben zur Planung der funktionalen Anforderungen (siehe auch Jahrgangsband 1, Lernfeld 3, Kapitel 3.7.2 und Jahrgangsband 2, Lernfeld 9, Kapitel 4.3.2).

4.5.2

1 Für eine ideale Verfügbarkeit des WLANs sollen Sie nun die Platzierung der Access Points planen. Ihnen steht zur Planung eine Skizze des Ausbildungszentrums der NISO AG zur Verfügung. Verwenden Sie maximal drei Access Points.

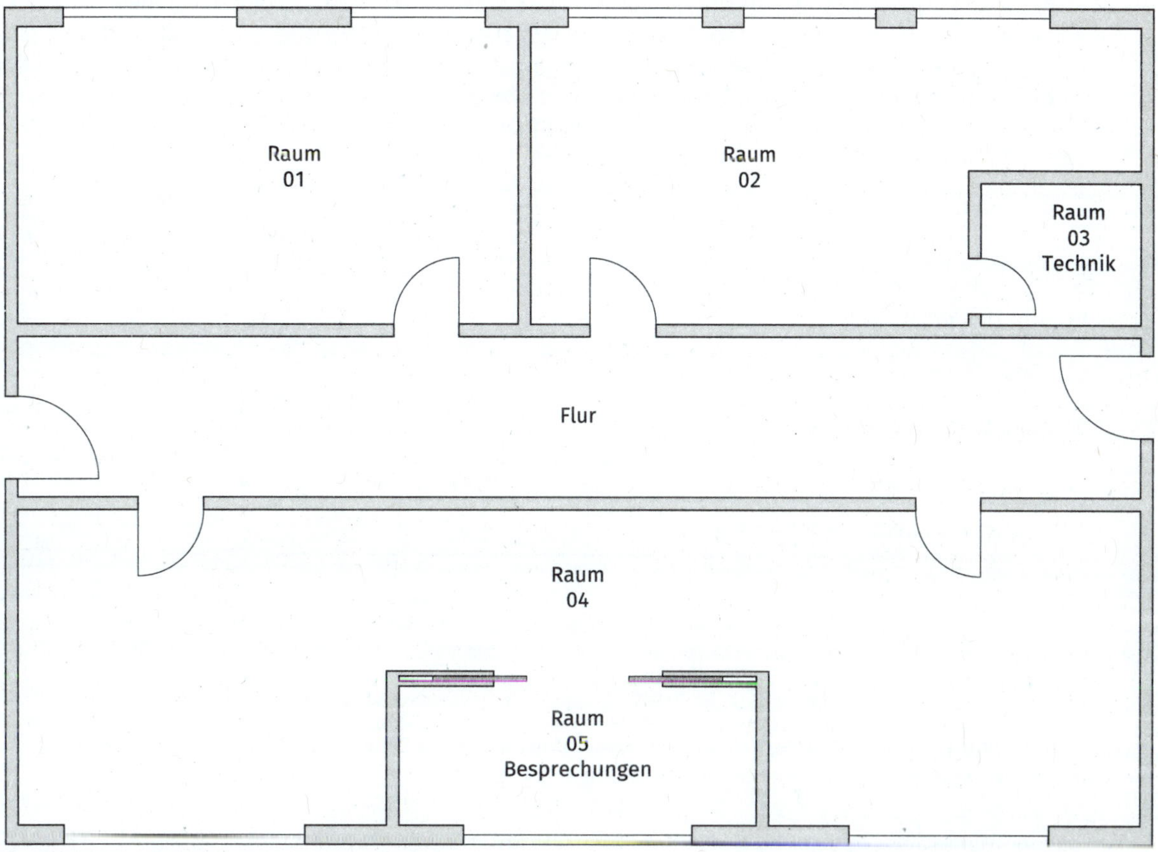

Grundriss des Ausbildungszentrums der NISO AG

Beachten Sie bei der Planung auch die Dämpfungswerte unterschiedlicher Baumaterialien.

Material	Dämpfung bei 2,4 GHz	Dämpfung bei 5 GHz
Typische Bürotür (rot)	4 dBi	6 dBi
Stahl-Feuerschutztür (grün)	18 dBi	30 dBi
Ziegelzwischenwand (blau)	6 dBi	10 dBi
Glastrennwand (gelb)	8 dBi	12 dBi

2 Zum Betrieb des Access Points und der Bereitstellung der Netze muss für die Netzwerke jeweils ein Funkkanal ausgewählt werden.
Im Gebäude der NISO AG steht schon ein WLAN zur Verfügung. Das WLAN „NISO-intern" für die Mitarbeitenden der NISO AG. Es funkt auf dem Kanal 1 (siehe Kanalwahl in nebenstehender Abbildung).
Wählen Sie die Kanäle für die zu installierenden WLANs „NISO-GAST" und „NISOP-Azubi".

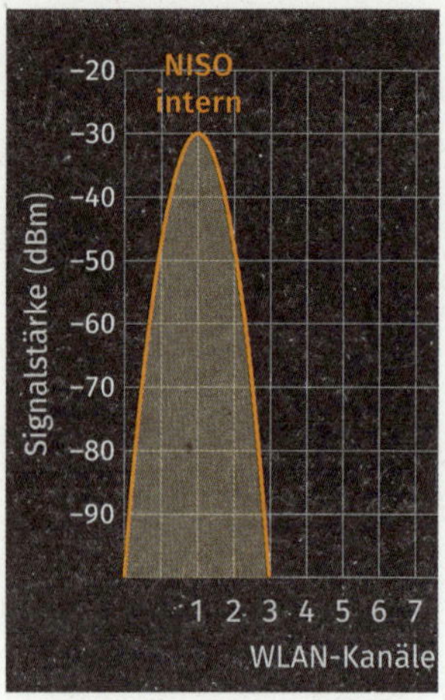

3 Bei der WLAN-Installation werden drei Access Points verwendet. Diese sollen zusammen als ein Extended Service Set (ESS) arbeiten. Das hat den Vorteil, dass das WLAN-Endgerät zwischen den Funkzellen verschiedener Access Points desselben ESS wechseln kann, ohne dass es zum Verbindungsabbruch kommt. Das bedeutet, dass die drei Access Points zusammenarbeiten oder gesteuert werden müssen.
Bei einer ersten Recherche stoßen Sie auf den Begriff „WLAN Controller" (WLC).
Ordnen Sie den Geräten Access-Point- und WLAN-Controller-Funktionen zu.

Funktion	AP	WLC
a) spannt ein Netz auf	☐	☐
b) arbeitet kabellos	☐	☐
c) arbeitet meist kabelgebunden	☐	☐
d) kann eine SSID versenden	☐	☐
e) überwacht Access Points	☐	☐
f) konfiguriert mehrere Access Points	☐	☐
g) hat meist eine GUI	☐	☐

4 Um die Arbeitsplatzrechner der Mitarbeiter abzusichern, soll ein bestehendes Netzwerk in VLANs unterteilt werden (siehe auch Jahrgangsband 2, Lernfeld 9, Kapitel 4.3.1).

Auf dem neu erworbenen Smart Business Switch mit insgesamt 16 Ethernet Ports sollen die VLANs für die Mitarbeiter konfiguriert werden (siehe Abbildung S. 245).

- Die Mitarbeiter der Buchhaltung sollen Zugriff erhalten auf beide Server und beide Drucker (VLAN 1).
- Die Service-Mitarbeiter sollen Zugriff erhalten auf den „Drucker Allgemein" und den CRM Server (VLAN 2).
- Der Geschäftsführer soll Zugriff auf alle Server und den „Drucker Allgemein" erhalten (VLAN 3).
- Alle Arbeitsplätze sollen Zugriff auf das Internet haben (VLAN 1–3).

Alle Arbeitsplatzrechner erhalten Internetzugriff.

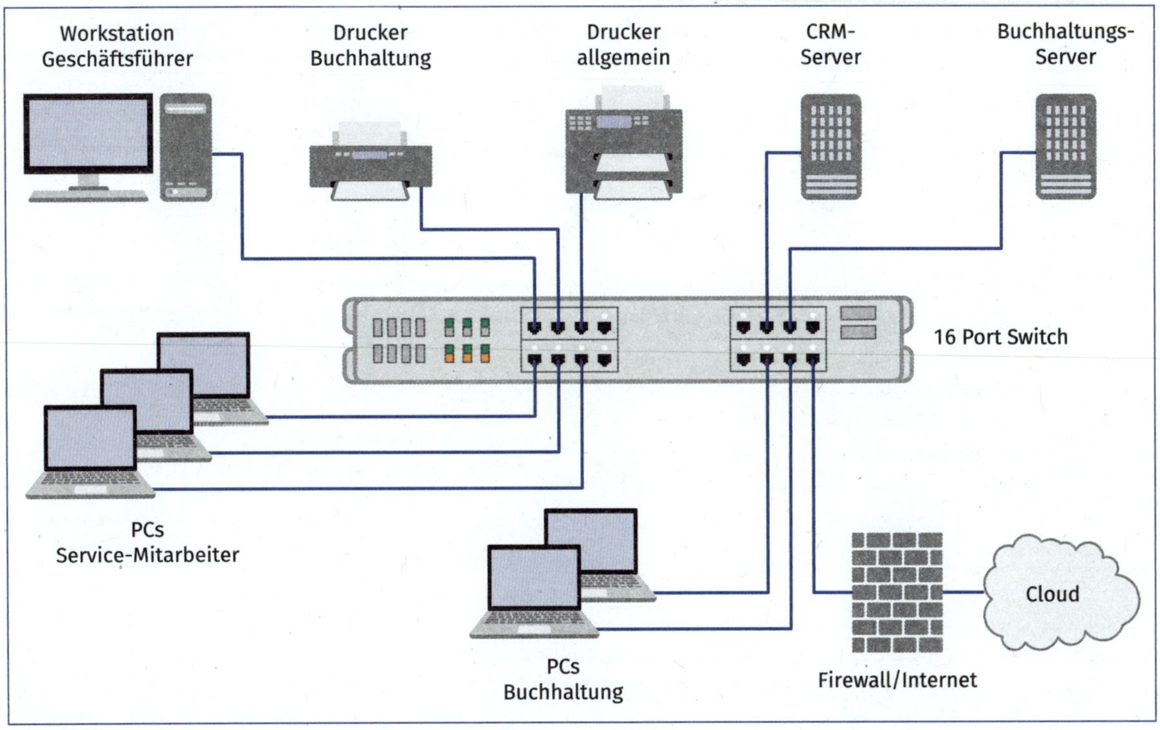

VLAN-Skizze

Bitte kreuzen Sie die entsprechenden VLANs an.

Port	Bedeutung	VLAN 1	VLAN 2	VLAN 3	tagged
1	Workstation Geschäftsführer	☐	☐	☐	☐
2	Drucker Buchhaltung	☐	☐	☐	☐
3	Drucker Allgemein	☐	☐	☐	☐
6	CRM-Server	☐	☐	☐	☐
7	Buchhaltungs-Server	☐	☐	☐	☐
9–11	PCs der Service Mitarbeiter	☐	☐	☐	☐
14–15	PCs der Buchhaltung	☐	☐	☐	☐
16	Internet	☐	☐	☐	☐

5 Die beiden bereitzustellenden WLANs müssen unabhängig voneinander weitergeleitet werden. Sie sollen im kabelgebundenen Netzwerk durch VLAN-Technik getrennt werden. Die ausgewählten Access Points können alle mehrere WLANs gleichzeitig ausstrahlen. Diese Eigenschaft nennt sich Multi-SSID (MSSID).

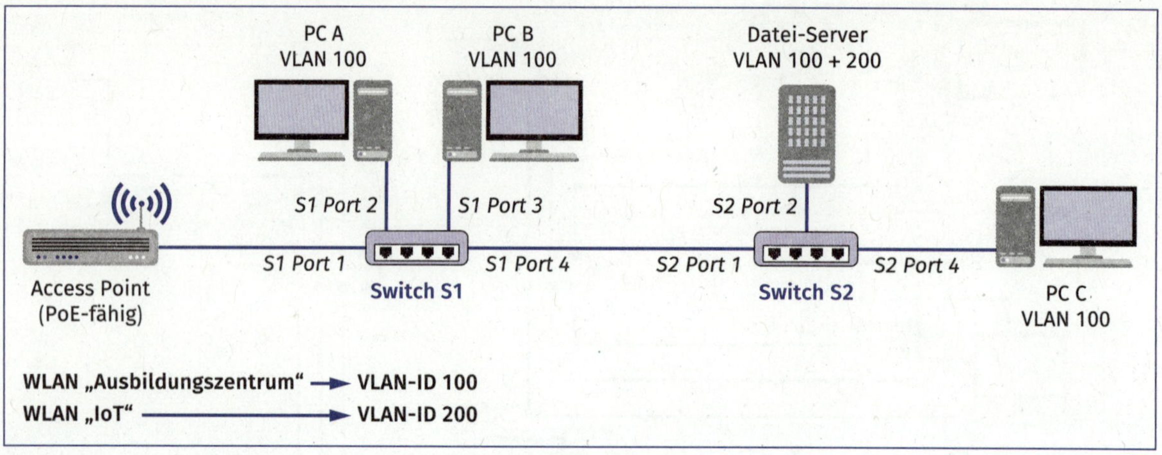

Netzplan AP mit VLAN-Anbindung

Planen Sie die Port-Konfiguration der Switche bezüglich der VLANs. Geben Sie an, welche Ports als „tagged“ und welche Ports als „untagged“ konfiguriert werden müssen.

Port	untagged	tagged	Port	untagged	tagged
AP P1	☐	☐	S1 P4	☐	☐
S1 P1	☐	☐	S2 P1	☐	☐
S1 P2	☐	☐	S2 P2	☐	☐
S1 P3	☐	☐	S2 P4	☐	☐

6 Den Teilnehmern der WLANs soll der Zugriff auf das Internet gestattet werden. Dazu muss die Konfiguration entsprechender Firewall-Regeln geplant werden. Ihnen liegt die Struktur des Firewall-Systems der NISO AG vor. Es handelt sich um eine DMZ. In der Skizze sind Verbindungen eingetragen.

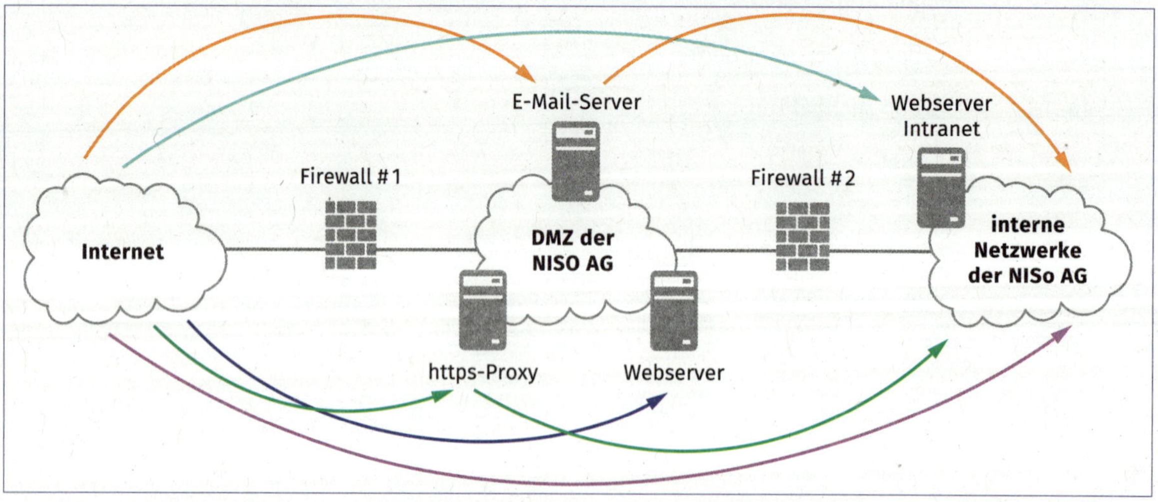

Firewall-System der NISO AG

Verbindungen		
Verbindung 1 (orange)	E-Mail an einen E-Mail-Empfänger der NISO AG	Internet → E-Mail-Server → interne Netzwerke
Verbindung 2 (türkis)	Zugriff aus dem Internet auf den Webserver im Intranet	Internet → interne Netzwerke
Verbindung 3 (grün)	Beantwortung einer zuvor gestellten Anfrage	Internet → https-Proxy → interne Netzwerke
Verbindung 4 (lila)	Anfrage aus dem Internet an einen Client im internen Netzwerk der NISO AG	Internet → interne Netzwerke
Verbindung 5 (blau)	Zugriff aus dem Internet auf den Webserver in der DMZ	Internet → Webserver

Entscheiden Sie, welche Verbindungen zu erlauben bzw. zu verbieten sind. Begründen Sie kurz Ihre Entscheidung.

Verbindung	erlaubt	verboten	Begründung
1 – orange	☐	☐	
2 – türkis	☐	☐	
3 – grün	☐	☐	
4 – lila	☐	☐	
5 – blau	☐	☐	

7 Ein Firewall-Regelwerk beinhaltet einzelne Regeln. Nachfolgend ist ein Auszug aus einem Regelwerk einer Firewall gegeben.

Regel-Nr.	Aktion	Protokoll	Quell-IP-Adr.	Ziel-IP-Adr.	Quell-port	Ziel-port	Schnittstelle eingehend	Schnittstelle ausgehend
1	allow	TCP	any	1.2.3.4	25	25	wan0	eth0
2	allow	TCP	10.0.0.0/8	any	any	443	eth0	wan0
3	drop	any	any	any	any	any	wan0	eth0

Erläutern Sie die Regeln der Firewall.

Regel 1: Erlaube jeden eingehenden Verkehr mit der Ziel-IP-Adresse 1.2.3.4 auf Port 25 (smtp). Die eingehende Schnittstelle ist wlan0 und die ausgehende Schnittstelle ist eth0.

Regel 2: ______________________________

____

____

____

Regel 3: ______________________________

____

____

____

8 Für das Ausbildungszentrum soll aus Gründen der Verfügbarkeit ein eigenständiger Internetanschluss angeschafft werden. Zur Verfügung stehen verschiedene mögliche Zugangstechniken.
Kreuzen Sie die zutreffenden Aussagen an.

Zugangstechniken	
1. Sie wählen einen DSL-Internetanschluss.	
Bei einer asymmetrischen DSL-Technik ist die Download-Datenrate höher als die Upload-Datenrate.	☐
Bei aktuellen DSL-Techniken wird FTTC verwendet.	☐
Die „letzte Meile“ wird bei aktueller DSL-Technik mit LWL ausgebaut.	☐
2. Sie entscheiden sich für einen Internetzugang über das Mobilfunknetzwerk.	
Die Anzahl aktiver Mobilfunk-Endgeräte spielt für die verfügbare Datenrate keine Rolle.	☐
Eine externe Antenne am Router kann sinnvoll sein, um das Mobilfunksignal optimal zu empfangen.	☐
Die Einsatzmöglichkeit eines Internetzugangs mittels Mobilfunk ist von der Entfernung des Routers zur Basisstation abhängig.	☐
3. Der gewählte Internetzugang nutzt das Kabelnetzwerk.	
Ein Internetanschluss über das Kabelnetzwerk verwendet den DOCSIS-Standard.	☐
Das Kabelnetzwerk ist ein geteiltes Netzwerk. Die zur Verfügung stehende Datenrate sinkt, je mehr Teilnehmende einen Kabelanschluss als Internetanschluss verwenden.	☐
Zwischen Anbieter und Kunden kommt eine Twisted Pair (TP)-Verkabelung zum Einsatz	☐
4. Die Entscheidung ist auf einen Glasfaseranschluss gefallen.	
Ein Glasfaseranschluss für einen Privatkunden wird mit FTTH oder FTTB abgekürzt.	☐
Ein Glasfaseranschluss bietet sehr hohe Übertragungsraten im Vergleich zu DSL.	☐
Die Glasfaser des Anbieter enden beim Kunden am optischen Netzabschluss (OTN).	☐

9 Planen Sie einen VPN-Zugang (siehe auch Jahrgangsband 1, Lernfeld 3, Kapitel 3.2.2).
Um den Auszubildenden, z. B. im Home-Office oder während der Berufsschule, Zugriff auf das interne Netzwerk des Ausbildungszentrums zu geben, soll die Möglichkeit eines VPN-Zugangs geplant werden.

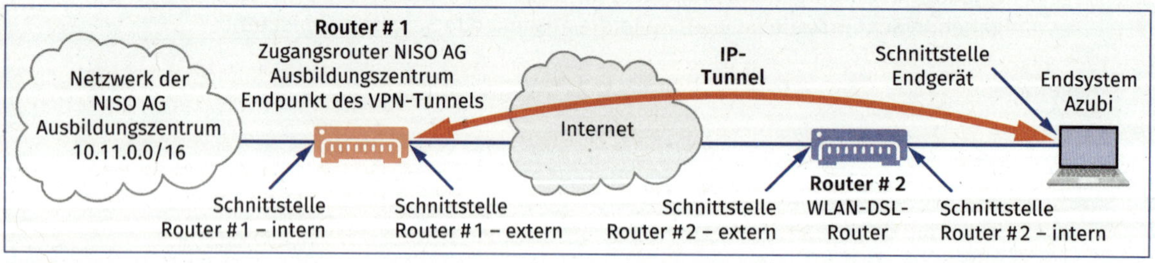

VPN-Szenario

a) Bestimmen Sie mithilfe der oben angegebenen Abbildung auf S. 248 das VPN-Szenario (site-to-site, site-to-end, end-to-end).

___

___

___

b) Vergeben Sie die im Netzplan auf S. 248 fehlenden IP-Adressen.

10.0.10.10/24
192.168.1.100/24
10.11.0.1/16
12.12.12.12 (beliebige öffentliche Adresse)
13.13.13.13 (beliebige öffentliche Adresse)

Schnittstelle	IP-Adresse
Router#1 – intern	
Router#1 – extern	
Router#1 – VPN	10.0.10.1/24
Router#2 – extern	
Router#2 – intern	192.168.1.1/24
Endgerät – intern	
Endgerät – VPN	

c) Erläutern Sie, welche Schutzziele für ein VPN umgesetzt werden können.

Beispiel: Vertraulichkeit: Die Daten eines VPN können verschlüsselt sein.

Nicht funktionale Anforderungen planen

S **In der Teamsitzung geht es nun um nicht funktionale Aspekte, z. B. Lizenzbestimmungen über die Nutzung von Software oder Service-Level-Agreements, die für den Betrieb des Systems relevant sind.**

Holger Lübberstedt: Wenn wir das System für die NISO AG betreiben, benötigen wir einerseits eine Kundenschnittstelle, andererseits müssen wir Service Level Agreements abschließen, in denen wir beschreiben, welche Dienste und Reaktionszeiten wir anbieten. Für den Kundenzugang der NISO AG soll ein cPanel-ähnliches System verwendet werden. Dazu habe ich die Software „Virtualmin" auf der Webseite „Virtualmin.com" gefunden. Hier müssen aber noch lizenztechnische Fragen geklärt werden. Die Service-Level-Agreements müssen wir genau ausarbeiten. Das sind bindende Verträge. Ich schlage vor, dass Sie die Arbeit im Team aufteilen.

Aufgabe 3: **Stellen Sie Überlegungen an, welche Punkte JIKU IT-Solutions bezüglich einer Lizenz für „Virtualmin" beachten muss.**

1. Für „Azubi-Connect" möchte das Projektteam der JIKU IT-Solutions der „GPL-Version" Funktionen hinzufügen. Welche Punkte müssen bezüglich der Lizenz beachtet werden? 4.5.3

Hinweis: Eine offene Version von „Virtualmin" ist unter der GNU Public License verfügbar. Wenn nötig, kann auch ein bezahlter Support eingekauft werden.

Beachten Sie dabei folgende Fragen:

a) Gibt es eine Einschränkung in der Nutzung der Software durch GPL?

b) Benennen Sie die Lizenz, die von der GPL bei Änderungen am Quellcodes vorgeschrieben wird.

c) Was ist der Unterschied zwischen der AGPL und der GPL?

NOTIZEN

2. Für den Betrieb soll ein Service Level Agreement (SLA) mit der NISO AG geschlossen werden. Bei den Verhandlungen darüber gibt es unterschiedliche Ansichten über die Verfügbarkeit des Systems (siehe auch Jahrgangsband 1, Lernfeld 3, Kapitel 3.8.4).

a) Die JIKU IT-Solutions schlägt eine Verfügbarkeit von 99,95 % vor. Die NISO AG hätte gern eine Verfügbarkeit von 99,99 %.
Berechnen Sie, wie lange der Ausfall pro Jahr sein darf, wenn ein Jahr 8 760 Stunden hat.

b) Als Kennzahlen werden Mean-Time-Between-Failure (MTBF) und Mean-Time-To-Repair (MTTR) in SLAs eingesetzt. Die Berechnung dazu erfolgt folgendermaßen:

$$MTBF = \frac{\text{Summe der Uptime – Time}}{\text{Anzahl der Ausfälle}} \qquad MTTR = \frac{\text{Summe der Downtime – Time}}{\text{Anzahl der Ausfälle}}$$

Berechnen Sie die MTBF und MTTR, wenn das System im Jahr vier Stunden ausfallen darf und sich diese Zeit verteilt auf:

Fünf Ausfälle:

Zehn Ausfälle:

c) Nennen Sie drei weitere Anforderungen, die in dem Zusammenhang mit dem angebotenen Dienst in dem SLA festgelegt werden sollten.

Lernsituation 6: Wir installieren Netzwerke, konfigurieren sie und stellen sie bereit

S **Die funktionalen Einrichtung an „Azubi-Connect" sind geplant worden. Für die Infrastruktur, Netzwerkkomponenten und Server ist die Planung umzusetzen. Hierzu sind noch einige Details zu klären und zu dokumentieren.**

Holger Lübberstedt: Wir sind mit der Planung sehr gut vorankommen. Wir müssen jedoch noch einmal detailliert auf den Aufbau der Infrastruktur eingehen. Es gibt unter anderem offene Punkte im Bereich der Dokumentation der Infrastruktur.

Saahil Arora: Ja, das stimmt. Einige Aspekte müssen aber noch betrachtet werden.

Jürgen Pollina: Damit die Router endgültig konfiguriert werden können, müssen die Routingtabellen geplant werden.

Laura Meier: Müssen wir uns nicht auch noch Gedanken über die Sicherung der Server machen?

Saahil Arora: Das ist ein sehr wichtiger Aspekt. Besonders den administrativen Zugang über „ssh" müssen wir gut schützen.

Jannik Brunke: In diesem Zusammenhang müssen wir auch den Schutz des Netzwerkes durch ein Firewall-System beachten.

4.6 Netzwerke installieren, konfigurieren und bereitstellen

Infrastruktur einrichten

S **Bei der Einrichtung der Infrastruktur wird eine genaue Dokumentation der verschiedenen Anschlüsse benötigt. Diese erleichtert eine mögliche spätere Fehlersuche.**

Holger Lübberstedt: Bei einer Begehung im Rechenzentrum sind die Kolleginnen und Kollegen in der Netzplanung auf einige Ungereimtheiten gestoßen. Offensichtlich wurde bei der Dokumentation der Verkabelung einiges nicht korrekt dokumentiert.

John Steinbach: Ich könnte die Kolleginnen und Kollegen dabei gerne unterstützen. So lerne ich unsere Verkabelung besser kennen.

Holger Lübberstedt: Das ist ein prima Vorschlag. Es sind für das kommende Jahr einige Erweiterungen geplant. Allerdings sind diese auf Basis fehlerhafter Dokumentationen nicht sinnvoll durchführbar.

John Steinbach: Welche Dokumente gibt es denn bereits?

Holger Lübberstedt: Die Port-Belegungen der Patch Panels und Teilnehmeranschlussdosen sind in Tabellen abgelegt. Sie könnten den Istzustand für den Etagenverteiler im 1. OG mit der bestehenden Dokumentation abgleichen.

John Steinbach: Ich kümmere mich darum.

Aufgabe 1: **Überprüfen Sie die Einrichtung der Infrastruktur (siehe auch Jahrgangsband 1, Lernfeld 3, Kapitel 3.4.2).**

4.6.1

1. Das folgende Schaubild zeigt den Istzustand der Verkabelung im 1. OG der JIKU IT-Solutions GmbH. Im Download-Bereich finden Sie eine vergrößerte Version des Schaubildes und eine Excel-Tabelle. Die Excel-Tabelle enthält einen nicht mehr aktuellen Stand der Port-Belegungen.

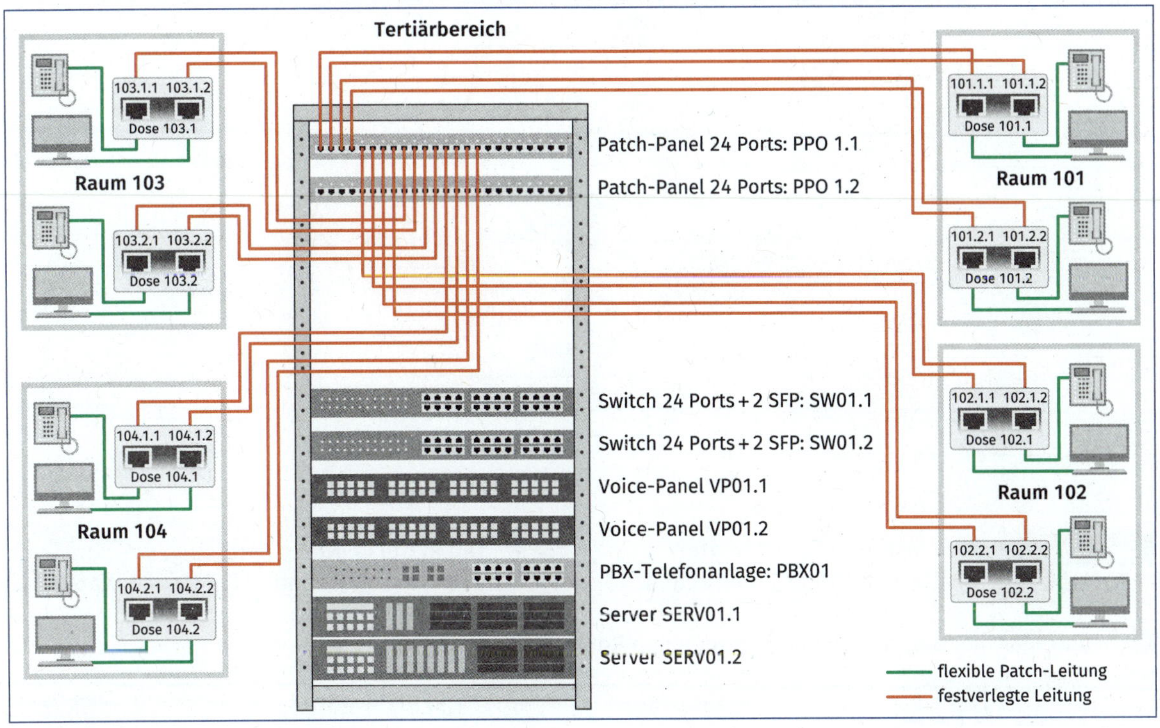

Istzustand festverlegter Leitungen

2. Überprüfen Sie die Excel-Tabelle auf Fehler bzw. Abweichungen zum Istzustand. Nehmen Sie in der Excel-Tabelle entsprechende Änderungen bzw. Korrekturen vor. Kennzeichnen Sie die geänderten Zellen mit rot.

Netzwerkkomponenten installieren

S **Das Netzwerk im Ausbildungszentrum soll aus organisatorischen Gründen in Teilnetzwerke (Subnetze) gegliedert werden. Um eine Kommunikation der Teilnetze untereinander, der vorhandenen Netzwerkstruktur und dem Internet zu gewährleisten, muss ein Router angeschafft werden.**
Die Auszubildenden werden beauftragt, die Konfiguration des Geräts zu übernehmen. Dazu wird vom Ausbildungsleiter der NISO AG der folgende Netzplan zur Verfügung gestellt.

Holger Lübberstedt: Ich halte es für sinnvoll, wenn das Netzwerk im Ausbildungszentrum in Subnetze zerlegt wird. Das erleichtert die Administration, da jeder Bereich ein eigenes Subnetz bekommt.

Saahil Arora: Aber die Kommunikation zwischen Subnetzen soll möglich sein. Es sollen ja alle Teilnehmer im Ausbildungszentrum miteinander arbeiten können.

Holger Lübberstedt: Ja, deshalb werden die Subnetze mit zwei Routern verbunden. Die können die Pakete zwischen den Subnetzen vermitteln.

Laura Meier: Das Netzwerk ist mit nur zwei Routern überschaubar. Meiner Meinung nach sollten wir statisches Routing verwenden und die Einträge in den Routing-Tabellen manuell anlegen.

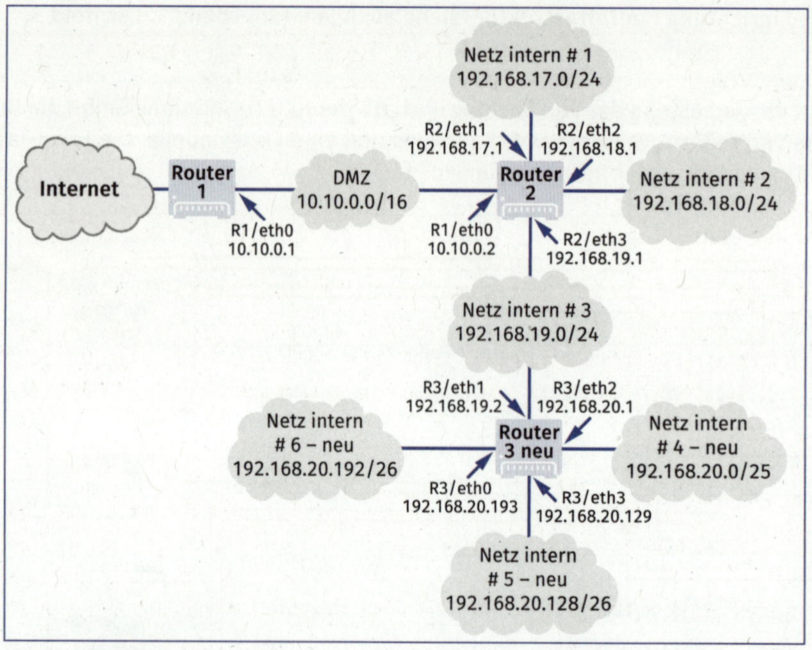

Netzplan der NISO AG

Aufgabe 2: Für die Installation des Routers müssen die Routen in die IP-Netze festgelegt werden. (siehe auch Jahrgangsband 1, Lernfeld 3, Kapitel 3.7.2 und Jahrgangsband 2, Lernfeld 9, Kapitel 4.3.2).

4.6.2

1. Füllen Sie die Routing-Tabelle für den neuen Router R3 aus.

Ziel	Interface	Nächster Router	Metrik (Hop)
192.168.20.192/26	eth0	–	1
192.168.17.0/24	eth1	192.168.19.1	2

2. Aggregieren Sie die Routen für die Netzwerke „Netz intern #4", „Netz intern #5" und „Netz intern #6" bei Router 2 (siehe Netzplan S. 254). Geben Sie den Eintrag in der Routing-Tabelle des Routers R2 an.

Nutzen Sie zur Lösung der Aufgabe die Information zu Routenaggregation auf S. 255.

Ziel	Nächster Router

Routenaggregation
Damit ein Router ein Paket weiterleiten kann, muss er jedes Paket mit seiner Routing-Tabelle abgleichen. Je mehr Einträge in der Routing-Tabelle hinterlegt sind, desto länger dauert das Weiterleiten der Pakete. Durch eine Aggregation (Zusammenfassen) von Einträgen in der Routing-Tabelle kann die Anzahl der Einträge verringert werden. Während beim Subnetting der Netz-Teil einer IP-Adresse mit Bits aus dem Host-Teil verlängert wurde, wird bei der der Routenaggregation (ehemals auch Supernetting genannt) der Host-Teil einer IP-Netzadresse vergrößert.

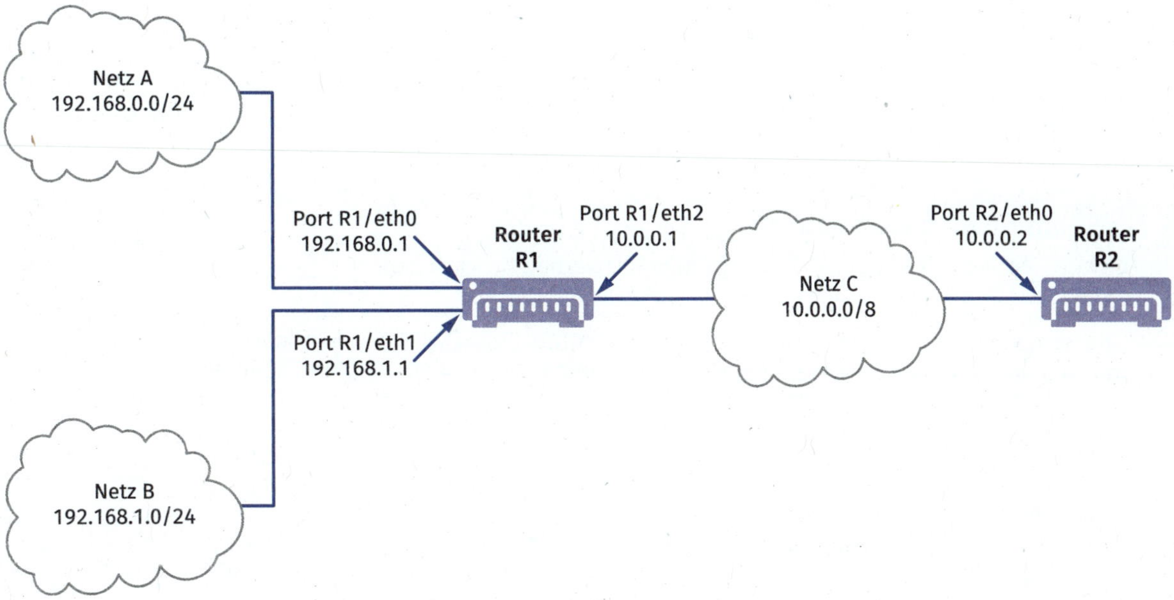

Beispiel:

Ziel	Nächster Router
192.168.0.0/24	10.0.0.1
192.168.1.0/24	10.0.0.1

Router R2 hat für beide Routen einen Eintrag. Durch die Aggregation der Routen können die beiden Einträge zu einem Eintrag zusammengefasst werden.

Voraussetzung: Die Einträge haben einen identischen nächsten Router auf dem Weg zum Ziel.

Zur Aggregation wird festgestellt, welcher Teil der beiden Ziel-IP-Adressen identisch ist.

Dezimale-Punkt-Schreibweise	Binäre Darstellung
192.168.0.0	1100 0000.1010 1000.0000 0000.0000 0000
192.168.1.0	1100 0000.1010 1000.0000 0001.0000 0000

Das bedeutet, dass die ersten 23 Bit der beiden Adressen gleich sind. Durch die Adresse 192.168.0.0/**23** können alle Ziel-Host-Systeme der beiden Netze angesprochen werden.

Ziel	Nächster Router
192.168.0.0/23	10.0.0.1

Im Downloadbereich finden Sie eine Anleitung, um ein kleines Routing-Labor mit virtuellen Maschinen zu erstellen.

3 Computernetzwerke sind oftmals Ziele von Angriffen. Nennen Sie mindestens fünf Gefahren, gegen die ein Netzwerk mitsamt aller Netzwerkkomponenten geschützt werden sollte.

4 Erläutern Sie, wie NAT und SPI ein Netzwerk schützen können.
In der Anleitung eines Routers wird folgender Sachverhalt beschrieben:

> Die Geräte des Intranets sind im Internet nicht sichtbar. Dieses wird durch IP-Masquerading bzw. NAT erreicht. Zudem werden die Geräte über eine Stateful Packet Inspection (SPI) geschützt.

Erläutern Sie:

Network Address Translation (NAT):

Stateful Packet Inspection (SPI):

5 Nennen Sie Vorteile und Nachteile zu Universal Plug and Play. In der Beschreibung des Routers heißt es, dass „automatische Portfreigaben" über UPnP (Universal Plug and Play) eingerichtet werden können.
Nennen Sie je einen Vorteil und einen Nachteil „automatische Portfreigaben" über UPnP (Universal Plug and Play) in der Firewall.

Vorteil:

Nachteil:

Server installieren (klassisch)

S **Bei der Serverinstallation treten einige sicherheitstechnische Fragen auf. Jetzt geht es darum, wie sichergestellt wird, dass die Installationsquelle vertrauenswürdig ist und welche Maßnahmen nach der Installation zur Härtung eines IT-Systems machbar sind.**

Jürgen Pollina: Für die Installation des Servers benötige ich ein wenig Hilfe. Hier sind einige Sicherheitsfunktionen, deren Hintergrund ich nicht vollkommen verstehe. Kann mir jemand bitte behilflich sein?

Laura Meier: Das kann ich gerne machen, welche Fragen hast Du denn?

Aufgabe 3: **Bearbeiten Sie notwendige Schritte zur Installation eines Servers.**

4.6.3

Für eine Installation des Betriebssystems Ubuntu wird, neben der Überprüfung des Installationsimages mithilfe einer Hashfunktion, auch noch die Datei mit dem Hashwert durch eine digitale Signatur überprüft.
Der Inhalt der Datei „SHA256SUMS" sieht folgendermaßen aus:

```
5fdebc435ded46ae99136ca875afc6f05bde217be7dd018e1841924f71db46b5 *ubuntu-20.04.3-
desktop-amd64.iso
f8e3086f3cea0fb3fefb29937ab5ed9d19e767079633960ccb50e76153effc98 *ubuntu-20.04.3-
live-server-amd64.iso
```

Der Inhalt der Datei „SHA256SUMS.gpg" sieht folgendermaßen aus:

```
-----BEGIN PGP SIGNATURE-----
iQIzBAABCgAdFiEEhDk43yKNIvezdCvA2Uqj8O/iEJIFAmEnZHEACgkQ2Uqj8O/i
EJLPYxAAk2yEXPeA32XQ5wKgCMSYMKLrwxmEAo0nK1eFAXqDI0C3S8eEbBugWGaB
Qd+HjWayfKtU85t0TN/5L4e6L6IRfSnaBc8tDntsjjvtXIckbWwqty2WdejAvqtX
agJr0skf8d/FfJgUlp1Rokk3EJ9s8eEnGZoWd0vcrk7nLYfv6B0hdK9TY6CqGtQg
yDc29n5NjhMyXBuklA+9DFA7FitOFwoRdGcLYzjqk0IEA+DpBY50rlt8tS8kx50A
RwGBGyuiseQlsd1B/1DNAn9+YG5fze1GlAOcyAQCe+0KwBSvo31Sz4TlN2EGZto4
NPisJ9RN0bDWBbrVvXgYvI8oTtiXeZGuAwWyZPV2z9Eulhhv8q6WWn33+8pKKyUL
Pn41xFa3Irfz6ya6E5rkt89a8fSf0kTiHsnpIA4rJ9UtnSpW+cjNPhD6SiG0K3tT
j/6YF/AsgJky7neZhbrNa9pfHq/n4/oWP3L7rk65ty7tXS5IulRkN09cdfnnPwT9
HbHMX05fjZ7LOKwqrdcgvvxJ6NkwMIwFyPvm988QKEiIF76uYulJCKMGir/AUP1I
szyPvFIycv1oHqSu9kB8HGAlfaa4bwTAl4SYxS9rGRo8MVtLAXaCCKnPKqm8mDbo
j4c4USnDvgoyzHdmW8ChcWA3U2SkD/Y9SLb9lh8UqWDi3IN0sW0=
=S3l/
-----END PGP SIGNATURE-----
```

1. Recherchieren Sie, wie die Signatur aus der SHA256SUMS-Datei erstellt wurde.

2. Informieren Sie sich, welcher Schlüssel nötig ist, um die Signatur zu überprüfen und beschreiben Sie, wie die Überprüfung im Detail stattfindet.

3 Recherchieren Sie, was unter der Härtung eines Systems verstanden wird. Warum wird ein System nicht mit restriktiven Einstellungen installiert?

4 Für den administrativen Zugang bei Linux-basierten Servern gibt es den SSH-Zugang. Sie sollen eine Härtung des Dienstes durchführen. Recherchieren Sie, welche Einstellungen dafür vorgenommen werden müssen.

a) Kreuzen Sie an, welche Maßnahmen zur Absicherung eines SSH-Zugangs richtig sind.

Absicherung eines ssh-Zugangs	
Abschalten des root-Benutzers, damit keine direkte Einwahl als Administrator möglich ist	☐
Standardport 22 für SSH auf z. B. 2022 setzen	☐
Standardport 22 für SSH auf z. B. 80 setzen	☐
Mithilfe von beispielsweise „Fail2ban“ automatische Firewall-Regeln aktivieren, wenn von einer bestimmten IP-Adresse mehrfache Falschanmeldungen stattgefunden haben	☐
Passwort-Anmeldung abschalten und nur eine Anmeldung mithilfe von asymmetrischen Schlüsseln zulassen	☐
Passwort-Anmeldung nutzen und eine Anmeldung mithilfe von asymmetrischen Schlüsseln verbieten	☐
Schlüsselaustausch mit Diffie Hellman SHA1 zulassen	☐

b) Suchen Sie weitere Einstellungen, mit denen der ssh-Zugang gehärtet werden kann.

NOTIZEN

Lernsituation 7: Wir führen Funktionsprüfungen und Messungen durch

S **Die Infrastruktur wurde aufgebaut und in Betrieb genommen. Um sicherzustellen, dass alle Komponenten korrekt funktionieren, stehen nun die Funktionsprüfungen an. Die Prüfungen werden im Anschluss dokumentiert. Mit dieser Dokumentation können spätere Rückfragen der NISO AG beantwortet werden. Ebenso können bei auftretenden Fehlern im Betrieb die Testfälle zur Überprüfung herangezogen werden.**

Holger Lübberstedt: Nachdem nun die Infrastruktur aufgebaut wurde, müssen wir die Netzwerkkomponenten und Server auf die korrekte Funktionsweise prüfen.

Stefan Köhler: Dabei würde ich gerne unterstützen.

Jürgen Pollina: Wir haben in der Berufsschule bereits das Thema systematisches Testen angesprochen. Allerdings fehlte dort die Möglichkeit, einen Test im größeren Umfang durchzuführen.

Jannik Brunke: In der Softwareentwicklung wird überwiegend mit automatischen Testungen gearbeitet. Vielleicht können wir gemeinsam an einer Vorlage für die Testdokumentation der Infrastruktur arbeiten.

Jürgen Pollina: Es sind ja einige Systeme zu prüfen. Wir sollten dabei auch die verfügbaren Datenraten prüfen. Es wäre ärgerlich, wenn später die Daten der NISO AG nicht schnell genug auf dem Server abgelegt werden können.

Stefan Köhler: Wir haben bereits einige Tools kennengelernt, mit denen unterschiedliche Tests durchgeführt werden können.

Saahil Arora: Ich schlage vor, dass Jürgen mit Stefan an den Funktionsprüfungen arbeitet. Ich werde die Zeitplanung für die Umsetzung der eigentlichen Tests übernehmen. Jannik kann euch bei der Testdokumentation unterstützen.

Holger Lübberstedt: Sehr gut. Das ist eine gute Herangehensweise. Ich werde mich bei der Geschäftsführung dafür einsetzen, dass die von Ihnen erstellte Dokumentation bei guter Umsetzung später in den Regelbetrieb übernommen wird.

4.7 Funktionsprüfungen und Messungen durchführen, Dokumentationen erstellen

Prüfung der Netzwerkkomponenten

S **Abschließend muss die umgesetzte Lösung auf korrekte Funktionsweise und Fehler überprüft werden. Die Auszubildenden besprechen, dass diese Tests, die oft als Abnahmetests bezeichnet werden, entsprechend dokumentiert werden sollten.**

Jannik Brunke: Wir sollten uns zunächst die Testfälle überlegen. Dabei ist es wichtig, dass man nicht nur die Normalfälle berücksichtigt. Es müssen auch die Fehler und Ausnahmen berücksichtigt werden.

Stefan Köhler: Ich schlage vor, dass wir uns zunächst eine Vorlage für die Testdokumentation erstellen. Diese können wir später auf andere Testszenarien anwenden.

Jannik Brunke: Wenn die Vorlage später unternehmensweit eingesetzt werden soll, dann müssen wir auch Informationen zu den beteiligten Personen aufnehmen. Außerdem müssen wir die Testdauer dokumentieren. Nur so kann eine verlässliche Zeitplanung erstellt werden.

Jürgen Pollina: Das ist sinnvoll. Am besten, wir fügen gleich noch einen Versionshinweis hinzu, damit man die unterschiedlichen Stände unterscheiden kann. Meistens werden diese Dokumente hin und wieder überarbeitet.

4.7.2

Aufgabe 1: **Testen Sie Netzwerkkomponenten (siehe auch Jahrgangsband 1, Lernfeld 3, Kapitel 3.6.1).**

a) Kreuzen Sie an, welche Informationen aus Ihrer Sicht eine Testspezifikation allgemein enthalten sollte.

Projektname	Ja	Nein
Speicherort Testspezifikation	☐	☐
Erwartetes Testergebnis	☐	☐
Namen der Unternehmensleitung	☐	☐
Zielsetzung des Tests	☐	☐
Gründungsjahr der Firma	☐	☐
Durchzuführende Testschritte	☐	☐
Anschrift der Vertriebsfiliale	☐	☐

b) Erstellen Sie ein Vorlagendokument für Testspezifikationen und Testprotokolle in denen die Informationen, die im Gespräch der Auszubildenden genannt wurden, enthalten sind.
Ergänzen Sie die Vorlage um weitere Informationen, die aus Ihrer Sicht sinnvoll sind.

NOTIZEN

Aufgabe 2: **Erstellen Sie eine neue Testspezifikation für den beschriebenen Test und das entsprechende Testprotokoll zur anschließenden Durchführung des Tests.**

4.7.1

Im Folgenden werden die Anforderungen an den Test beschrieben.

Test der Übertragungsrate
zwischen einem Client und einem Server in einem bestehenden Netz

iperf3-Software	bmon-Software
iperf3_3.9-1_amd64.deb	bmon_4.0-4build1_amd64.deb
libiperf0_3.9-1_amd64.deb	libconfuse2_3.2.1+dfsg-4_amd64.deb
libsctp1_1.0.18+dfsg-1_amd64.deb	libconfuse-common_3.2.1+dfsg-4_all.deb
libssl1.1_1.1.0g-2ubuntu4_amd64.deb	libnl-route-3-200_3.2.29-0ubuntu3_amd64.deb
	libnl-3-200_3.2.29-0ubuntu3_amd64.deb

Die Monitor-Software „bmon“ ist in einem terminal-Fenster gestartet und auf die Schnittstelle eingestellt, die geprüft werden soll (z. B. eth0). Das Speedtest-Tool „iperf3“ wird für die Messung der Übertragungsrate verwendet.

System	Parameter	Bemerkung
Server	iperf -s -f K	zeige Übertragungsrate in KByte/s
Client	iperf -c	starte Test zur angegebenen Server-IP

Die Übertragungsraten werden von „iperf“ in Textform angezeigt und von „bmon“ grafisch dargestellt. Die folgenden Abbildungen zeigen dies Ausgabe.

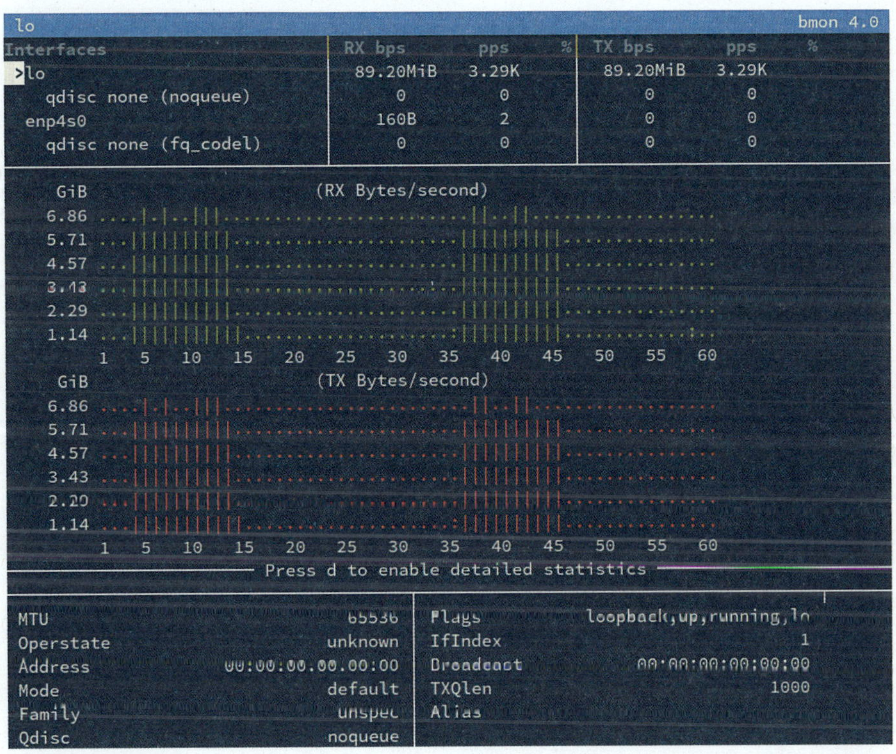

bmon-Monitor-Tool

```
richard@linux-arbeit ~ % iperf3 -c 192.168.0.43
Connecting to host 192.168.0.43, port 5201
[  5] local 192.168.0.43 port 50800 connected to 192.168.0.43 port 5201
[ ID] Interval           Transfer     Bitrate         Retr  Cwnd
[  5]   0.00-1.00   sec  6.70 GBytes  57.6 Gbits/sec    0   1.81 MBytes
[  5]   1.00-2.00   sec  6.25 GBytes  53.7 Gbits/sec    0   2.19 MBytes
[  5]   2.00-3.00   sec  5.96 GBytes  51.2 Gbits/sec    0   2.44 MBytes
[  5]   3.00-4.00   sec  6.63 GBytes  56.9 Gbits/sec    0   2.44 MBytes
[  5]   4.00-5.00   sec  6.15 GBytes  52.9 Gbits/sec    0   2.69 MBytes
[  5]   5.00-6.00   sec  6.87 GBytes  59.0 Gbits/sec    0   2.94 MBytes
[  5]   6.00-7.00   sec  6.95 GBytes  59.7 Gbits/sec    0   3.50 MBytes
[  5]   7.00-8.00   sec  6.95 GBytes  59.7 Gbits/sec    0   3.50 MBytes
[  5]   8.00-9.00   sec  6.47 GBytes  55.6 Gbits/sec    0   3.50 MBytes
[  5]   9.00-10.00  sec  6.01 GBytes  51.7 Gbits/sec    0   3.50 MBytes
- - - - - - - - - - - - - - - - - - - - - - - - -
[ ID] Interval           Transfer     Bitrate         Retr
[  5]   0.00-10.00  sec  65.0 GBytes  55.8 Gbits/sec    0             sender
[  5]   0.00-10.00  sec  65.0 GBytes  55.8 Gbits/sec                  receiver

iperf Done.
iperf3 -c 192.168.0.43  0,08s user 9,77s system 98% cpu 10,006 total
```

iperf-Client

```
-----------------------------------------------------------
Server listening on 5201
-----------------------------------------------------------
Accepted connection from 192.168.0.43, port 50798
[  5] local 192.168.0.43 port 5201 connected to 192.168.0.43 port 50800
[ ID] Interval           Transfer     Bitrate
[  5]   0.00-1.00   sec  6.70 GBytes  7021024 KBytes/sec
[  5]   1.00-2.00   sec  6.25 GBytes  6554926 KBytes/sec
[  5]   2.00-3.00   sec  5.96 GBytes  6253805 KBytes/sec
[  5]   3.00-4.00   sec  6.63 GBytes  6949618 KBytes/sec
[  5]   4.00-5.00   sec  6.15 GBytes  6453799 KBytes/sec
[  5]   5.00-6.00   sec  6.87 GBytes  7204017 KBytes/sec
[  5]   6.00-7.00   sec  6.95 GBytes  7291223 KBytes/sec
[  5]   7.00-8.00   sec  6.95 GBytes  7288185 KBytes/sec
[  5]   8.00-9.00   sec  6.47 GBytes  6781979 KBytes/sec
[  5]   9.00-10.00  sec  6.01 GBytes  6305638 KBytes/sec
[  5]  10.00-10.00  sec  1.88 MBytes  5731652 KBytes/sec
- - - - - - - - - - - - - - - - - - - - - - - - -
[ ID] Interval           Transfer     Bitrate
[  5]   0.00-10.00  sec  65.0 GBytes  6810387 KBytes/sec                  receiver
```

iperf-Server

Der Server muss vor dem Client gestartet werden, ansonsten wird „connection refused“ gemeldet. Mit „bmon“ wird die Grundlast auf dem Netzabschnitt festgelegt. Die von „iperf“ angezeigte Übertragungsrate „Bitrate“ soll mindestens 0,2 Gbit/sec betragen und mindestens 10 % der Grundlast ausmachen. Die Testdauer beträgt ca. 1 Minute.

NOTIZEN

Lernsituation 8: Wir stellen ein Virtualisierungskonzept vor

S **Es wurden bereits einige Virtualierungskonzepte betrachtet. Die umgesetzte Lösung sowie weitere Alternativen werden den Partnerunternehmen vorgestellt. „Azubi-Connect" ist in Betrieb genommen. Der NISO AG wird das Virtualisierungskonzept vorgestellt. Dabei erläutert die Projektleitung weitere Möglichkeiten einer Nutzung von Virtualisierungplattformen jenseits der „Nextcloud".**

Alexander Insterburg: Ich würde gerne mit Ihnen besprechen, wie die Sicherung der Daten abläuft. Diese würde ich gerne in einem Anschlussgespräch klären.

Jana Jankowsky: Wir würden gerne die Virtualisierungsplattform für eigene Container nutzen. Würde uns die JIKU IT-Solutions dafür Container zur Verfügung stellen oder empfehlen Sie uns, einen Marktplatz dafür zu nutzen?

Saahil Arora: Die Vor- und Nachteile stelle ich Ihnen gerne in einem weiteren Gespräch vor.

4.8 Vorstellung des Virtualisierungskonzeptes im Leistungsportfolio

Ein Virtualisierungskonzept erläutern

S **Alexander Insterburg, Auszubildender der NISO AG, hat Fragen zu dem Virtualisierungskonzept. Es geht um die Themen der Datensicherheit und die Anforderungen an die Videokonferenzfunktion von „Azubi-Connect".**

Alexander Insterburg: Zum Virtualisierungskonzept habe ich einige Fragen. Wurden Aspekte der Datensicherheit berücksichtigt?

Saahil Arora: Natürlich, die Datensicherheit spielt eine große Rolle, besonders das Backup-Konzept wurde in Bezug zu Ihren Anforderungen ausgearbeitet.

Aufgabe 1: Beantworten Sie Fragen zum Virtualisierungskonzept (siehe auch Jahrgangsband 1, Lernfeld 3, Kapitel 3.8.2).

4.8.2

1. Beim Backup der Daten können ganze virtuelle Maschinen gesichert oder aus den Anwendungen heraus Datensicherungen durchgeführt werden.

   a) Nennen und erklären Sie je einen Vor- und Nachteil der Sicherung einer kompletten virtuellen Maschine.

   ____

   ____

   ____

   b) Benennen Sie je zwei Vor- und Nachteile einer Datensicherung aus den Anwendungen heraus.

   ____

   ____

   ____

   ____

c) Bei der Datensicherung gibt es Voll-, differenzielle und inkrementelle Datensicherungen. Erklären Sie den Unterschied und benennen Vor- und Nachteile zwischen inkrementeller und differenzieller Sicherung.

2 Wenn Daten auf der „Nextcloud" abgelegt werden, sind diese beim VDS-Anbieter gespeichert.

a) Erklären Sie, wer Zugriff auf die Daten hat und sie einsehen kann.

b) Geben Sie eine Möglichkeit zur Verschlüsselung der Daten an, damit nur die Benutzer Zugriff auf die Daten erhalten.

3 Um eine Virtualisierung hochverfügbar zu machen, sind bestimmte Voraussetzungen nötig. Nennen Sie drei Voraussetzungen, damit eine Proxmox-Instanz hochverfügbar (High Availability – HA) betrieben werden kann.

4 Die „Nextcloud" stellt eine Videokonferenz-Komponente mit dem Namen „Talk" zur Verfügung. Video- und Audio-Verbindungen stellen eine besondere Herausforderung an die Datenverbindung. Für browserbasierte Videokonferenzen bestehen bestimmte Anforderungen an den Browser.

a) Erläutern Sie, welche Funktion WebRTC bei der Videokonferenz übernimmt und wie es üblicherweise implementiert ist.

b) Recherchieren Sie die nötige Datenrate eines Gesprächs bei „Nextcloud Talk" und ermitteln Sie die nötige Datenrate für zehn Nutzer einer Videokonferenz.

c) Der Video- oder Audiostream kann über den zentralen Server oder Peer-to-Peer zwischen den einzelnen Teilnehmern ausgetauscht werden. Bestimmen Sie die notwendige Datenrate für zehn Nutzer einer Videokonferenz.

Ausblick geben: Marktplätze für Container und virtuelle Anwendungen

S Die Nutzung von Marktplätzen kann helfen, von vorgefertigten Funktionen zu profitieren.

Jana Jankowsky: Die NISO AG möchte gerne die Virtualisierungsplattform für die Bereitstellung von Containern nutzen. Wir haben mit Marktplätzen bisher noch keine Erfahrungen sammeln können.

Saahil Arora: Welche Funktionen benötigen Sie denn?

Jana Jankowsky: Ich habe Ihnen die Software, die wir gerne im Zusammenhang mit Containern nutzen würden, aufgelistet.

- gitlab
- LAMP-Stack
- Node.js
- MongoDB/CouchDB
- Drupal
- Ansible

Aufgabe 2: Betrachten Sie die Einbindung von Marktplätzen in das Virtualisierungskonzept.

4.8.4

Beantworten Sie die folgenden Fragen, die während des Gesprächs zwischen Saahil Arora, und Jana Jankowsky aufgekommen sind.

1. Recherchieren Sie in Bezug auf die genannte Software, ob die Container mit Integration der Software von den genannten oder anderen Marktplätzen verfügbar sind.

2 Schlagen Sie bezogen auf die vorgegebenen Funktionsanforderungen einen Marktplatz vor, der die meisten Anforderungen erfüllt.

3 Um Missbrauch auszuschließen, sollen der Quellcode bzw. die Bauvorschriften der Container einsehbar sein. Zusätzlich ist gefordert, dass ein Sicherheitsmechanismus besteht, der sicherstellt, dass ein installierter Container nicht beim Herunterladen auf dem Übertragungsweg manipuliert wird.
Kreuzen Sie an, welche Maßnahmen dazu geeignet sind.

Maßnahmen	
Eine digitale Signatur der Container erlaubt die Überprüfung der Integrität und bei sichergestelltem Import des öffentlichen Schlüssels zum Anbieter auch eine Authentizität.	☐
Ein Container wird mit dem öffentlichen Schlüssel des Nutzers signiert, um die Integrität sicherzustellen.	☐
Die Authentifizierung zu einem Repository-Server wird mithilfe eines symmetrischen Schlüssels überprüft.	☐
Die Offenlegung des Quellcodes und der Build-Skripte erlaubt die Nachverfolgung, welche Inhalte im Container enthalten sind.	☐
Höhere Sicherheit wird erreicht, wenn die Container-Templates auf der eigenen Plattform erstellt werden und sichergestellt wird, dass eine abgesicherte und authentifizierte Verbindung zu den zugrunde liegenden Linux-Repositories besteht.	☐

Kapitel 4

Abschlusstest: Überprüfen Sie Ihr Wissen aus dem Lernfeld 9 - Netzwerke und Dienste bereitstellen.

1 Ordnen Sie die Fachbegriffe von technischen Anforderungen einer Firewall den Beschreibungen zu (max. 10 Punkte).

(1) VPN Gateway
(2) URL-/Inhaltsfilter
(3) Intrusion Detection
(4) Intrusion Prevention
(5) Viren-, Spam-, Surfschutz
(6) DDoS Abwehr
(7) Quality of Service
(8) Proxy
(9) Port-Filter
(10) Bauform

Beschreibung	Nummer
Unterdrückung von auffälligen Paketen, die auf einen Eindringversuch hindeuten	
Untersuchung der Pakete bzgl. Angriffsszenarien	
Echtzeitdienste werden bevorzugt weitergeleitet	
Firewall zur Rackmontage oder als Tischgerät	
Filterung von Malware- und Phishing-Versuchen	
Stellvertretende Verbindung zu verschlüsselten Seiten	
Jugendschutzfilterliste für Internet-Seiten	
Tunnel-Endpunkt für eine verschlüsselte Verbindung	

Beschreibung	Nummer
Filterung von Anfragen nach Anwendungstyp	
Unterdrückung von massenhaften nicht relevanten Anfragen	

Erreichte Punktzahl	

2 Kreuzen Sie an, welche Eigenschaft Sie einer virtuellen Maschine bzw. einem Container zuweisen (max. 8 Punkte).

Eigenschaft	VM	Container
Hypervisor läuft auf Hosted System	☐	☐
Hypervisor läuft auf Bare Metal	☐	☐
Teilt sich Hardware mit anderen Prozessen	☐	☐
Isoliert laufender Prozess	☐	☐
Betriebssystem läuft auf emulierter Hardware	☐	☐
Teilt sich ein Betriebssystem mit anderen Prozessen	☐	☐
Leichtgewichtige Virtualisierung	☐	☐
Effektiver Einsatz für einen speziellen Server	☐	☐

Erreichte Punktzahl	

3 Benennen Sie die Bedeutung der Dienstebereitstellung (xaaS). Geben Sie dabei auch je ein Einsatzgebiet an (max. 9 Punkte).

Bereich	Bedeutung	Einsatzgebiet
SaaS		
IaaS		
PaaS		

Erreichte Punktzahl	

4 Ordnen Sie die Fachbegriffe den Beschreibungen zu (max. 8 Punkte).

(1) SAN
(2) VPS
(3) Bare Metal
(4) VDS
(5) VFI/VI/VFD
(6) DAS
(7) NAS
(8) KVM

Beschreibung	Nummer
Klassifizierung von unterbrechnungsfreien Stromversorgungen	
Speichersystem, das per Netzprotokoll angesprochen wird und direkt am Switch angeschlossen wird	
Speichersystem, das per SCSI direkt an einem Server angeschlossen ist	
Speichersystem, das über ein FibreChannel-Netz Servern zur Verfügung gestellt wird	
Virtualisierung, die direkt auf dem Betriebssystem-Kernel aufbaut	
angemieteter Server, der sich Ressourcen mit anderen VMs teilt	
angemieteter Server, dem ein Teil der Ressourcen exklusiv bereitstehen	
angemietete Hardware, auf der eigene Software installiert werden kann	

Erreichte Punktzahl	

5 Geben Sie Regel an, die die folgenden Vorgaben an eine Firewall erfüllt (max. 3 Punkte).

Regel-Nr.	Aktion	Protokoll	Quell-IP-Adr.	Ziel-IP-Adr.	Quellport	Zielport	Schnittstelle eingehend	Schnittstelle ausgehend
1	allow	TCP	any	10.0.0.1	any	443	wan0	eth0
2	allow	TCP	any	10.0.0.0/8	25	any	eth0	wan0
3	allow	TCP	any	10.0.0.0/8	any	25	wan0	eth0
4	allow	TCP	10.0.0.0/8	any	any	22	eth0	wan0
5	allow	TCP	any	10.0.0.0/8	any	22	wan0	eth0
6	allow	TCP	10.0.0.0/8	any	443	any	wan0	eth0

a) Das Netz 10.0.0.0/8 darf aus dem Internet per SMTP angesprochen werden.
b) Eine ssh-Verbindung darf nur vom lokalen Netz aus aufgebaut werden.
c) Der Webserver darf aus dem Internet angesprochen werden.

Erreichte Punktzahl	

6 Berechnen Sie den PUE-Wert für ein Rechenzentrum mit folgenden Eckdaten (Angaben normiert auf 1000 kWh) (max. 4 Punkte).
Gesamtenergieverbrauch (für Betriebsinfrastruktur VINF/VKlima/VUSV, Transport VTrans, Verluste VKAB und Betriebsstoffe VEnergie) entspricht 500
Energieverbrauch für reine IT-Infrastruktur (VIT) 800
Energiegewinn durch Photovoltaik-Anlage (ESelbst) 100

Erreichte Punktzahl	

7 Kreuzen Sie die WLAN-Technologien/Verschlüsselungsverfahren, die als sicher und aktuell gelten (max. 8 Punkte).

Aussage	veraltet/unsicher
WPA	
WPA2	
WPA3	
WEP	
802.11ax	
802.11b	
802.11g	
802.11n	

Erreichte Punktzahl	

Notenschlüssel						
Note	sehr gut	gut	befriedigend	ausreichend	mangelhaft	ungenügend
Punkte	ab 46 P.	ab 41 P.	ab 33 P.	ab 26 P.	ab 11 P.	darunter
					Eigene Punktzahl	

Anhang

Kopiervorlage

IPERKA-Plan Lernsituation			
Auftrag, Handlungsprodukt	**Termin Abschluss Abgabe, Ort/VZ**	**Moderation, Orgaleitung**	**Sonstige Festlegungen**
Bewertungskriterien:			

Handlungs-schritte	**Kurzangaben:** **Meine Tools, Dateien, Ergebnisse**	**Phasenbewertung, Selbstbewertung**
Informieren		☺ 😐 ☹
Planen		☺ 😐 ☹
Entscheiden		☺ 😐 ☹
Realisieren/ Durchführen		☺ 😐 ☹
Kontrollieren		☺ 😐 ☹
Auswerten/ Reflektieren		☺ 😐 ☹

Bildquellenverzeichnis

|Arduino: 78.1, 78.2, 79.1. |Die OpenJS Foundation, San Francisco, CA: 82.2. |Eclipse Foundation, Ottawa, Ontario: 82.1. |GitHub, Inc., San Francisco: 75.1, 76.2. |Google Germany GmbH - Achtung PR, Hamburg: 235.1. |Gratzke, Jürgen, Adendorf/ bearbeitet von Brauner, Angelika, Hohenpeißenberg: 31.1.| Gratzke, Jürgen, Adendorf/ bearbeitet von Hild, Claudia, Angelburg: 8.1, 11.1, 12.1, 13.1, 15.1, 23.1, 23.2, 23.3, 24.1, 24.2, 25.1, 25.2, 34.1, 36.1, 36.2, 228.1, 230.1. |Hild, Claudia, Angelburg: 3.1, 3.2, 17.1, 25.3, 44.1, 46.1, 52.1, 62.1, 66.1, 68.1, 70.1, 92.1, 94.1, 94.2, 107.1, 117.1, 118.1, 118.2, 120.1, 123.1, 124.1, 124.2, 124.3, 126.1, 130.1, 132.1, 132.2, 146.1, 150.1, 159.1, 163.1, 169.1, 169.2, 171.1, 171.2, 177.1, 178.1, 178.2, 181.1, 181.2, 184.1, 195.1, 197.1, 229.1. |Ingo Patett, Rostock: 158.1. |Käppel, Heiko, Balingen: 76.1. |Käppel, Heiko, Balingen/ bearbeitet von Hild, Claudia, Angelburg: 77.1, 80.1, 80.2, 81.1.|Kullin, Jens, Bardowick/ bearbeitet von Hild, Claudia, Angelburg: 245.1. |NETGEAR Deutschland GmbH, München: 204.1. |OPNsense, Middelharnis: 205.1, 205.2. |Richard Wegers, Münster: 261.1, 262.1, 262.2. |stock.adobe.com, Dublin: Visual Generation Titel. |Weng, Dominik, Bruchköbel/ bearbeitet von Hild, Claudia, Angelburg: 243.1, 244.1, 246.1, 246.2, 248.1, 253.1, 254.1, 255.1.